George Ritzer

# Die McDonaldisierung der Gesellschaft

Aus dem Amerikanischen
von Sebastian Vogel

S. Fischer

Die amerikanische Originalausgabe
erschien 1993 unter dem Titel
»The McDonaldisation of Society«
im Verlag Pine Forge Press, Newbury Park, California
© 1993 Pine Forge Press, Newbury Park, California

Für die deutsche Ausgabe
© 1995 S. Fischer Verlag GmbH, Frankfurt am Main
Alle Rechte vorbehalten
Satz: Fotosatz Amann, Aichstetten
Druck und Bindung: Clausen & Bosse, Leck
Printed in Germany 1995
ISBN 3-10-066051-X

Gedruckt auf chlor- und säurefreiem Papier

# Inhalt

Vorwort . . . . . . . . . . . . . . . . . . . . . . . . . . . . . . . . . .    7

1.

Die McDonaldisierung der Gesellschaft
Einführung . . . . . . . . . . . . . . . . . . . . . . . . . . . . . . . .   15

2.

Die McDonaldisierung und ihre Vorläufer
Vom eisernen Käfig zur Fast-food-Fabrik . . . . . . . . . . . . . . . . .   41

3.

Effizienz
Eine Fahrt durch das »Magic Kingdom« und
Essen »auf die Hand« . . . . . . . . . . . . . . . . . . . . . . . . . . .   67

4.

Berechenbarkeit
Große »Macs« und kleine Fritten . . . . . . . . . . . . . . . . . . . .  109

5.

Vorhersagbarkeit
Auf dem Hügel bei den kleinen Häusern regnet es nie . . . . . . .  143

6.

Kontrolle
Menschliche und nichtmenschliche Roboter . . . . . . . . . . . . .  171

**7.**
**Die Irrationalität des Rationalen**
Verkehrsstau beim »guten Ritt« . . . . . . . . . . . . . . . . . . . . . . . . 205

**8.**
**McDonaldisierung – ein eiserner Käfig?** . . . . . . . . . . . 245

**9.**
**Umgang mit der McDonaldisierten Gesellschaft**
Ein praktischer Leitfaden . . . . . . . . . . . . . . . . . . . . . . . . . . . . . 265

**Anmerkungen** . . . . . . . . . . . . . . . . . . . . . . . . . . . . . . . . . . . 311
**Literaturverzeichnis** . . . . . . . . . . . . . . . . . . . . . . . . . . . . . 329

# Vorwort

Lange Zeit glaubte man, die höchstentwickelte Form von Rationalisierung sei die Bürokratie, aber nach und nach dämmerte mir, daß etwas Neues am Horizont aufzog, etwas, das die bürokratischen Strukturen als Vorbild für Rationalisierung ablösen sollte. Dieses »Etwas« war, wie sich herausstellte, das Fast-food-Restaurant, allen vorweg McDonald's: Es war nicht nur eine Umwälzung für die Gastronomie, sondern auch für die amerikanische Gesellschaft und letztlich für die ganze Welt.

Da ich aus New York stamme, lernte ich McDonald's erst spät kennen, denn in den fünfziger Jahren, meiner Jugendzeit, waren Fast-food-Restaurants noch nicht in nennenswertem Umfang in die Großstädte eingezogen. Ich erinnere mich noch, wie ich zum erstenmal in meinem Leben eine McDonald's-Filiale sah. Es war 1958 auf einer Autoreise nach Massachusetts, und aus irgendeinem Grund hinterließ sie in meinem Gedächtnis einen unauslöschlichen Eindruck. Rückblickend glaube ich, mir wurde damals zumindest unterschwellig klar, daß der goldene Doppelbogen etwas Neues, Wichtiges darstellte.

Etwa zehn Jahre später – inzwischen war ich Soziologe von Beruf – wohnte ich in New Orleans, und mein Bruder Alan Ritzer, zeit seines Lebens New Yorker, kam zu Besuch. Wir gingen zu McDonald's; es war für ihn das erste Erlebnis mit einem Fast-food-Restaurant. Auch ihm fiel auf, wie bedeutsam das Phänomen ist und welche Probleme es für die Gesellschaft mit sich bringt.

Während der siebziger Jahre entwickelte ich meine theoretische Orientierung; sie wurde stark von den Arbeiten des deutschen Sozialtheoretikers Max Weber und seinen Ansichten über den Rationalisierungsprozeß beeinflußt. Weber betrachtete die Bürokratie als Musterbeispiel des Rationalen. Er erkannte zwar, welche Vorteile man durch Rationalisierung erreichen kann, am meisten inspirierten ihn aber die damit verbundenen Gefahren, insbesondere die Aussicht auf etwas, das er den »eisernen Käfig« der Rationalität nannte. Weber hielt rationale Systeme für unmenschlich und entmenschlichend. Er fürchtete die Möglichkeit und sogar die Wahrscheinlichkeit, daß immer mehr Bereiche der Gesellschaft rationalisiert würden, und er glaubte, die Gesellschaft werde letztlich zu einem nahtlosen Geflecht rationaler Institutionen werden. Wenn rationale Systeme sich so weit vermehrten, dann, so glaubte er, würden wir uns in einem eisernen Käfig des Rationalen wiederfinden, aus dem es kein Entkommen und keinen Ausweg geben könne.

Seit Anfang der achtziger Jahre stellte ich Webers Theorie der Rationalisierung in Zusammenhang mit meinem Interesse am Wachstum der Fast-food-Branche und meiner Besorgnis darüber. Inzwischen war McDonald's wesentlich stärker verbreitet, und seine Nachahmer – im gleichen Geschäftszweig wie auch in vielen anderen sozialen Zusammenhängen – durchdrangen die Gesellschaft immer stärker. Ich war von diesem Trend sowohl beeindruckt als auch beunruhigt, und 1983 schrieb ich einen Aufsatz mit dem Titel »Die McDonaldisierung der Gesellschaft«.

Nachdem ich diesen Essay veröffentlicht hatte, wandte ich mich anderen Themen zu, zum Beispiel der Frage, wie sich Webers Theorie sonst noch anwenden läßt. Im Jahr 1990 erwähnte ich die McDonaldisierung in einem Vortrag im Zusammenhang mit einer viel weiter gefaßten Diskussion über die Anwendungsbereiche der Weberschen Theorie in der modernen Welt. Der wichtigste Teil des Vortrags war nach meiner Einschätzung der Versuch, den Aufstieg der japanischen und den Niedergang der amerikanischen Industrie unter dem Gesichtspunkt der Rationalisierungstheorie zu erklären. Aber als wir anschließend zur Diskussion übergingen, wollten die Zuhörer ausschließlich über die McDonaldisierung reden. Es war offensichtlich eine Idee, mit der die Leute etwas anfangen konnten. Ähnliche Reaktionen hatte ich im Laufe der Jahre immer wieder bei Studenten erlebt, wenn ich über die McDonaldisierung gesprochen hatte. Als die McDonaldisierung allgegenwärtig wurde, nahm das Interesse an dem Phänomen und den Problemen, die es hervorruft, sogar drastisch zu.

Wie ich immer deutlicher erkannte, war es an der Zeit, ein Buch über das Thema zu schreiben. In den zehn Jahren seit meinem Aufsatz haben sich die Fast-food-Restaurants so stark vermehrt, daß man sie heute praktisch überall findet. Viele andere Branchen organisieren sich nach den Richtlinien, die McDonald's entwickelt hat. Fast alle gesellschaftlichen Institutionen, zum Beispiel Ausbildung, Sport, Politik und Religion, haben Prinzipien von McDonald's auf ihre Handlungsweise übertragen. Und die McDonaldisierung verbreitet sich auf der ganzen Welt – es gibt Fast-food-Croissanterien in Paris (und anderswo), Kentucky Fried Chicken in Peking, McDonald's in Peking und Moskau.

Im Mai 1992, gerade als dieses Buch in den Druck ging, hielt ich in Moskau an der Russischen Akademie der Wissenschaften einen Vortrag. Ich war verblüfft, wie viele Veränderungen sich in der dortigen Gesellschaft abspielten, aber besonders interessierte mich die Ausbreitung von McDo nald's. Dort, im Herzen von Moskau, stand eine neue Filiale. Sie zieht die Moskowiter aus unterschiedlichen Gründen in Scharen an, nicht zuletzt weil sie ein Symbol für Amerika mit seiner Rationalisierung und seiner verlockenden Marktwirtschaft ist. Die Rationalität von McDonald's steht im deutlichen Gegensatz zu den irrationalen Überbleibseln des Kommunismus. Lange Schlangen und Wartezeiten (und das bei einem »Schnellrestaurant«) sind üblich, aber an einem sonnigen Maisonntag erstreckte sich die Schlange so weit, wie das Auge reichte. Junge Leute boten an, einem für ein paar Rubel in höchstens zehn bis 15 Minuten einen »Big Mek« zu besorgen. Die Russen stürzen sich kopfüber in die McDonaldisierung, offenbar ohne sich um die Probleme zu kümmern, die sie mit sich bringen könnte.

Dieses Buch ist im wesentlichen eine gesellschaftskritische Abhandlung. McDonald's hat ohne Zweifel viele Vorteile, die in dem Buch auch immer wieder erwähnt werden. Aber die Kette und ihre vielen Nachahmer haben eine Fülle von Möglichkeiten und verwenden riesige Summen darauf, uns auf ihre guten Seiten hinzuweisen. Das vorliegende Buch möchte ein wenig mehr Ausgewogenheit in die öffentliche Diskussion bringen, und deshalb konzentriert es sich darauf, welche Probleme und Gefahren die McDonaldisierung mit sich bringt.

Als theoretisch begründete gesellschaftskritische Arbeit steht dieses Buch in einer historischen Tradition der Sozialwissenschaften und versucht die Gesellschaft mit Hilfe der Gesellschaftstheorie zu kritisieren und damit Ansatzpunkte für ihre Verbesserung zu schaffen. Dieser Beweggrund veranlaßte Weber zu seinen Arbeiten über die Rationalisierung, und er motivierte auch so große klassische und zeitgenössische Sozialtheoretiker wie Georg Simmel, Emile Durkheim, Karl Marx, C. Wright Mills und Jürgen Habermas.

Ich sollte darauf hinweisen, daß ich keine besondere Feindseligkeit gegenüber McDonald's hege. McDonald's ist nicht besser oder schlechter als andere Fast-food-Restaurants oder andere Erscheinungsformen des Rationalisierungsprozesses. Ich habe den Vorgang, um den es hier geht, »McDonaldisierung« genannt, weil McDonald's sein wichtigstes Symptom war und ist. Außerdem klingt es besser als manche Alternativen – »Burgerkingisierung«, »Seven-Elevenisierung«, »Fuddruckerisierung«, »H&R-Blockisierung«, »Kinder Carisierung«, »Jiffy Lubeisierung« oder »Nutri/Systemisierung«.

Wie aus solchen Bezeichnungen deutlich wird, stellt dieses Buch unter der Überschrift »McDonaldisierung« Zusammenhänge zwischen vielen breitgefächerten gesellschaftlichen Erscheinungen her. Manche davon wurden unmittelbar von den Prinzipien der Fast-food-Restaurants beeinflußt, in anderen Fällen ist die Wirkung eher indirekt. Manche folgen sämtlichen Grundprinzipien der McDonaldisierung, bei anderen sind nur eines oder zwei davon verwirklicht. Jedenfalls gehören sie nach meiner Ansicht alle zu dem, was Weber als Rationalisierungsprozeß bezeichnete und was ich hier, um Weber zeitgemäßer zu interpretieren, McDonaldisierung nenne.

Die Hauptthemen dieses Buches, insbesondere die Kritik an der Irrationalität der McDonaldisierung, dürften heftige Kontroversen auslösen. Nach den Erfahrungen, die ich bei Vorträgen zu diesem Thema gemacht habe, unterstützen und verteidigen die meisten Zuhörer die McDonaldisierung. Wer sie kritisiert, beschwört in dem Hörsaal zwangsläufig eine hitzige Debatte herauf. Ich hoffe, daß das vorliegende Buch in einem größeren Rahmen ähnlich heftige Diskussionen auslöst. Solche Kontroversen zu erzeugen und daraus neue Einsichten zu gewinnen ist nicht nur das Wesen guten Lehrens, sondern auch das Wesen guter Soziologie. Ob der Leser mei nen Schlußfolgerungen zustimmt oder nicht – wenn er dazu angeregt wird, über diesen bedeutsamen Gesichtspunkt unseres Alltagslebens neu nachzudenken, habe ich mein Ziel erreicht.

Dieses Buch ist für ein allgemeines Publikum geschrieben und soll breiten Leserschichten zugänglich sein. Dennoch gründet es sich fest auf eine der stärksten Sozialtheorien, nämlich Webers Theorie der Rationalisierung. Es ist auch eine »empirische« Studie, allerdings eine sehr formlose. Die »Daten« stammen aus vielfältigen Quellen und beschäftigen sich mit dem ganzen Spektrum gesellschaftlicher Phänomene, die man unter dem Begriff »McDonaldisierung« zusammenfassen kann. Obwohl es sich also auf Theorien gründet und »Daten« verwendet, wurde es aber nicht als trockene theoretische und empirische Studie geschrieben; es wird nicht durch die Ansprüche gelehrter Monographien beschwert, sondern es soll ein Buch sein, das viele Menschen lesen können, und es soll sie über eine weitreichende gesellschaftliche Entwicklung informieren, die sich um uns herum abspielt. Und, was noch wichtiger ist: Es ist als Warnung gedacht, damit die verführerische Anziehungskraft der McDonaldisierung uns nicht blind macht für ihre vielen Gefahren.

Bedanken möchte ich mich bei einer Reihe meiner Studentinnen und Studenten, die mir wertvolle Erkenntnisse über die McDonaldisierung der Gesellschaft vermittelten. Ihre Generation ist tiefer in unsere McDonaldisierte Gesellschaft verstrickt als meine, und wenn sich der Trend fortsetzt, werden ihre Kinder noch stärker betroffen sein.

Ich hoffe, dieses Buch bietet dem Leser einige neue Erkenntnisse über die Gesellschaft, an deren Aufbau er beteiligt ist. Wenn die Leser über die Gefahren der McDonaldisierung ebenso beunruhigt sind wie ich, können sie vielleicht das tun, was Weber für unmöglich hielt: handeln, um den Trend zur McDonaldisierung umzukehren. Ich glaube zwar nicht, daß eine solche Umkehr möglich oder auch nur unbedingt wünschenswert ist, aber ich bin durchaus der Ansicht, daß die Menschen einige Schritte unternehmen können, um die Probleme zu mildern und eine McDonaldisierte Gesellschaft menschlicher zu gestalten. Ich hoffe, dieses Buch wird nicht nur informieren, sondern auch als Warnung dienen und – was vielleicht am wichtigsten ist – dem Leser Richtungen weisen, so daß er dazu beitragen kann, aus dem »eisernen Käfig der McDonaldisierung« ein menschlicheres Arbeits- und Lebensumfeld zu machen.

# 1.
# Die McDonaldisierung
# der Gesellschaft
## Einführung

Ray Kroc, das Genie hinter der McDonald's-Kette, war ein Mann mit großen Ideen und gewaltigem Ehrgeiz. Aber nicht einmal er konnte vorhersehen, welchen verblüffenden Einfluß sein Werk haben würde. McDonald's ist tatsächlich eine der einflußreichsten Entwicklungen im Amerika des 20. Jahrhunderts. Seine Auswirkungen sind weit über die Grenzen der Vereinigten Staaten und der Fast-food-Branche hinaus zu spüren. Es hat ein breites Spektrum von Unternehmen und sogar die gesamte Lebensweise in einem beträchtlichen Teil der Welt beeinflußt. Und dieser Einfluß ist darauf angelegt, sich in der absehbaren Zukunft immer schneller auszudehnen.[1]

Dennoch ist dies kein Buch über McDonald's oder die Fast-food-Branche, auch wenn beides auf den folgenden Seiten immer wieder erörtert wird. McDonald's dient hier vielmehr als wichtigstes Beispiel, sozusagen als »Modellfall« für einen weitreichenden Vorgang, den ich *McDonaldisierung* nenne; das ist *der Vorgang, durch den die Prinzipien der Fast-food-Restaurants immer mehr Gesellschaftsbereiche in Amerika und auf der ganzen Welt beherrschen.*

Wie wir auf den folgenden Seiten sehen werden, wirkt sich die McDonaldisierung nicht nur auf die Gastronomie aus, sondern auch auf Ausbildung, Arbeitswelt, Reisen, Freizeitgestaltung, Ernährung, Politik, Familie und praktisch sämtliche anderen gesellschaftlichen Bereiche. Allen Anzeichen nach ist die McDonaldisierung ein unausweichlicher Prozeß, der überall auf der Welt auch scheinbar unangreifbare Institutionen erfaßt.

Die Auswirkungen von McDonald's und der von diesem Konzern wesentlich mitbestimmte Prozeß der McDonaldisierung äußern sich auf vielfältige Weise:

- Der Erfolg von McDonald's zeigt sich in einem Gesamtumsatz von 6,8 Milliarden Dollar im Jahr 1990, bei einem Gewinn von über 800 Millionen[2]. Viele andere Unternehmen sind neidisch auf solche Umsatz- und Gewinnzahlen und versuchen, dem Erfolg von McDonald's nachzueifern.
- Die schiere Zahl der Fast-food-Restaurants ist astronomisch angewachsen. Beispielsweise eröffnete McDonald's, das 1955 mit der Lizenzvergabe begann, am 22. März 1991 seine 12000. Filiale. Ende 1991 gab es 12418 McDonald's-Restaurants. Die 100 führenden Restaurantketten betreiben allein in den USA über 110000 Filialen. Damit kommt auf jeweils 2250 Amerikaner ein Kettenrestaurant.[3]
- McDonald's wurde nicht nur zum Vorbild für andere Hamburgerketten, sondern auch für ein breites Spektrum sonstiger Fast-food-Unternehmen, unter anderem für Brathähnchen und verschiedene Nationalgerichte (z.B. Pizza Hut, Sbarro's, Taco Bell, Popeye's und Charley Chan's).
- Das Vorbild von McDonald's wurde auch auf »höherwertige« Gerichte und Restaurants übertragen (z. B. durch die Sizzler-Kette, die Steaks verkauft, Fuddrucker's mit seinen »Gourmet«-Burgern).
- Durch die Ausweitung der Fast-food-Branche nehmen die Amerikaner einen immer größeren Teil ihrer Mahlzeiten bei McDonald's und seinen Nachahmern ein.
- Diese amerikanische Institution setzt sich überall auf der Welt immer mehr durch, was sich zum Beispiel an der

Eröffnung amerikanischer Fast-food-Restaurants überall in Europa zeigt. (Noch vor nicht allzu vielen Jahren schrieben Gelehrte über die Abneigung der Europäer gegen Fast-food-Restaurants.[4]) Fast food ist zu einem weltweiten Phänomen geworden; man braucht sich nur einmal den geschäftlichen Erfolg der ganz neuen McDonald's-Filiale in Moskau anzusehen: Zu der Zeit, da ich dies schreibe, werden dort täglich 30000 Hamburger verkauft, bei einem Personal von 1200 jungen Leuten, die jeweils zu zweit an einer Registrierkasse arbeiten.[5] Es gibt Pläne, in den Überresten der Sowjetunion in den nächsten Jahren 20 weitere McDonald's-Filialen zu eröffnen, und in Osteuropa liegt inzwischen ein weiteres riesiges Gebiet bereit für die Invasion der Fast-food-Restaurants.

In der chinesischen Hauptstadt Peking, die bereits über eine riesige Filiale von »Kentucky Fried Chicken« verfügte, wurde im April 1992 die größte McDonald's-Niederlassung der Welt eröffnet, mit 700 Sitzplätzen, 29 Registrierkassen und fast 1000 Angestellten.[6] Am ersten Verkaufstag wurde dort ein neuer McDonald's-Tagesrekord aufgestellt: Man hatte 40000 Kunden bedient. Im Jahr 1991 eröffnete McDonald's zum erstenmal mehr Restaurants im Ausland (427) als in den USA (188).[7] Die zehn umsatz- und gewinnstärksten Filialen befinden sich ebenfalls bereits in Übersee, und 1994 sollen die Gewinne von McDonald's nach den Vorausberechnungen zu mehr als 50 Prozent aus dem Auslandsgeschäft stammen. Den Ankündigungen zufolge soll McDonald's von 1992 an auch bei der Schweizer Bundesbahn vertreten sein. Man kann annehmen, daß dort ebenfalls Big Macs und nicht Käsefondue auf der Speisekarte stehen werden.[8]

In anderen Ländern haben sich eigene Varianten dieser amerikanischen Institution entwickelt. Das beste Beispiel sind die inzwischen sehr zahlreichen Fast-food-*Croissante-ries* in Paris, einer Stadt, von der man meinen könnte, sie sei wegen ihrer Liebe zur guten Küche immun gegen Fast-food-Restaurants. Der vielleicht unwahrscheinlichste Ort für ein einheimisches Fast-food-Restaurant war die damals vom Krieg verwüstete libanesische Hauptstadt Beirut; aber 1984 eröffnete dort Juicy Burger (mit einem Regenbogen statt goldener Bögen und dem Nachahmer J. B., der Ronald McDonald ersetzte); die Besitzer hofften, es werde zum »McDonald's der arabischen Welt« werden.[9]

– Andere Länder haben nicht nur eigene McDonaldisierte Institutionen, sondern sie fangen auch an, diese in die USA zu exportieren. Ein Beispiel ist der »Body Shop«, eine ökologisch orientierte britische Kosmetikkette mit 620 Läden in 39 Ländern; 66 dieser Filialen befinden sich in den Vereinigten Staaten.[10] Außerdem eröffnen amerikanische Unternehmen inzwischen Kopien nach dem britischen Vorbild, beispielsweise die »Limited«, »Inc.'s«, »Bath and Body Works«.

– Wie in diesem Buch immer wieder deutlich werden wird, paßt eine zunehmende Zahl anderer Unternehmen die Prinzipien der Fast-food-Restaurants ihren eigenen Bedürfnissen an. Eine solche Kette ist »Toys R Us«; ihr Vizepräsident sagte einmal: »Wir möchten als eine Art McDonald's für Spielzeug gelten.«[11] Der Gründer des »Kidsports Fun and Fitness Club« stieß in das gleiche Horn: »Ich möchte der McDonald's im Spaß- und Fitnessgeschäft für Kinder werden.«[12] Weitere Ketten, die in anderen Branchen ähnliche Ambitionen haben, sind unter anderem »Jiffy-Lube«, »AAMCO Transmissions«, »Midas Muffler & Brake Shops«, »Hair Plus«, »H&R Block«, »Pearle Vision Centers«, »Kampgrounds of America (KOA)«, »Kinder Care« (scherzhaft auch »Kentucky Fried Children« genannt[13]), »Nutri/System« und »Wal-Mart«.

## McDonald's als Teil Amerikas, Heiligenbild und in 11000 Meter Höhe

McDonald's und seine vielen Nachahmer haben allgegenwärtige, leicht erkennbare Markenzeichen, die sich überall in den USA und in vielen anderen Teilen der Welt wiederfinden. Als man zum Beispiel plante, Ray Krocs erste McDonald's-Filiale dem Erdboden gleichzumachen, gingen bei der McDonald's-Zentrale Hunderte von Briefen wie dieser ein:

Bitte reißen Sie es nicht ab! ... Der Name Ihrer Firma ist zu einem Begriff geworden, nicht nur in den Vereinigten Staaten, sondern überall auf der Welt ... Dieses wichtige Denkmal der Gegenwartskultur zu zerstören würde in Wirklichkeit bedeuten, daß Sie einen Teil des Vertrauens zerstören, das die Menschen auf der Welt zu Ihrer Firma haben.[14]

Schließlich wurde die Filiale nicht abgerissen, sondern man machte ein Museum daraus! Zur Erklärung des Sinneswandels sagte ein Manager des Unternehmens: »McDonald's ... ist wirklich ein Teil Amerikas.« Ganz ähnlich war es 1990 in Moskau, als »Pizza Hut« dort eröffnete; ein russischer Student sagte: »Es ist ein Stück Amerika.«[15]

McDonald's ist sogar zu einem so bekannten Symbol geworden, daß wir vielen Unternehmen Spitznamen geben, die mit »Mc« beginnen – ein Hinweis, daß sie dem Vorbild von McDonald's folgen. Da gibt es z. B. die »McDentists« und »McDoctors« (Drive-in-Praxen zur schnellen und wirksamen Behandlung kleinerer zahnärztlicher oder gesundheitlicher Probleme), die »McChild«-Kindertagesstätten (für Einrichtungen wie Kinder-Care), »McStables« (für das landesweite Unternehmen von Wayne Lucas zum Training von Rennpferden) und »McPaper« (für die Zeitung *USA TODAY* und ihre

Kurznachrichten, die oft auch »News McNuggets« genannt werden)[16]. Als *USA TODAY* ein inzwischen abgesetztes Fernsehprogramm nach dem Vorbild der Zeitung ins Leben rief, sprachen manche Leute von »News McRather«[17].

Mittlerweile nimmt McDonald's in der volkstümlichen Kultur eine zentrale Stellung ein[18]. Die Eröffnung einer neuen Filiale kann in einer Kleinstadt zum großen Ereignis werden. Bei einer solchen Gelegenheit sagte ein Schüler der Maryland High-School: »So etwas Aufregendes geschieht in Dale City nie.«[19] Die Zeitungen berichten über Entwicklungen in der Fast-food-Branche; die Eröffnung von McDonald's in Peking war eine große Meldung. In Film und Fernsehen wird McDonald's entweder spöttisch oder mit Hochachtung behandelt. Die Fernsehsendung *Saturday Night Live* machte sich in einer Satire über die Spezialisierung solcher Firmen lustig und beschrieb dazu in allen Einzelheiten die Prüfungen und Leiden eines Lizenznehmers, der ausschließlich Klebeband verkauft. In dem Film *Der Prinz aus Zamunda* spielt Eddie Murphy einen afrikanischen Prinzen, der nach Amerika kommt, und zur Einführung tritt er eine Stelle bei »McDowells« an, einem kaum getarnten McDonald's. In *Moskau in New York* bekommt Robin Williams, frisch aus Rußland eingetroffen, einen Job bei McDonald's. H. G. Wells, eine Hauptfigur in dem Film *Flucht in die Zukunft*, wird in die moderne Welt von McDonald's versetzt und versucht dort Tee zu bestellen, wie er es im viktorianischen England gewohnt war. In *Der Schläfer* wacht Woody Allen in der Zukunft auf, nur um auf eine McDonald's-Filiale zu treffen. Und *Tin Men* schließlich zeigt den Übergang von der Cadillac- zur Volkswagen-Ära, und am Ende fahren die Hauptpersonen in eine Zukunft, die durch einen in der Ferne leuchtenden goldenen Doppelbogen symbolisiert wird.

Viele Menschen identifizieren sich stark mit McDonald's; für manche ist es geradezu zu einer heiligen Institution geworden[20]. Bei der Eröffnung der Moskauer Filiale bezeichnete sie ein Journalist als »höchstes Heiligenbild des Amerikanischen«, und ein Arbeiter sprach davon, »als wäre es die Kathedrale von Chartres ... ein Ort, wo man ›himmlische Freuden‹ erleben kann«.[21] Kowinski bezeichnet die Einkaufspassagen – die, wie wir noch sehen werden, ein zentraler Bestandteil der McDonaldisierung sind – als moderne »Konsumtempel«, die wir aufsuchen, um unserer »Konsumreligion« zu huldigen[22]. Ganz ähnlich verhält es sich mit einem Besuch bei einem weiteren zentralen Element der McDonaldisierten Gesellschaft, der Walt Disney World; die Reise dorthin wurde als »Wallfahrt der Mittelschicht« bezeichnet, als »obligatorischer Besuch in der sonnendurchglühten heiligen Stadt«.[23]

Seine überzogene Stellung hat McDonald's erreicht, weil praktisch alle Amerikaner und viele Einwohner anderer Länder durch seinen goldenen Doppelbogen gegangen sind, oft unzählige Male. Außerdem werden wir ständig von einer Werbung bombardiert, die uns die Vorzüge von McDonald's anpreist. Diese Reklamespots werden auf verschiedene Zielgruppen zugeschnitten. Manche richten sich an kleine Kinder, die sich am Samstagmorgen Zeichentrickfilme ansehen. Andere zielen auf junge Erwachsene, die das Fernsehen am frühen Abend einschalten. Wieder andere sprechen Großeltern an, die man vielleicht beschwatzen kann, mit ihren Enkeln zu McDonald's zu gehen. Außerdem werden die Werbespots verändert, wenn McDonald's neue Gerichte (z.B. Frühstückshörnchen) einführt, neue Preisausschreiben erfindet oder seine Produkte beispielsweise mit neuen Filmen in Verbindung bringt. Diese allgegenwärtigen Werbespots und die Tatsache, daß man kaum ein paar Kilometer fahren kann, ohne das McDonald's-Firmenzeichen zu sehen, haben das

Unternehmen zu einem tiefsitzenden Bestandteil unseres Bewußtseins gemacht. In einer Umfrage aus dem Jahr 1986 erkannten 96 Prozent der befragten Schulkinder den Namen Ronald McDonald; damit stand er an zweiter Stelle, übertroffen nur von »Santa Claus«, dem Weihnachtsmann.[24]

McDonald's hat uns im Laufe der Jahre aus den unterschiedlichsten Gründen angesprochen. Die Restaurants selbst werden als blitzsauber dargestellt, das Essen soll frisch und nahrhaft sein, die Angestellten zeigt man als jung und rege, die Manager erscheinen freundlich und bemüht, und das Eßerlebnis selbst scheint voller Spaß zu sein. Man will uns sogar glauben machen, daß wir zumindest indirekt einem guten Zweck dienen, wenn wir die Firma unterstützen, die ihrerseits die Ronald MacDonald-Heime für kranke Kinder finanziert.

McDonald's hat seinen Einflußbereich ständig erweitert, in der amerikanischen Gesellschaft ebenso wie darüber hinaus. Anfangs war es eine Erscheinung der Vororte und der mittleren Kleinstädte, aber in den letzten Jahren ist es auch in die Großstädte vorgedrungen, und das nicht nur in den Vereinigten Staaten, sondern auch in vielen anderen Teilen der Welt[25]. Heute findet man Fast-food-Filialen am New Yorker Times Square ebenso wie auf den Champs Élysées in Paris. Sie haben sich auch in kleineren Orten breitgemacht, von denen man annehmen sollte, daß ein solches Restaurant dort nicht ausgelastet wäre. Zunächst siedelten sich McDonald's und seine Nachahmer an bestimmten Straßenabschnitten an, zum Beispiel an der Route 161 in Columbus, Ohio. Ein Anwohner sagte: »Sie suchen etwas für den Magen? ... Fahren Sie die Straße 161 entlang, da sehen Sie mehr zu essen als bisher in Ihrem ganzen Leben.«[26] Solche Straßenzüge florieren nach wie vor, aber die Fast-food-Restaurants liegen inzwischen auch viel weiter verstreut.

Eine weitere bedeutsame Ausdehnung ergab sich in jüngerer Zeit, als die Fast-food-Restaurants auf dem Gelände von Colleges einzogen, während sie früher damit zufrieden waren, die Straßen im Umfeld eines solchen Campus zu beherrschen. Nachdem sich McDonald's – offensichtlich mit dem Einverständnis der Collegeleitung – dort angesiedelt hat, kann es die Lebensweise der jüngeren Generation noch stärker beeinflussen.

In noch jüngerer Zeit hat sich eine weitere Invasion ereignet: Fast-food-Restaurants übernehmen auch die Raststättenbranche an den Fernstraßen des Landes. Um in unserem Lieblings-Fast-food-Restaurant zu essen, brauchen wir die Straße nicht mehr zu verlassen. Man kann anhalten, sich Fast food besorgen und weiterfahren, und an dem Ort, wo die Reise endet, werden wir wahrscheinlich erneut fast die gleichen Fast-food-Restaurants in der gleichen Mischung und Dichte vorfinden wie da, wo wir losgefahren sind. Auch in anderen Bereichen des Reisens ist Fast food auf dem Vormarsch: Man findet es in vielen Bahnhöfen und Flughäfen, ja sogar auf den Tabletts während der Flüge. In der *Washington Post* und der *New York Times* erschien am 17. September 1991 folgende Anzeige: »Wo sonst bekommen Sie in 11 000 Metern Höhe eine solche McDonald's-Mahlzeit für Ihre Kinder? Nur auf den United-Flügen nach Orlando.« Kinder können also auf United-Flügen nach Orlando jetzt McDonald's-Verpflegung bekommen. Wann wird es das gleiche Angebot auch für Erwachsene geben? Und wie lange wird es dauern, bis auf allen United-Flügen solche Mahlzeiten angeboten werden? Wann wird es bei allen Fluggesellschaften so weit sein?

In anderen gesellschaftlichen Bereichen war der Einfluß der Fast-food-Restaurants weniger deutlich, aber ebenso tiefgreifend. Grundschulen und High-Schools haben meist kein eigenes Fast-food-Restaurant, aber in vielen Fällen mußten

sie das Angebot und die Arbeitsweise ihrer Kantinen so abän-
dern, daß die Kinder und Jugendlichen sich leicht mit Fast
food versorgen können. Äpfel, Joghurt und Milch landen
vielfach sofort im Mülleimer, aber Hamburger, Pommes frites
und Shakes werden verschlungen. Auch hier steht eine tiefgreifende Änderung bevor: Die Firma Domino's hat kürzlich
ein Abkommen mit Marriott's unterzeichnet, wonach Domino's-Pizza in den von Marriott betriebenen Schulkantinen
vertrieben werden soll, und Marriott versorgt derzeit 200
Schulverwaltungen in 20 Bundesstaaten mit etwa 120 Millionen Mahlzeiten im Jahr[27]. Die Bemühungen, Schulkinder an
Fast food zu gewöhnen, seit langem ein Ziel der an diese
Gruppe gerichteten Werbung, erreichte in Illinois so etwa wie
einen neuen Höhepunkt: Die McDonald's-Filialen starteten
ein Programm mit dem Titel »A for Cheeseburger«: Schüler,
die im Zeugnis ein A hatten (die beste Note; Anm. d. Übers.),
bekamen einen Cheeseburger umsonst – gute Schulleistun-
gen wurden mit McDonald's in Verbindung gebracht.[28]

Auch die Armee geriet immer mehr unter Druck, Fast
food in Kasernen und auf Schiffen anzubieten. Trotz der Kritik von Ärzten und Ernährungswissenschaftlern eröffnen immer mehr Fast-food-Filialen in Krankenhäusern. Privathaus-
halte haben noch kein eigenes McDonald's, aber das Essen
zu Hause wurde ebenfalls von den Fast-food-Restaurants
beeinflußt. Selbst zubereitete Mahlzeiten ähneln oft denen
aus dem Fast-food-Restaurant. Tiefgekühlte, mikrowellenge-
rechte und fertig abgepackte Gerichte, die verblüffend denen
von McDonald's ähneln und zunehmend nach diesem Vorbild
hergestellt werden, kommen häufig auf den häuslichen
Eßtisch. Und dann gibt es den Fast-food-Lieferservice, insbesondere für Pizza, den die Firma Domino's revolutionierte.

## Dunkin' Donuts, »Unsere Haustiere« und der »Sex-McDonald's«

Natürlich war McDonald's nicht das einzige Unternehmen, das der amerikanischen Gesellschaft und der übrigen Welt das Fast-food-Schema aufgedrückt hat. Eine entscheidende Rolle spielten andere Fast-food-Riesen wie Burger King, Wendy's, Hardee's, Arby's, Big-Boy, Dairy Queen, TCBY, Denny's, Sizzler, Kentucky Fried Chicken, Popeye's, Taco Bell, Chi Chi's, Pizza Hut, Domino's, Long John Silver, Baskin-Robbins und Dunkin' Donuts sowie zahllose weitere Firmen, die sich auf die Prinzipien der Fast-food-Restaurants gründen.

Auch die Nachfolger von McDonald's haben wieder eigenen Einfluß. Der Erfolg von *USA TODAY* führte zum Beispiel im ganzen Land zu Veränderungen bei den Zeitungen, unter anderem in Form kürzerer Berichte und farbiger Wetterkarten. Ein Redakteur von *USA TODAY* formulierte es so: »Diejenigen, die uns McPaper nennen, haben uns unsere McNuggets gestohlen.«[29] Besonders deutlich wird der Einfluß von *USA TODAY* bei dem Sensationsblatt *Boca Raton News*. In einer Beschreibung heißt es, diese Zeitung sei »eine Art Häppchenbuffet für Nachrichten, ein Zeitung, die Meldungen sogar in noch kleinere Schnipsel zerhackt und stärker durcheinanderwürfelt als *USA TODAY*, gespickt mit Farbgrafiken, vermischten Neuigkeiten und niedlichen Berichten wie ›Der Held des Tages‹ und ›Unsere Haustiere‹«[30]. Wie bei *USA TODAY*, so laufen die Artikel auch bei den *Boca Raton News* normalerweise nicht über mehrere Seiten, sondern sie beginnen und enden auf derselben Seite. Um diese Anforderung zu erfüllen, müssen lange und komplizierte Artikel oft auf ein paar Absätze gekürzt werden. Der Zusammenhang einer Meldung und ein großer Teil dessen, was die wichtigsten Beteiligten dazu zu sagen haben, werden stark zusammengestrichen oder ganz weggelassen. Das Schwergewicht liegt auf »leichten« Meldungen und Klatsch über Prominente sowie auf farbigen Karten und Abbildungen. Damit hat diese Zeitung offenbar vorwiegend eine Unterhaltungsaufgabe.

In diesem Buch geht es unter anderem um die Frage, ob die McDonaldisierung tatsächlich unausweichlich ist und ob sie sich deshalb in alle Bereiche unserer Gesellschaft und unseres Lebens einschleichen wird. In dem Film *Der Schläfer* schuf Woody Allen nicht nur eine Zukunftswelt, in der McDonald's ein sehr wichtiges, gut sichtbares Element darstellt, sondern er stellte sich eine Gesellschaft vor, in der auch der Sex dem Vorgang der McDonaldisierung unterliegt. Die Bewohner seiner futuristischen Welt können das »Orgasmatron« besteigen, eine Maschine, in der sie einen Orgasmus erleben können, ohne daß sie die Irrungen und Wirrungen des Geschlechtsverkehrs auf sich nehmen müssen.

Tatsächlich hat der Sex wie praktisch alle Gesellschaftsbereiche einen Prozeß der McDonaldisierung durchgemacht. Beim »Telefonsex« können wir intime, sexuell eindeutige und obszöne Unterhaltungen mit Menschen führen, die wir nie kennengelernt haben und vermutlich auch nie kennenlernen werden. Es gibt auf diesem Gebiet eine starke Spezialisierung, und wenn man beispielsweise die Nummer 555-FOXX wählt, wird man ganz etwas anderes zu hören bekommen als bei 555-SEXY[31]. Sogenannte »Escort-Service«-Firmen bieten ein breites Spektrum von Sexpartner(inne)n an. In den Großstädten gibt es Mehrfachkinos mit hochspezialisierten Pornofilmen (heterosexuell, homosexuell, Sex mit Kindern, Sex mit Tieren), und in der Videothek findet man das gleiche zum Betrachten im Komfort des häuslichen Wohnzimmers. Verschiedene technische Hilfsmittel (zum Beispiel Vibratoren) bieten verbesserte Möglichkeiten, sich allein sexuell zu betätigen, ohne daß man die Schwierigkeiten beim Umgang mit einem menschlichen Partner auf sich nehmen muß. In New York bezeichnete ein Beamter einen dreistöckigen Sexshop einmal als »Sex-McDonald's« wegen seiner »makellosen Sauberkeit und seiner Gesetzestreue«[32]. An der McDonaldisierung der Sexualität zeigt sich, daß kein Bereich unseres Lebens dagegen gefeit ist.

### Die Elemente der McDonaldisierung: vom Autoschalter bis zu unbequemen Stühlen

Manche Bereiche sind vielleicht in der Lage, der McDonaldisierung zu widerstehen, aber dieses Buch möchte aufzeigen, daß viele andere Aspekte der Gesellschaft bereits McDonaldisiert sind oder sein werden. Damit erhebt sich die Frage, warum McDonald's als Vorbild so unwiderstehlich war. Kernpunkt des Erfolges von McDonald's und der McDonaldisierung im allgemeinen sind vier grundlegende, verlockende Elemente[33].

Erstens: McDonald's bietet *Effizienz*. Das heißt, das McDonald's-System hat die optimale Methode, um von Punkt A zu Punkt B zu kommen. In den meisten Fällen bedeutet das, daß McDonald's über die bestmöglichen Mittel verfügt, um uns vom Zustand des Hungers in den Zustand der Sättigung zu befördern. (In ganz ähnlicher Weise bot Woody Allens Orgasmotron eine effiziente Methode, um von der Ruhe zur sexuellen Erregung und von dort zur sexuellen Entspannung zu gelangen.) Andere Institutionen, die nach dem Vorbild von McDonald's angelegt wurden, bieten ähnliche Effizienz beim Abnehmen, beim Schmieren des Autos, beim Einlösen von Brillenrezepten oder beim Ausfüllen der Steuererklärung. In einer schnellebigen Gesellschaft, in der meist beide Eltern arbeiten oder nur ein Elternteil vorhanden ist, hat Effizienz beim Stillen des Hungers und bei der Erfüllung vieler anderer

Bedürfnisse einen großen Reiz. In einer höchst mobilen Gesellschaft, in der sich die Menschen – meist mit dem Auto – schnell von einer Stelle zur anderen bewegen, hat die Effizienz einer Fast-food-Mahlzeit, die man vielleicht am Autoschalter erhält, ohne den Wagen zu verlassen, eine oft unwiderstehliche Anziehungskraft. Das Vorbild des Fast food bietet uns eine effiziente Methode zur Befriedigung vieler Bedürfnisse – oder zumindest scheint es so.

Zweitens: McDonald's bietet Essen und Service, die sich leicht *quantifizieren* und *berechnen* lassen. Es sieht aus, als bekäme man bei McDonald's »mehr Essen fürs Geld«. (Eine der letzten Neuerungen als Entgegnung auf das Wachstum anderer Fast-food-Ketten sind »Wertmahlzeiten« zu herabgesetzten Preisen.) Oft haben wir den Eindruck, daß wir eine Menge Essen für einen recht bescheidenen Geldbetrag erhalten. Quantität wird mit Qualität gleichgesetzt: »Viel« muß auch »gut« bedeuten. Zwei Beobachter der amerikanischen Gegenwartskultur formulierten es so: »Als Kultur neigen wir zu dem tiefsitzenden Glauben, daß ›groß‹ im allgemeinen auch ›besser‹ ist. Deshalb bestellen wir den ›Viertelpfünder‹, den ›Big Mac‹, die ›Großen Fritten‹. Wir können alle diese Dinge in ihrer Menge erfassen und haben das Gefühl, daß wir viel Nahrung erhalten und dafür andererseits nur eine geringe Geldmenge ausgeben.« Bei dieser Rechnung fällt natürlich ein wichtiger Punkt unter den Tisch: Daß Fast-food-Filialen wie Pilze aus dem Boden schießen und andere Branchen das Vorbild übernehmen, zeigt deutlich, daß unsere Überlegungen eine Illusion sind; am besten kommen bei dem Geschäft die Firmenbesitzer weg.

Noch eine andere Berechnung ist in den Erfolg von McDonald's eingeflossen, eine Berechnung, die mit Zeit zu tun hat. Zumindest unausgesprochen rechnen die Menschen oft aus, wie lange es dauert, zu McDonald's zu fahren, zu essen und nach Hause zurückzukehren, und diesen Aufwand vergleichen sie dann mit der Zeit für die Zubereitung einer Mahlzeit zu Hause. Dabei kommen sie vielfach – zu Recht oder zu Unrecht – zu dem Ergebnis, daß der Ausflug zum Fast-food-Restaurant weniger Zeit in Anspruch nimmt als das Essen zu Hause. Diese Zeitberechnung ist ein entscheidender Faktor für den Erfolg von Domino's und anderen Ketten, die ins Haus liefern, denn um bei ihnen Kunde zu werden, braucht man noch nicht einmal die eigenen vier Wände zu verlassen. Ein anderes erwähnenswertes Beispiel ist die Firma Lens Crafters, die »schnelle Brillen, Brillen in einer Stunde« verspricht. Manche McDonaldisierten Institutionen betonen den Zeit- und Geldfaktor gleichermaßen. Domino's garantiert die Lieferung in einer halben Stunde, ansonsten ist die Pizza umsonst. Und Pizza Hut hat eine eigens zubereitete Pfannenpizza in fünf Minuten fertig – sonst braucht man ebenfalls nicht zu bezahlen.

Drittens bietet McDonald's Vorhersagbarkeit: Wir wissen, daß der »McMaffin«, den wir in New York essen, unter allen praktischen Gesichtspunkten mit dem in Chicago oder Los Angeles (und mit dem in Frankfurt oder Köln; Anm. d. Übers.) identisch sein wird. Und ebenso sind wir sicher, daß der von heute genauso schmecken wird wie der in einer Woche oder in einem Jahr. Es ist sehr tröstlich, wenn man weiß, daß es bei McDonald's keine Überraschungen gibt, daß die Mahlzeit, die wir an einem bestimmten Tag an einem bestimmten Ort einnehmen, genau einer anderen gleicht, die wir an einem anderen Tag an einem anderen Ort verzehren. Wir wissen, daß der nächste »McMaffin« nicht schrecklich schmecken wird; köstlich wird er ebenfalls nicht sein, auch das wissen wir. Der Erfolg des Vorbildes McDonald's zeigt, daß viele Menschen heute lieber in einer Welt leben, in der nichts Unerwartetes geschieht.

Und viertens schließlich wird *Kontrolle* über die Menschen ausgeübt, die sich in die Welt von McDonald's begeben, vor allem indem menschliche Arbeitskraft durch nichtmenschliche Technologie ersetzt wird. Wer in Fast-food-Restaurants arbeitet, ist darauf gedrillt, eine sehr begrenzte Zahl von Tätigkeiten in genau vorgeschriebener Weise auszuführen. Manager und Inspektoren sorgen dafür, daß kein Angestellter aus der Reihe tanzt. Auch die Menschen, die in Fast-food-Restaurants essen, werden kontrolliert, allerdings (in der Regel) eher unterschwellig und indirekt. Warteschlangen, eine begrenzte Speisekarte, wenig Auswahlmöglichkeiten und unbequeme Stühle veranlassen den Kunden, genau das zu tun, was die Firma wünscht: schnell zu essen und dann wieder zu gehen. Die Autoschalter (und in einigen Fällen auch Schalter für den Verkauf an Fußgänger) sorgen sogar dafür, daß der Kunde sich zuerst entfernt und dann schnell ißt. Diese Besonderheit wurde in jüngster Zeit durch das Domino's-System noch weiter getrieben: Dabei sollen die Kunden überhaupt nicht mehr kommen und dennoch rasch aufessen.

McDonald's kontrolliert die Menschen auch durch den Einsatz von Maschinen anstelle menschlicher Arbeitskräfte. Menschen, und seien sie auch noch so gut programmiert und kontrolliert, können das System ins Stocken bringen. Ein langsamer, unachtsamer Angestellter kann Herstellung und Verkauf eines »Big Mac« ineffizient machen. Ein Mitarbeiter, der sich weigert, die Regeln zu befolgen, kann die Zwiebeln oder die Sauce vom Hamburger weglassen und so ein Element der Unvorhersagbarkeit schaffen. Und wenn jemand abgelenkt ist, füllte er vielleicht zuwenig Pommes frites in die Schachtel, so daß die »großen Fritten« schrecklich knapp bemessen erscheinen. Aus diesen und anderen Gründen ist MacDonalds ständig genötigt, menschliche Arbeitskräfte durch nichtmenschliche Technik zu ersetzen; Beispiele sind Getränkeautomaten, die von selbst abschalten, wenn das Glas voll ist, Friteusen, die klingeln, wenn die Pommes frites knusprig sind, vorprogrammierte Registrierkassen, bei denen der Kassierer keine Preise und Mengen ausrechnen muß, und – vielleicht schon in naher Zukunft – der Roboter für die Zubereitung der Hamburger (der als Prototyp bereits existiert). Alle diese technischen Hilfsmittel ermöglichen eine stärkere Kontrolle über die Menschen, die mit dem Fast-food-Restaurant zu tun haben. Die Folge: McDonald's kann dem Kunden sogar Zusagen darüber machen, was für Angestellte und was für einen Service er zu erwarten hat.

Insgesamt konnte McDonald's (und das McDonald's-System) so viel Erfolg haben, weil es dem Verbraucher Effizienz und Berechenbarkeit bietet, und weil es scheinbar für wenig Geld und geringen Aufwand eine Menge Essen bietet. Ein weiteres Rezept besteht darin, daß es mit technischen Mitteln größere Kontrolle über Angestellte und Kunden ausübt, so daß diese sich so verhalten, wie die Firma es wünscht. Indem die Fast-food-Restaurants den Menschen zunehmend durch Technik ersetzen, gelingt es ihnen außerdem, ihre Nahrungsmittel immer effizienter und berechenbarer bereitzustellen. Es gibt also gute, stichhaltige Gründe, warum McDonald's einen derart gewaltigen Erfolg hatte und warum der Prozeß der McDonaldisierung unvermindert weitergeht.

### Eine Kritik an der McDonaldisierung: die Irrationalität des Rationalen

Aber das alles hat auch eine Kehrseite. Man kann Effizienz, Vorhersagbarkeit, Berechenbarkeit und Kontrolle durch nichtmenschliche Technologie als Grundelemente eines rationalen Systems betrachten.[34] Wie wir aber in späteren Kapiteln noch sehen werden, bringen rationale Systeme oft Irrationales hervor. Besonders systematisch wird die Kehrseite der

McDonaldisierung unter der Überschrift »Die Irrationalität des Rationalen« (Kapitel 7) behandelt. Man kann es auch auf andere Weise ausdrücken: Rationale Systeme dienen dazu, die menschliche Vernunft zu leugnen; rationale Systeme können unvernünftig sein.

So ist ein Fast-food-Restaurant zum Beispiel vielfach eine unmenschliche Umgebung zum Essen oder Arbeiten. Die Leute, die wegen eines Hamburgers in einer Warteschlange stehen oder im Auto vor dem Drive-Through-Schalter ausharren, fühlen sich oft, als ob sie am Fließband essen, und die Angestellten fühlen sich bei der Zubereitung vielfach wie am Hamburger-Fließband. Ein Fließband ist wohl kaum ein menschliches Umfeld zum Essen, und auch als Arbeitsplatz ist es, wie man heute weiß, unmenschlich. Wie wir noch sehen werden, ist die Entmenschlichung eines der vielen Dinge, in denen das stark rationalisierte Fast-food-Restaurant höchts irrational ist.

Die Kritik an der Irrationalität der Fast-food-Restaurants läßt sich natürlich auf alle Aspekte unserer McDonaldisierten Welt ausdehnen. Unterstrichen und gerechtfertigt wurde diese Erweiterung in jüngster Zeit durch die Eröffnung des Euro-Disneyland bei Paris. Ein französischer sozialistischer Politiker wies auf die Verbindung von Disney und McDonald's sowie auf ihre gemeinsamen negativen Auswirkungen hin, als er sagte, Euro-Disney werde »Frankreich mit entwurzelten Machwerken bombardieren, die für die Kultur das gleiche bedeuten wie das Fast food für die Gastronomie«.[35]

Solche Kritik führt zu einer wichtigen Frage: Ist der weltweite überstürzte Trend zur McDonaldisierung vorteilhaft oder nicht? Man kann aus der McDonaldisierung große Gewinne ziehen, von denen einige später erörtert werden sollen. Aber es entstehen auch hohe Kosten und gewaltige Risiken, und sie sind der Schwerpunkt dieses Buches. Letztlich muß man sich fragen, ob die Schaffung dieser rationalisierten Systeme nicht eine noch größere Zahl irrationaler Folgen nach sich zieht. Zumindest aber müssen wir uns über den Preis der McDonaldisierung im klaren sein. McDonald's und die anderen Firmen, die dem Vorbild des Fast-food folgen, wenden jedes Jahr viele Milliarden Dollar auf, um den Nutzen anzupreisen, den man aus ihrem System ziehen kann. Die Kritiker haben dagegen wenig Möglichkeiten, ihre Gedanken zu äußern. Es gibt am Samstagmorgen zwischen den Zeichentrickfilmen keine Werbespots, in denen die Kinder vor den Gefahren im Zusammenhang mit den Fast-food-Restaurants gewarnt werden. Zwar werden wahrscheinlich nur wenige Kinder dieses Buch lesen, aber es richtet sich zumindest zum Teil an ihre Eltern (und an zukünftige Eltern) in der Hoffnung, daß sie ihren Kindern ein wenig mehr Vorsicht vermitteln.

Aus dieser Analyse ergibt sich eine berechtigte Frage: Entspringt die Kritik an der McDonaldisierung einer romantischen Betrachtung der Vergangenheit und dem unerfüllbaren Wunsch, in eine nicht mehr vorhandene Welt zurückzukehren? Für manche Kritiker gilt das sicherlich[36]. Sie erinnern sich an eine Zeit, als das Leben gemächlicher und weniger effizient ablief, als es mehr Überraschungen und mehr Freiheit gab und als man es eher mit Menschen als mit Robotern und Computern zu tun hatte. Solche Kritik ist zwar durchaus stichhaltig, aber sie übertreibt zweifellos die positiven Seiten der Welt vor McDonald's, und gleichzeitig neigt sie dazu, die Nachteile einer solchen Welt zu vergessen. Und, was noch wichtiger ist: Diese Kritiker machen sich offenbar nicht klar, daß es eine solche Welt nie wieder geben kann. Der Bevölkerungszuwachs, der immer schnellere technische Wandel, das zunehmende Tempo des Lebens – all das macht es mehr und mehr unmöglich, in eine nicht rationalisierte Welt zurückzukehren – falls es sie irgendwann einmal gegeben haben sollte, jene Welt mit selbstgekochtem Essen, Besuchen in herkömmlichen Restaurants, hochwertigen Lebensmitteln, Mahlzeiten voller Überraschungen und Restaurantangestellten, die ihrer Kreativität freien Lauf lassen konnten.[37]

Die Kritik an der McDonaldisierung hat ihre Wurzel also einerseits in der Vergangenheit, andererseits aber auch in der Zukunft. Zukunft ist in diesem Zusammenhang das, was die Menschen sein könnten, wenn sie nicht durch die Einschränkungen rationaler Systeme behindert werden. Dieser Kritik zufolge haben die Menschen ein weit größeres Potential für Nachdenklichkeit, Begabung, Kreativität und Bildung, als es ihrem jetzigen Zustand entspricht, aber sie können dieses Potential nicht freisetzen, weil die durch die rationalisierte Welt eingeschränkt sind. Wäre die Welt weniger oder gar nicht rationalisiert, könnten sie ihr menschliches Potential weit besser ausleben. Diese Kritik gründet sich nicht auf den Zustand der Menschen in der Vergangenheit, sondern darauf, wie sie in Zukunft sein könnten, wenn man die Beschränkungen der McDonaldisierten Systeme beseitigen oder zumindest stark abschwächen würde. Die Kritikpunkte, die in diesem Buch dargelegt werden, haben ihre Beweggründe in einer solchen zukunftsorientierten Sichtweise und nicht in einer romantischen Verklärung der Vergangenheit und dem Wunsch, dorthin zurückzukehren.

### Die Vorteile der McDonaldisierung: von indianischen Gerichten bis zum Leben in Wohnsiedlungen

Dieses Buch konzentriert sich zum größten Teil auf die negativen Seiten der McDonald's-Kette und der McDonaldisierung. Dabei ist es aber wichtig, eine ausgewogene Sichtweise herzustellen und einige Vorteile solcher Systeme und Prozesse zu erwähnen. Der Wirtschaftsjournalist Robert Samuelson ist

beispielsweise ein entschiedener Befürworter von McDonald's, und er bekennt, daß er die Firma geradezu verehrt. Er
hält sie für »die großartigste Restaurantkette der Geschichte«.
(Allerdings gesteht auch Samuelson ein, es gebe Leute, »die
das Essen nicht ausstehen können und McDonald's als Verkörperung alles Vulgären in der amerikanischen Massenkultur
betrachten«.)[38]

Ich möchte hier einige Vorteile der Fast-food-Restaurants und anderer Elemente der McDonaldisierten Gesellschaft aufzählen[39]:

- Durch die Fast-food-Restaurants hat sich das Angebot für
  die Verbraucher erweitert. So haben heute zum Beispiel
  mehr Menschen Zugang zu italienischen, mexikanischen,
  chinesischen und indianischen Gerichten. In diesem Sinne
  schafft eine McDonaldisierte Gesellschaft mehr Gleichbe-
  rechtigung.[40]

- An der Salatbar, die viele Fast-food-Restaurants und Supermärkte anbieten, können die Leute sich ihren Salat nach eigenem Geschmack zusammenstellen.

- Mikrowellengeräte und mikrowellengeeignete Gerichte
  ermöglichen die Zubereitung einer Mahlzeit in Minuten
  oder sogar Sekunden.

- Wer viele verschiedene Dinge einkaufen muß, findet in Supermärkten und Ladenpassagen höchst effizient die Gelegenheit dazu. Noch effizienter sind Lieferdienste, bei denen
  man einkaufen kann, ohne die eigene Wohnung zu verlassen.

- Die heutigen profitorientierten High-Tech-Krankenhäuser
  bieten wahrscheinlich bessere medizinische Versorgung als
  frühere Institutionen.

- Beim örtlichen Drive-in-«McDoctor« wird man fast sofort
  medizinisch behandelt.

- Computer-Telefonsysteme erlauben Tätigkeiten, die früher

unmöglich waren: Man kann zum Beispiel mitten in der Nacht bei der Bank einen Kontoauszug abrufen oder sich anhören, was sich im Schulunterricht des Kindes an dem betreffenden Tag ereignet hat und welche Hausaufgaben zu erledigen sind. In ganz ähnlicher Weise schaffen Bankautomaten die Möglichkeit, sich zu jeder Tages- und Nachtzeit mit Bargeld zu versorgen.[41]

- Durch Pauschalreisen können viele Menschen in Länder fahren, die sie sonst nicht besuchen würden.
- Diätzentren wie »Nutri/System« ermöglichen das Abnehmen in einem sorgfältig geregelten und kontrollierten System.
- Die 24-Sekunden-Grenze im Profi-Basketball schafft für hervorragende Sportler wie Michael Jordan die Möglichkeit, ihre außergewöhnliche Begabung deutlicher zu zeigen.
- Wohnmobile schützen den modernen Camper vor übermäßiger Hitze, Regen, Insekten und ähnlichem.
- Reihenhaussiedlungen in den Vorstädten ermöglichen es vielen Menschen, Wohneigentum so erwerben.

## Schlußfolgerung

Die soeben vorgestellte Liste vermittelt nicht nur einen Eindruck von den Vorteilen der McDonaldisierung, sondern auch von dem Spektrum der Themen, die unter diesem Etikett in dem vorliegenden Buch behandelt werden. Unter der Überschrift »McDonaldisierung« wird von einem so breiten Spektrum gesellschaftlicher Erscheinungen die Rede sein, daß man sich fragen muß, was eigentlich nicht McDonaldisiert ist. Ist McDonaldisierung gleichbedeutend mit der modernen Zeit? Ist alles, was zeitgemäß ist, auch McDonaldisiert?

Ein großer Teil der Welt ist zwar McDonaldisiert, aber man kann in der heutigen Gesellschaft mindestens drei Bereiche ausmachen, die diesem Trend bisher weitgehend entgangen sind. Erstens gibt es Erscheinungen, die aus einer früheren, »vormodernen« Zeit stammen und die es in der modernen Welt weiterhin gibt. Ein gutes Beispiel ist der Tante-Emma-Laden. Zweitens sind auch neue Einrichtungen entstanden, die zumindest zum Teil eine Gegenreaktion auf die McDonaldisierung darstellen, wie zum Beispiel die florierenden »Bed–and–Breakfast«-Häuser (B&B), die Privatzimmer mit »Familienanschluß« und selbstgemachtem Frühstück anbieten. Wer von McDonaldisierten Hotelzimmern im Holiday Inn oder Motel 6 die Nase voll hat, kann statt dessen im B&B wohnen. Und schließlich befinden wir uns manchen Analysen zufolge inzwischen in einer neuen, »postmodernen« Gesellschaft, die in mancherlei Hinsicht weniger rational ist als früher. In einer solchen postmodernen Gesellschaft werden wir beispielsweise Zeuge, wie »moderne« Hochhausprojekte zugunsten kleinerer Siedlungen mit mehr Lebensqualität verworfen werden. Obwohl die McDonaldisierung also allgegenwärtig ist, kann man sie nicht einfach mit der Gegenwartsgesellschaft gleichsetzen. Die heutige Welt umfaßt mehr als die McDonaldisierung.

Wenn wir die McDonaldisierung erörtern, geht es nicht um alles oder nichts. Die Dinge sind nicht entweder McDonaldisiert oder nicht McDonaldisiert, sondern es gibt Abstufungen. Manche Erscheinungen sind stark McDonaldisiert, andere nur mäßig oder geringfügig. Und es gibt Phänomene, die sich der McDonaldisierung vielleicht völlig entzogen haben. So sind die Fast-food-Restaurants zum Beispiel stark McDonaldisiert, die Universitäten sind es mäßig, und bei dem zuvor erwähnten Tante-Emma-Laden ist die McDonaldisierung nur gering. Gesellschaftliche Phänomene, die der McDonaldisierung völlig entgangen sind, kann man sich nur schwer vorstellen, aber nach meiner Vermutung könnte es auf den Fidschi-Inseln kleine örtliche Unternehmen geben, die von dem Vorgang völlig unberührt geblieben sind. In diesem Zusammenhang stellt die McDonaldisierung also einen Prozeß dar, in den immer mehr gesellschaftliche Bereiche in immer stärkerem Maße einbezogen werden.

Zusammengefaßt lautet die zentrale These: McDonald's ist eine enorm wichtige Entwicklung, und der Vorgang, zu dessen Verbreitung die Firma beigetragen hat, nämlich die McDonaldisierung, erfaßt immer größere gesellschaftliche Bereiche und immer mehr Teile der Welt. Er hat der Gesellschaft eine Reihe von Vorteilen gebracht, aber er birgt auch eine beträchtliche Menge an Kosten und Risiken.

Das Schwergewicht liegt also auf McDonald's und der McDonaldisierung, wichtig ist dabei aber die Erkenntnis, daß dieses System in unserer jüngeren Geschichte wichtige Vorläufer hatte – im nächsten Kapitel wird ausführlicher davon die Rede sein. Die McDonaldisierung ist also nichts völlig Neues, sondern sie konnte nur deshalb so erfolgreich sein, weil sie eine Reihe früherer Neuerungen zusammenführte. Zu den wichtigsten Vorläufern der McDonaldisierung gehören Bürokratie, wissenschaftliche Betriebsführung, das Fließband und die erste Hamburgerbude der Brüder McDonald.

Dies ist im weitesten Sinne eine sozialwissenschaftliche Abhandlung, und deshalb reicht es nicht aus, wenn man darauf hinweist, daß sich die McDonaldisierung in der Gesellschaft mit beunruhigender Geschwindigkeit ausbreitet. Der Text muß Belege für diese Behauptung anführen. Im Kapitel 2 werden die Vorläufer der McDonaldisierung erörtert, und die dann folgenden vier Kapitel liefern diese Belege im Zusammenhang mit einer Beschreibung der vier grundlegenden Dimensionen von Rationalisierung: Effizienz, Berechenbarkeit, Vorhersagbarkeit und mehr Kontrolle durch den Ersatz menschlicher Arbeitskraft mittels nichtmenschlicher Technologie. In jedem Kapitel werden zahlreiche Beispiele dafür angeführt, in welchem Ausmaß die McDonaldisierung in die Gesellschaft eingedrungen ist und wie dieser Vorgang sich mit immer noch wachsender Geschwindigkeit fortsetzt. Im Kapitel 7 kommen wir auf das fünfte, paradoxe Element der Rationalisierung zurück: auf die Irrationalität des Rationalen. Zwar steht das Buch der McDonaldisierung ohnehin über weite Strecken kritisch gegenüber, am deutlichsten und unmittelbarsten wird die Kritik aber in diesem Kapitel formuliert. Es wird dabei von vielfältigen irrationalen Dingen die Rede sein; das wichtigste ist die mit der Rationalisierung einhergehende Entmenschlichung.

Das Kapitel 8 beschäftigt sich mit der Frage, ob wir der immer umfangreicheren, zwangsläufigen McDonaldisierung unausweichlich ausgeliefert sind. Die Antwort hängt zwar zum Teil davon ab, wie man selbst der McDonaldisierung gegenübersteht, aber Tatsache ist, daß wir – zumindest nach Ansicht des Autors – einer solchen Zukunft entgegengehen. Vor dem Hintergrund dieser Schlußfolgerung werden im letzten Kapitel einige praktische Schritte beschrieben, die man unternehmen kann, um in einer McDonaldisierten Welt zu überleben, wenn man über die Rationalisierung beunruhigt oder sogar wütend ist. Wie wir dabei sehen werden, können solche Maßnahmen zumindest teilweise Erfolg haben. Man kann McDonald's zum Beispiel zwingen, seine schlimmsten Auswüchse zu unterlassen, und man kann für sich selbst nichtrationalisierte Nischen in einer ansonsten rationalisierten Welt schaffen und finden. Am Ende werden solche Maßnahmen das Leben zwar erträglicher machen, sie bieten aber kaum echte Hoffnung, die Nachteile der McDonaldisierung zu bewältigen oder ihre weltweite Ausbreitung aufzuhalten.

# 2.
# Die McDonaldisierung und ihre Vorläufer
## Vom eisernen Käfig zur Fast-food-Fabrik

McDonald's ist nicht im luftleeren Raum entstanden; schon früher gab es eine ganze Reihe von Entwicklungen, die nicht nur in die gleiche Richtung deuteten, sondern der Firma McDonald's auch viele der grundlegenden Eigenschaften vermittelten, von denen im ersten Kapitel die Rede war.[1] Mit anderen Worten: Die Rationalisierung ist älter als die erste McDonald's-Filiale, die Ray Kroc 1955 eröffnete. Ein paar dieser Vorläufer sollen in diesem Kapitel kurz erörtert werden; am Anfang stehen dabei der Begriff der Bürokratie und Max Webers Theorien darüber sowie der umfassendere Vorgang der Rationalisierung.[2] Weitere Themen sind die wissenschaftliche Betriebsführung, die F.W. Taylor um die Jahrhundertwende erfand, Henry Fords Fließband, die massenproduzierten Vorstadthäuser von Levittown, die Einkaufspassagen und das ursprüngliche McDonald's, das von den Brüdern McDonald gegründet wurde. All diese Dinge sind nicht nur von historischem Interesse, sondern die meisten sind bis heute von großer Bedeutung. Deshalb werden wir im Hauptteil des Buches an vielen Stellen darauf zurückkommen. (Mit dem in diesem Kapitel beschriebenen Vorläufern ist die Liste der rationalisierten Institutionen, die es vor McDonald's gab, keineswegs erschöpft; sie sind aber die wichtigsten, zumindest wenn es darum geht, McDonald's und die McDonaldisierung zu verstehen.)

## Bürokratisierung und Rationalisierung:
## hinein in den eisernen Käfig

Die modernen Überlegungen zur Bürokratie haben ihre
Wurzeln in den Arbeiten des deutschen Soziologen Max Weber, der um die Jahrhundertwende lebte. Seine Vorstellungen
über Bürokratie waren Teil einer umfassenderen Theorie über
den Prozeß der Rationalisierung, aus der die Idee vom eisernen Käfig hervorging. Eigentlich ist das heutige Phänomen,
das hier als McDonaldisierung bezeichnet wird, eine Erweiterung von Webers Theorie der Rationalisierung. Für Weber
war die Bürokratie das Musterbeispiel der Rationalisierung.
In der heutigen Welt gibt es die Bürokratie zwar nach wie vor,
und sie ist auch von großer Bedeutung, aber nach meiner
Überzeugung ist mittlerweile das Fast-food-Restaurant zum
Vorbild für Rationalisierung geworden. Weber beklagte den
eisernen Käfig der Rationalisierung, und einen ähnlichen eisernen Käfig sehe ich mit großer Wahrscheinlichkeit durch das
Vorbild des Fast food auf uns zukommen. Besonders verärgert
war Weber über die Irrationalität des Rationalen, und die gleiche Sorge ist auch der Kernpunkt dieses Buches. Die Themen,
die auf den folgenden Seiten behandelt werden, stellen also
den Versuch dar, Webers Theorie, die um die Jahrhundertwende entstand, auf die Entwicklungen anzuwenden, die sich
im ausgehenden 20. Jahrhundert immer mehr beschleunigen.
  Nach Webers Überzeugung (die er durch seine For-
schungsarbeiten belegte) hatte die moderne westliche Welt
eine eigene Art der Rationalität geschaffen, die zuvor unbekannt gewesen war, und zwar nicht nur in der Geschichte des
Abendlandes, sondern auch in der früheren und gegenwärti-
gen Realität aller anderen Teile der Welt. Die eine oder andere
Art der Rationalität hatte es in allen Gesellschaftsordnungen
irgendwann einmal gegeben, aber keine hatte eine Rationa-

lität des Typs hervorgebracht, die für die moderne westliche Welt charakteristisch war – Weber sprach von formaler Rationalität. Wenn ich von der McDonaldisierung oder ganz allgemein von Rationalisierung rede, meine ich damit die Weiterentwicklung der formalen Rationalität.

Was ist formale Rationalität? Für Weber bedeutete dieser Begriff, daß die Suche der Menschen nach den optimalen Maßnahmen zum Erreichen eines vorgegeben Ziels durch Regeln, Bestimmungen und größere gesellschaftliche Strukturen gestaltet wird. Man läßt also nicht zu, daß der einzelne sich seiner eigenen Hilfsmittel bedient, wenn er nach dem besten Weg sucht, um eine Aufgabe zu erfüllen, sondern es gibt Regeln, Vorschriften und Verfahrensweisen, welche die optimale Methode entweder vorherbestimmen oder bei ihrer Entdeckung helfen. Weber hielt dies für eine wichtige Entwicklung der Weltgeschichte: Früher mußten die Menschen solche Mechanismen selbst finden, und dabei waren größere Wertsysteme nur eine vage, allgemeine Richtschnur. Nach der Entwicklung der formalen Rationalität konnten sie sich der Regeln und Vorschriften bedienen, die ihnen bei ihren Entscheidungen halfen, und wenn das System sich verstärkte, lebten die Menschen in Strukturen, die ihnen ihre Handlungsweise vorschrieben. Im Endeffekt brauchten die Menschen den optimalen Weg zu einem Ziel nicht mehr selbst zu finden, sondern dieser optimale Weg war bereits entdeckt und in Regeln, Vorschriften und Strukturen institutionalisiert. Der einzelne mußte nur noch den durch die Struktur vorgegebenen Regeln, Bestimmungen und Vorschriften folgen. Ein wichtiger Gesichtspunkt dieser Rationalität war die Erkenntnis, daß sie bei der Auswahl der Mittel weniger individuelle Wahlmöglichkeiten umfaßte. Da die Entscheidung für die Hilfsmittel gelenkt oder sogar vorgeschrieben wurde, konnte praktisch jeder die gleiche, optimale Wahl treffen.

In diesem Zusammenhang hat Webers zentrale Besorgnis über die Bürokratie ihren Sinn. Die Bürokratie ist eine formal rationalisierte Struktur. Sie (oder genauer gesagt, ihre Spitzenbeamten) entwickeln Regeln und Vorschriften, mit deren Hilfe die in der Bürokratie Beschäftigten die besten Mittel zum Erreichen ihrer Ziele wählen. Regeln und Vorschriften sind in der Bürokratie institutionalisiert, und die Zeitgenossen bedienen sich ihrer, wenn sie eine Aufgabe erfüllen wollen.

Außerdem ist die Bürokratie selbst so strukturiert, daß sie die Menschen dazu anhält oder sogar zwingt, bestimmte optimale Mittel zum Erreichen eines Zwecks einzusetzen. Eine Aufgabe wird beispielsweise in verschiedene Bestandteile zerlegt, und für jede dieser Teilaufgaben ist eine andere Stelle zuständig. Die Amtsinhaber in den einzelnen Büros beschäftigen sich jeweils mit ihrem Teil des Gesamtanliegens (wobei sie gewöhnlich vorgegebenen Regeln und Vorschriften folgen), und das geschieht oft in einer vorherbestimmten Reihenfolge. Haben alle Beschäftigten in der vorgesehenen Reihenfolge die gewünschte Aufgabe erledigt, ist das Ziel erreicht. Wenn die Bürokratie ihre Aufgaben in dieser Weise handhabt, bedient sie sich der Mittel, die sich in der Vergangenheit für das jeweilige Ziel als optimal erwiesen haben.

Die Bürokratie und die formale Rationalität, die sie so gut repräsentiert, war eine Erfindung der modernen westlichen Welt. Für Weber war sie der Höhepunkt der formalen Rationalität. Weber lobte die Bürokratie und allgemein die formale Rationalität wegen ihrer vielen Vorteile im Vergleich zu anderen Mechanismen, mit denen man den optimalen Weg zu einem Ziel finden und anwenden kann. Er sah in der Bürokratie die gleichen Vorteile (zum Beispiel Schnelligkeit und Effizienz), die im Kapitel 1 für Fast-food-Restaurants beschrieben wurden. Gleichzeitig war sich Weber aber (genau wie der Autor dieses Buches) schmerzlich der Probleme bewußt, die mit Bürokratie und formaler Rationalität verbunden sind; mit anderen Worten: Er wußte um die Irrationalität formal rationalisierter Systeme. Deshalb bezeichnete Weber die Bürokratie als entmenschlichend, und zwar im wesentlichen auf die gleiche Weise und vielfach wegen der gleichen Bedenken, die in diesem Buch für Fast-food-Restaurants genannt werden.

Weber definierte formale Rationalität mit ganz ähnlichen Begriffen, wie sie auch in diesem Buch bei der Beschreibung der Fast-food-Restaurants verwendet werden: Effizienz, Vorhersagbarkeit, quantitative Erfaßbarkeit und Kontrolle durch den Ersatz menschlicher Arbeitskraft durch nichtmenschliche Technologie. Und er betrachtete die Irrationalität des Rationalen ebenfalls als Folge des Trends zur formalen Rationalisierung.

Für Weber war die Bürokratie das Musterbeispiel für formale Rationalisierung, deren vier Grundelemente er dort verwirklicht sah: Bürokratie ist die *effizienteste* Struktur zur Handhabung einer großen Zahl von Aufgaben, die viel Papierkrieg erfordern. Kein anderes System kann eine so gewaltige Arbeitsmenge so effizient bewältigen wie die Bürokratie. Als Beispiel hätte Weber die stark bürokratisierte Finanzverwaltung nennen können: Keine andere Struktur könnte die Zahlungen von Millionen Steuerzahlern so optimal verwalten.

Wegen ihrer eingefahrenen Regeln und Bestimmungen arbeitet Bürokratie mit einem hohen Maß an *Vorhersagbarkeit*. Die Beamten in einer Behörde wissen mit großer Sicherheit, wie sich die Amtsinhaber in anderen Behörden verhalten werden. Sie wissen, was man ihnen liefern wird und wann sie es erhalten werden. Und Außenstehende, welche die von der Bürokratie angebotenen Dienstleistungen in Anspruch nehmen, wissen ebenfalls sehr zuverlässig, was sie bekommen und wann sie es bekommen. Wieder kann man ein Beispiel nennen, das von Weber stammen könnte: Die Millionen Sozial-hilfeempfänger wissen genau, wann sie ihren Scheck erhalten und wie hoch der Betrag ist.

Eine Bürokratie versucht, so viele Dinge wie möglich zu *quantifizieren (Berechenbarkeit)*. Die Leistung der Inhaber bürokratischer Positionen wird auf eine Reihe quantitativ erfaßbarer Aufgaben reduziert. Nehmen wir beispielsweise an, von einem Sachbearbeiter im Finanzamt wird jeden Tag die Bearbeitung einer bestimmten Zahl von Steuererklärungen erwartet. Wenn er tatsächlich die geforderte Zahl von Fällen erledigt, wird das als zufriedenstellende Leistung gewertet. Ist die Zahl geringer, gilt das als ungenügend, wird sie übertroffen, ist die Leistung hervorragend. Ein solches quantitatives Verfahren wirft aber ein Problem auf: Um die wirkliche Qualität bei der Bearbeitung der einzelnen Fälle kümmert man sich kaum oder gar nicht. Von dem Beschäftigten wird erwartet, daß er die Aufgabe erledigt, aber wie gut er sie erledigt, wird kaum beachtet. Ein Steuersachbearbeiter wird also unter Umständen mit vielen Fällen fertig und bekommt von seinen Vorgesetzten entsprechend positive Beurteilungen. In Wirklichkeit bearbeitet er die Fälle aber vielleicht schlecht, was den Staat möglicherweise Tausende oder sogar Millionen an Steuereinnahmen kostet. Oder er erledigt sie so schnell, daß die betroffenen Steuerzahler sich über die Art der Behandlung ärgern.

Ein weiteres Schwergewicht liegt in der Bürokratie auf *Kontrolle* durch den Ersatz menschlicher Arbeitskraft durch nichtmenschliche Technologie. Man kann sogar die gesamte Bürokratie als gewaltige nichtmenschliche Technologie betrachten. Die Tatsache, daß sie fast automatisch funktioniert, kann man als das Bestreben ansehen, menschliche Beurteilungen durch das Diktat von Regeln, Vorschriften und Strukturen zu ersetzen. Die Beschäftigten werden durch Arbeitsteilung kontrolliert, bei der jeder Behörde eine begrenzte Zahl genau definierter Aufgaben zugewiesen wird. Diese Aufgaben müssen die Amtsinhaber auf die Art und Weise erfüllen, die ihnen die Organisation vorschreibt; eine abweichende Art, damit umzugehen, wird ihnen in den meisten Fällen nicht zugestanden. Dahinter steht die Idee, die Menschen zu menschlichen Robotern oder Computern zu machen, die wenige oder gar keine Entscheidungen treffen. Und wenn man die Menschen bis auf diese Ebene reduziert hat, kann man darüber nachdenken, sie tatsächlich durch Maschinen zu ersetzen. Wenn die Technik weit genug entwickelt und kostengünstig ist, kann man sich durchaus vorstellen, daß Roboter in den Behörden die Menschen verdrängen.

In ähnlicher Weise werden auch die »Kunden« der Bürokratie kontrolliert. Sie erhalten von der Organisation nur ganz bestimmte Dienstleistungen, andere aber nicht. (Der Steuersachbearbeiter kann uns zum Beispiel vielleicht in Steuersachen beraten, aber nicht bei Eheproblemen.) Und sie erhalten die Dienstleistungen nur auf ganz bestimmten Wegen. (Sozialleistungen werden beispielsweise in den USA nur per Scheck ausgezahlt, aber nicht in bar.)

Die Bürokratie ist also wie das Fast-food-Restaurants durch die vier Grundelemente der formalen Rationalität genau definiert: durch Effizienz, Vorhersagbarkeit, Quantifizierung und Kontrolle durch Ersatz menschlicher Arbeitskraft durch nichtmenschliche Technologie. Und sie leidet, wie bereits kurz erwähnt wurde, an der *Irrationalität des Rationalen.* Die Bürokratie ist wie das Fast-food-Restaurant ein entmenschlichender Ort, ob man nun dort arbeitet oder die jeweiligen Dienstleistungen in Anspruch nimmt. Ronald Takaki formulierte es so: Die rationalisierten Systeme seien Orte, wo »das Ich in die Schranken gewiesen wird, wo man seine Gefühle kontrolliert und seinen Geist unterwirft«.[3] Mit anderen Worten: In einem solchen Umfeld können sich die Menschen nicht menschlich verhalten, sondern sie werden entmenschlicht.

Aber die Irrationalität der Bürokratie (wie auch der Fast-food-Restaurants) dürfte an dieser Stelle kaum zu Ende sein. Bürokratie muß nicht effizient bleiben, sondern sie kann auch durch den »Amtsschimmel« und andere pathologische Erscheinungen, die wir mit ihr assoziieren, zur Ineffizienz degenerieren. Bürokratie wird oft unvorhersagbar, wenn die Beschäftigten immer weniger wissen, was von ihnen verlangt wird, und wenn die Betroffenen nicht die Dienstleistung erhalten, mit der sie rechnen. Die Betonung der quantitativen Aspekte führt häufig zu großen Mengen schlechter Arbeit. Wegen dieser und anderer Unzulänglichkeiten verliert die Bürokratie immer stärker die Kontrolle über ihre Beschäftigten und die Betroffenen ihrer Arbeit. Oft ärgern sich die Menschen über die nichtmenschliche Technologie, die sie ersetzen soll, und sabotieren diese Technologie. Insgesamt wird vieles, das ursprünglich auf höchst rationales Funktionieren angelegt war, schließlich völlig irrational.

Weber machte sich zwar Sorgen um die Irrationalität der formal rationalisierten Systeme, aber noch bedenklicher erschien ihm das, was er den »eisernen Käfig der Rationalität« nannte. Wie bereits erwähnt, bedeutet »Käfig« in diesem Zusammenhang, daß die Menschen darin festgehalten werden, wobei ihnen das grundlegend Menschliche abgesprochen wird. Weber fürchtete vor allem, solche Systeme würden immer rationaler werden, und immer mehr gesellschaftliche Bereiche würden von rationalen Prinzipien beherrscht. Er sah eine Gesellschaft voraus, in der die Menschen in eine Reihe rationaler Strukturen eingeschlossen sind und nur noch die Wahl haben, sich von einem rationalen System zum anderen zu bewegen. Sie würden sich also von einer rationalisierten

Ausbildungsinstitution an einen rationalisierten Arbeitsplatz begeben und von einer rationalisierten Freizeiteinrichtung in ein rationalisiertes Zuhause. Letztlich gibt es dann keinen Ausweg mehr aus dem Rationalen; die Gesellschaft wäre nur noch ein lückenloses Geflecht rationaler Strukturen.

Ein gutes Beispiel für Webers Befürchtungen ist die derzeitige Rationalisierung der Freizeit. Die Gestaltung der Freizeit könnte man sich als Bemühung vorstellen, der Rationalisierung des täglichen Lebens zu entfliehen. Die nicht rationalisierte Freizeit ist eine Zuflucht in der rationalisierten Welt, in der wir alle leben. Dabei erhebt sich nur das Problem, daß auch die Fluchtwege im Laufe der Jahre rationalisiert wurden und inzwischen die gleichen Prinzipien verkörpern wie Bürokratie und Fast-food-Restaurants. Die Freizeit ist schlicht zu einer weiteren Domäne der Rationalisierung geworden und stellt keinen Ausweg mehr dar.

Für die Rationalisierung der Flucht aus dem Alltag gibt es unzählige Beispiele.[4] Das beste ist vielleicht die heutige Rationalisierung des Urlaubs. Urlaub bedeutet im Normalfall, daß man versucht, der rationalisierten Alltagsroutine zu entfliehen. Für Amerikaner, die sich in die weniger stark rationalisierte europäische Gesellschaft absetzen wollen, gibt es die Pauschalreise, die das ganze rationalisiert. Die Leute sehen auf streng kontrollierte Weise viele Sehenswürdigkeiten; dabei reisen sie mit Verkehrsmitteln, wohnen in Hotels und essen in Fast-food-Restaurants, von denen man vorhersagen kann, daß sie genauso sind wie diejenigen, die man von zu Hause gewohnt ist. Wer in die Karibik entfliehen möchte, für den gibt es Ferienkolonien wie den Club Mediterranée, die zahlreiche standardisierte Aktivitäten anbieten und in denen man sich in einer vorhersehbaren Umgebung aufhalten kann, ohne daß man das Wagnis auf sich nehmen muß, sich in die Unvorhersagbarkeiten des einheimischen Lebens auf einer Karibikinsel zu begeben. Für diejenigen, die sich innerhalb der Vereinigten Staaten in die Natur zurückziehen möchten, stehen rationalisierte Campingplätze bereit, wo man mit den Unwägbarkeiten der Natur kaum oder gar nicht in Berührung kommt. Man kann sogar im eigenen Wohnmobil bleiben und alle rationalisierten Freizeitangebote »genießen«, die es auch zu Hause gibt: Fernsehen, Video, Nintendo, CD-Player. Die Beispiele ließen sich beliebig vermehren, entscheidend ist aber, daß der Fluchtweg aus der Rationalisierung ebenfalls rationalisiert ist. Es gibt keinen Ausweg; wir leben in erheblichem Umfang in dem, was Weber den eisernen Käfig der Rationalität nannte.

Kehren wir noch einmal zur Bürokratie als Vorbild für den Rationalisierungsprozeß zurück; sie hat sich ohne Zweifel weiter ausgebreitet und ist noch tiefer verwurzelt als zu Webers Zeit. Das Fast-food-Restaurant ist Teil eines bürokratischen Systems; tatsächlich gehören heute viele Fast-food-Ketten großen Mischkonzernen. Außerdem hat das Fast-food-Restaurant sich die rationalen Prinzipien zunutze gemacht, die von der Bürokratie entwickelt wurden. McDonald's bedient sich bürokratischer Prinzipien, die zusammen mit anderen zu dem Prozeß der McDonaldisierung beitragen.

### Wissenschaftliche Betriebsführung: Es gibt eine beste Methode

Eine zweite Neuentwicklung aus der Zeit der Jahrhundertwende, die zu einem wichtigen Vorläufer der McDonaldisierung wurde, ist die wissenschaftliche Betriebsführung (die Weber in seiner Beschreibung der Rationalisierung gelegentlich sogar ausdrücklich erwähnt). Die wissenschaftliche Betriebsführung geht auf Frederick W. Taylor zurück, und seine Ideen hatten entscheidenden Anteil an der Gestaltung der Arbeitswelt im 20. Jahrhundert.[5] Taylor entwickelte eine Reihe von Prinzipien zur Rationalisierung der Arbeit und wurde von mehreren Großfirmen (zum Beispiel Bethlehem Steel) eingestellt, um diese Ideen umzusetzen. Taylors Beweggrund war die mangelnde Effizienz in der Arbeitswelt, und seine Prinzipien waren so gestaltet, daß sie die Arbeit effizienter machen sollten. Er stellte Untersuchungen (sogenannte *Bewegungsstudien*) an Arbeitern an, die nach seiner Einschätzung bereits einigermaßen effizient arbeiteten, um den besten Weg zur Erledigung einer Aufgabe zu finden. Dazu zerlegte er die Tätigkeiten in winzige Einzelbestandteile und versuchte, für jeden davon den »einen besten Weg« der Ausführung zu finden. Wenn er der Ansicht war, daß er die beste Art zur Erledigung einer Tätigkeit gefunden hatte, suchte er Arbeiter aus und brachte ihnen bei, die Arbeit genau auf die von ihm entdeckte Art durchzuführen.

Insgesamt ließ die wissenschaftliche Betriebsführung eine *nichtmenschliche Technologie* entstehen, die eine starke *Kontrolle* über die Arbeiter ausübte. Die Arbeitgeber bemerkten, daß ihre Beschäftigten nach Taylors Methoden wesentlich *effizienter* arbeiteten; jeder vollzog die gleichen Einzeltätigkeiten nach (das heißt, die Arbeit war *vorhersagbar*), und die Produktivität stieg stark an, wobei die Löhne nur geringfügig erhöht werden mußten (*Berechenbarkeit*). Taylorismus bedeutete also für die Firmen, die ihn übernahmen, höhere Gewinne.

Wie alle rationalen Systeme, so hatte auch die wissenschaftliche Betriebsführung ihre *Irrationalitäten*. Vor allem war es ein entmenschlichendes System, in dem die Menschen wie Tiere oder mechanische Roboter behandelt wurden. Außerdem mußten die Arbeiter dabei nur eine Tätigkeit (oder einige wenige) ausführen, und das führte dazu, daß die meisten ihrer Begabungen und Fähigkeiten nicht genutzt wurden. Letztlich waren die Folgen katastrophal: Die amerikanische Industrie wurde von der japanischen überflügelt, weil man dort Wege gefunden hatte, um nicht nur formal rationell zu arbeiten, sondern auch die Fähigkeiten der Beschäftigten in größerem Umfang zu nutzen.[6]

Von Taylor und dem Taylorismus hört man inzwischen nichts mehr, aber seine Ideen hatten großen Einfluß auf die Art, wie Arbeit – und zwar vor allem manuelle Arbeit – ausgeführt wird. Das Fast-food-Restaurant hat sich zumindest unausgesprochen des Taylorismus bedient, um die Arbeitsweise seiner Angestellten zu organisieren. Die Tätigkeiten sind stark rationalisiert, und das Ziel besteht darin, die effizienteste Art zum Grillen eines Hamburgers, zum Braten eines Hähnchens oder zum Servieren einer Mahlzeit zu finden. Diese Ideen hat McDonald's nicht erfunden, aber die Firma hat sie mit den Prinzipien der Bürokratie (die bereits beschrieben wurden) und des Fließbands zusammengeführt, und das trug zur Entstehung der McDonaldisierung bei.[7]

## Das Fließband: der Arbeiter als Roboter

Wie die moderne Bürokratie und die wissenschaftliche Betriebsführung, so wurde auch das Fließband zu Beginn des 20. Jahrhunderts »erfunden«. Seine Ursprünge liegen in der bürokratisierten Autoindustrie, und die Ideen der wissenschaftlichen Betriebsführung trugen zu seiner Entstehung bei. Allgemein wird seine Erfindung Henry Ford zugeschrieben,[8] aber es hatte Vorläufer in anderen Branchen (zum Beispiel in der Fleischindustrie), und das Fließband zur Autoproduktion war eher eine Erfindung von Fords Ingenieuren (mehr darüber in Kapitel 3). In der Autoindustrie fand das Fließband jedoch seine bekannteste Anwendung. Es war ein bedeutender Schritt auf dem Weg zur Rationalisierung der Produktion und wurde in zahlreichen verschiedenen Herstellungsverfahren eingesetzt. Wie die Bürokratie und das Fast-food-Restaurant, so zeigt auch das Auto-Fließband deutlich die vier Grundelemente der formalen Rationalität.

Es ist ein *effizientes* System zur Herstellung eines Autos. Viele hochspezialisierte, ungelernte Arbeiter an ein laufendes Förderband zu stellen ist weitaus effizienter, als wenn mehrere gelernte Handwerker in einem Raum ein Auto zusammenbauen.

Die Tätigkeit jedes einzelnen Arbeiters am Band (beispielsweise das Aufstecken einer Radkappe auf jedes vorbeilaufende Auto) ist höchst *vorhersagbar*, und alle Endprodukte sind identisch. Das Fließband erlaubt die *Quantifizierung* vieler Elemente des Produktionsablaufs und ermöglicht die Herstellung der größtmöglichen Zahl von Autos.

Das Fließband übt auf die Arbeiter auch die größtmögliche *Kontrolle* aus. Sie müssen die Arbeiten, die von ihnen erwartet werden, in dem Augenblick tun, wo sie notwendig sind. Wenn ein Arbeiter einmal die geforderte Tätigkeit nicht zur richtigen Zeit ausführt, ist das sofort zu erkennen. (An dem Auto, das auf dem Fließband weiterrollt, würde beispielsweise eine Radkappe fehlen.) Da für jede Tätigkeit nur eine begrenzte Zeit zur Verfügung steht, muß sie in der geforderten Weise ausgeführt werden. Das Fließband ist eine nichtmenschliche Technologie, mit der weniger geringer qualifizierte Arbeitskräfte Autos herstellen können. Außerdem schafft die Spezialisierung der einzelnen Tätigkeiten die Möglichkeit, menschliche Arbeitskräfte durch Roboter zu ersetzen. Die sich ständig wiederholenden Routinetätigkeiten am Fließband sind genau die Arbeiten, für die Roboter geschaffen wurden. Wenn die Tätigkeiten so weit vereinfacht sind, daß »menschliche Roboter« sie bewältigen können, sind die Voraussetzungen für den Ersatz des Menschen durch Maschinen gegeben. Heute werden bereits immer mehr Tätigkeiten am Fließband von Robotern ausgeführt.

Es wurde schon vielfach in allen Einzelheiten beschrieben, welche Irrationalität das Fließband mit sich bringt. Es ist ganz offensichtlich ein entmenschlichendes Arbeitsumfeld. Menschen, die mit einem breiten Spektrum an Begabungen und Fähigkeiten ausgestattet sind, müssen eine begrenzte Zahl stark vereinfachter Tätigkeiten immer und immer wieder ausführen. Statt bei der Arbeit ihre menschlichen Fähigkeiten zu verwirklichen, werden sie gezwungen, das Menschliche zu leugnen und wie Roboter zu handeln. Solche Menschen drücken sich in ihrer Arbeit nicht aus, sondern sie verleugnen sich. Das ist nur eine der vielen Arten, wie das scheinbar rationalisierte Fließband irrational funktioniert.

Trotz solcher Irrationalitäten hatte das Fließband tiefgreifenden Einfluß auf die Entwicklung des Fast-food-Restaurants. Das offenkundigste Beispiel ist das Förderband, auf dem bei »Burger King« die Hamburger gebraten werden. Weniger offenkundig ist die Tatsache, daß die Arbeit in einem Fastfood-Restaurant zum größten Teil wie am Fließband abläuft: Die Tätigkeiten werden aufgeteilt, beispielsweise in das Grillen der Frikadellen, das Einlegen in die Brötchen, das Übergießen mit »Spezialsoße«, das Auflegen von Salatblatt und Tomate und das Einpacken des fertigen Hamburgers. Sogar die Kunden werden an eine Art Fließband gestellt – das offenkundigste Beispiel ist hier der Autoschalter. Ein Beobachter bemerkte einmal: »Die Grundelemente der Fabrik sind offenbar auch in das Phänomen des Fast food eingegangen ... es ist wie eine Fütterungsmaschine.«[9]

Man sollte hier anmerken, daß das Fließband in den Autofabriken die Massenproduktion erschwinglicher Autos ermöglichte. Und die Tatsache, daß so viele Menschen leichten Zugang zu einem Auto haben, war die Voraussetzung für die Entwicklung des Fast-food-Restaurants und die McDonaldisierung im allgemeinen. Nachdem Autos in Massen verfügbar waren, wurde das Fernstraßennetz in großem Umfang ausgebaut, und entlang der Autobahnen entwickelte sich die Tou-

rismusindustrie. Restaurants, Hotels, Campingplätze, Tankstellen und ähnliches entstanden und wurden zu den Vorläufern der vielen Filialunternehmen, die ein Grundelement der
McDonaldisierten Gesellschaft sind.[10] Die bedeutendsten
Vorläufer waren die Motelketten »Best Western« (gegründet
1946) und »Holiday Inn« (seit 1952) sowie die Kette »Howard
Johnsohn's« in den zwanziger und dreißiger Jahren. Ende der
fünfziger Jahre gab es über die USA verstreut etwa 500 standardisierte »Howard Johnsohn's«-Restaurants, und an viele
davon waren ähnlich standardisierte Motels angeschlossen.

Während Ford die Pionierarbeit beim rationalisierten
Fließband leistete, entwickelte General Motors und dort vor
allem Alfred Sloan eine weiter rationalisierte bürokratische
Struktur der Autoindustrie. Berühmt wurde Sloan durch die
Einführung der Abteilungsstruktur bei General Motors, bei
der die Zentrale weitreichende Entscheidungen traf, während
alles, was mit dem Tagesgeschäft zu tun hatte, in den Abtei-
lungen entschieden wurde. Diese Neuerung erwies sich als so
erfolgreich, daß sie von den anderen Autokonzernen und vielen weiteren Firmen übernommen wurde.[11]

### Levittown: »Wir bauen Häuser – zack, zack, zack!«

Die weite Verbreitung des Autos trug nicht nur zur Entstehung
der Fast-food-Restaurants bei, sondern auch zur Entwicklung
von Vorstädten und Wohnsiedlungen; von besonderer Bedeutung waren dabei die stark rationalisierten, in Massenproduktion hergestellten Häuser, die »Levitt & Sons« als erste auf den
Markt brachten. Die von William Levitt gegründete Firma
baute zwischen 1947 und 1951 auf ehemaligen Kartoffelfeldern
im Staat New York 17447 Eigenheime; auf diese Weise entstand der Ort Levittown auf Long Island, der sofort 75000 Einwohner hatte.[12] Anfang der fünfziger Jahre bauten die Levitts
dann Levittown in Pennsylvania, und dieser Ort war, anders als

sein Vorgänger auf Long Island, von Anfang bis Ende durchgeplant. Die Ausweitung solcher rationalisierten Wohnsiedlungen schuf die bevölkerungsmäßigen Voraussetzungen für die Entwicklung des Fast-food-Restaurants. In solchen Ortschaften und in den zahllosen später entstandenen neuen Vorstädten waren die Einwohner auf das Auto angewiesen und konnten es sich auch leisten; damit waren und sind sie die natürliche Kundschaft der Fast-food-Restaurants.

Bei »Levitt & Sons« stellte man sich eine Baustelle als große Fabrik vor. Anders als beim Auto-Fließband, wo sich das Produkt weiterbewegt, war das Produkt der Levitts – das entstehende Haus – ortsfest, so daß sich die Arbeiter über die Baustelle bewegen mußten. Sie führten hochspezialisierte Tätigkeiten aus, ganz ähnlich wie ihre Kollegen in den Autofabriken. Alfred Levitt, einer der Söhne des Firmengründers, sagte einmal: »Derselbe Mann tut jeden Tag dasselbe, trotz der Psychologen. Es ist langweilig; es ist schlecht; aber die grünen Scheine, die es zur Belohnung gibt, machen die Langeweile offensichtlich ganz erträglich.«[13] Die Levitts rationalisierten die Tätigkeit der Bauarbeiter also ebenso, wie Ford es bei den Automobilarbeitern getan hatte, und auch die Einstellung gegenüber den Beschäftigten war die gleiche. Das heißt, man erkannte, daß rationalisierte Arbeit entfremdet, aber man nahm an, die Arbeiter interessierten sich ausschließlich für die besseren Verdienstmöglichkeiten.

Nicht nur die Arbeit, auch die Baustelle wurde rationalisiert. In der Siedlung und um sie herum bauten die Levitts Lagerhallen, Holz- und Installationswerkstätten sowie eine Sand-, Kies- und Zementfabrik. Statt solche Dienstleistungen einzukaufen und ihre Produkte dann zur Baustelle zu transportieren, hatten die Levitts die Produkte und Dienstleistungen also an der Baustelle selbst und unter eigener Kontrolle zur Verfügung. Soweit es möglich war, verwendeten sie auch vorfabrizierte Teile. Die Herstellung eines vollständigen, vorfabrizierten Hauses hielt man allerdings für weniger effizient als das Bauen an Ort und Stelle mit einigen vorfabrizierten Einzelteilen.

Der Aufbau des einzelnen Hauses verlief als Abfolge genau festgelegter, rationalisierter Schritte. Um beispielsweise den Rohbau zu erstellen, brauchten die Arbeiter nicht zu messen oder zu sägen: Jedes Teil war passend vorgeschnitten. Eine Seitenwand bestand aus 73 1/2 großen Colorbestos-Platten anstelle der früher üblichen 570 kleinen Schindeln. Alle Häuser wurden mit Hochdruckgeräten gestrichen, und zwar in den gleichen zwei Farbtönen: grün und beige. Deshalb sagte einer der Levitts einmal: »Wenn die Fundamente stehen, bauen wir die Häuser zack, zack, zack.« Das Ergebnis war natürlich eine große Zahl fast gleichartiger Häuser, die schnell und mit geringen Kosten errichtet wurden.

Die Betonung quantitativer Elemente ging über die greifbaren Elemente des Hausbaus hinaus. Wenn es beispielsweise darum ging, die Häuser zu verkaufen, betonten die Makler nicht den Gesamtpreis des Hauses, sondern die Höhe der Anzahlung und der monatlichen Raten. Nach ihrer Ansicht interessierten sich Käufer, die sich von Levittown angezogen fühlten, weit mehr für solche naheliegenden Zahlen als für die scheinbar weiter entfernte Frage das Gesamtpreises. In der Werbung wurden »Größe und Wert des Hauses« hervorgehoben[14]. Mit anderen Worten: In Levittown und seinen vielen Nachfolgern auf dem Marsch in die Rationalisierung wurde betont, daß der Kunde viel Haus für wenig Geld bekam. Ganz ähnlich erzählen uns heute auch die Fast-food-Restaurants oft ausdrücklich oder unterschwellig, daß sie uns besonders viel Essen für möglichst wenig Geld bieten.

Das Wohnen in den identischen Häusern stark rationalisierter Siedlungen wurde oft kritisch beleuchtet. Einer der ersten Kritiker bezeichnete solche Siedlungen (engl. suburbia) als »Disturbia« (»Störungen«) und als »Mausefalle mit Zwischenstockwerk«[15]. Man kann die Rationalisierung der Wohnsiedlungen aber auch positiver betrachten. Beispielsweise haben viele Bewohner von Levittown ihre Häuser umgebaut, so daß sie nicht mehr so einheitlich aussehen wie früher.[16] Andere Beobachter fanden in Wohnsiedlungen allgemein und insbesondere in Levittown noch mehr Vorzüge. Herbert Gans kommt zum Beispiel in einer Studie über das dritte Levittown in New Jersey zu dem Schluß: »Bei allen Unvollkommenheiten ist Levittown ein guter Wohnort.«[17] Ob Levittown nun ein »guter« Wohnort ist oder nicht, ein rationalisierter Wohnort ist es mit Sicherheit.

## Einkaufszentren: »Amerika, eine Ladenpassage«

Ein weiteres Element der rationalisierten Gesellschaft, dessen Entwicklung durch die Verbreitung des Autos und der Vorstadtsiedlungen vorangetrieben wurde, ist die überdachte Einkaufspassage.[18] Vorläufer der modernen Ladenpassagen waren die 1877 fertiggestellte Galleria Vittorio Emanuele in Mailand und das erste geplante Einkaufszentrum in den USA, das 1916 gebaut wurde. Die erste völlig überdachte Ladenpassage war aber das Southdale Center in Edina (Minnesota), das 1956 eröffnet wurde, nicht lange nachdem Krocs erste McDonald's-Filiale den Betrieb aufgenommen hatte. Heute gibt es in den USA fast 37000 solche »Malls«, die im Monat von etwa 175 Millionen Kunden besucht werden. Die größte Einkaufspassage der USA eröffnete Mitte 1992 in Bloomington (Minnesota) an der Straße nach Edina. Sie umfaßt vier Kaufhäuser, 400 Fachgeschäfte (von denen viele zu Ketten gehören) und einen Vergnügungspark.[19]

Wie in diesem Buch immer wieder deutlich wird, zeigen Einkaufspassagen alle grundlegenden Merkmale der McDonaldisierung. Hier muß jedoch darauf hingewiesen werden, daß Ladenpassagen und McDonaldisierte Filialunternehmen sich gegenseitig hervorragend ergänzen. Einerseits bieten die Einkaufspassagen solchen Ketten einen vorhersagbaren, gleichförmigen und gewinnträchtigen Ansiedlungsort. Wo eine neue Passage gebaut wird, reißen sich die Ketten um die Ladenlokale. Andererseits könnten die Passagen viele Flächen nicht vermieten und deshalb nicht existieren, wenn es die Ketten nicht gäbe. Kettenläden und Einkaufspassagen sind also aufeinander angewiesen. Sie sind zwei Parallelprodukte des schnellebigen Automobilzeitalters, die voneinander leben und dabei die McDonaldisierung weiter vorantreiben.

William Kowinski behauptet, die Ladenpassagen seien »der Höhepunkt der amerikanischen Träume, der anständigen und der verrückten; sie sind die Erfüllung, das Musterbeispiel des Nachkriegsparadieses.«[20] Man könnte wie Kowinski den Ladenpassagen Vorrang einräumen und überlegen, ob »ganz Amerika zu einer Einkaufspassage« geworden ist. Nach meiner Überzeugung ist aber das Fast-food-Restaurant eine wesentlich machtvollere und einflußreichere Kraft. Man kann allerdings die McDonaldisierung wie die Einkaufspassage mit Kowinskis Worten als »anständig und verrückt« bezeichnen.

### Ray Kroc und die Brüder McDonald: Wie die »Fast-food-Fabrik« entstand

Ray Kroc war der Schöpfer des McDonald's-Imperiums, und ihm schreibt man gewöhnlich die Entwicklung seiner rationalen Prinzipien zu, aber die grundlegende Idee geht auf die beiden Brüder Mac und Dick McDonald zurück.[21] Die Brüder McDonald eröffneten 1937 im kalifornischen Pasadena ihr erstes Restaurant. Zur Grundlage machten sie dabei die quantitativ erfaßbaren Prinzipien Geschwindigkeit, Umfang und niedrige Preise. Um Durcheinander zu vermeiden, boten sie

den Kunden eine sehr begrenzte Speisekarte. Statt persön-
licher Bedienung und zeitaufwendiger Zubereitungsmetho-
den wandten die Brüder McDonald bei Herstellung und Servieren der Gerichte das Fließbandverfahren an. Ausgebildete
Köche waren nicht erforderlich, denn wegen des begrenzten
Speisenangebotes konnten sie die Zubereitung in einfache,
sich ständig wiederholende Tätigkeiten zerlegen, die jeder sofort erlernen konnte, auch wenn er zum erstenmal in einer
Großküche stand. Als erste setzten sie spezialisierte Restau-
rantarbeiter ein, zum Beispiel »Griller«, »Shaker«, »Frittierer«
und »Dresser« (die die Frikadellen mit den »Extras« versahen
und einpackten). Sie entwickelten Regeln und Vorschriften,
was die Arbeiter zu tun hatten und sogar was sie sagen sollten.
Mit diesen und anderen Maßnahmen übernahmen die Brüder
McDonald die Führung in der Entwicklung der rationalisierten »Fast-food-Fabrik«.[22]

Kroc erfand weder die Prinzipien von McDonald's noch
die Franchise-Idee. Das Franchise-Prinzip entwickelte die
Nähmaschinenfirma Singer nach dem Bürgerkrieg, und es
war bei Automobilfirmen und den Herstellern von Erfri-
schungsgetränken schon um die Jahrhundertwende üblich.
Bis zu den dreißiger Jahren hatte es sich im Einzelhandel
durchgesetzt, mit Ketten wie »Western Auto«, »Rexall Phar-
macy« und den IGA-Lebensmittelmärkten.

Auch in der Gastronomie gab es schon viele Versuche
mit dem Franchise-Prinzip, bevor Kroc Anfang der fünfziger
Jahre auf der Bildfläche erschien. Die ersten derartigen Ketten
waren die »A&W-Root-Beer«-Stände, die es seit 1924 gab.
Die erste Filiale von »Dairy Queen« eröffnete 1944, und 1948,
nachdem sich die Kette um landesweite Verbreitung bemüht
hatte, bestand sie schon aus 2500 Filialen. Auch andere bekannte Gastronomieketten sind älter als McDonald's. »Big
Boy« entwickelte sich Ende der dreißiger Jahre, »Burger

King« (damals »InstaBurger« genannt) und »Kentucky Fried Chicken« wurden 1954 gegründet. Krocs erste McDonald's-Filiale, die am 15. April 1955 eröffnete, war also ein ziemlicher Nachzügler, sowohl für die Franchise-Branche insgesamt als auch für die Gastronomieketten im besonderen. Aber wir eilen der Geschichte ein wenig voraus.

Als Ray Kroc zum erstenmal zu McDonald's kam, war es eine einzige Hamburgerbude, die sich nun im kalifornischen San Bernardino befand. Die Grundzüge der Speisekarte, die Verfahrensweise und sogar einige Methoden, für die McDonald's heute berühmt ist, waren von den Brüdern McDonald entwickelt worden. Sie waren damals ein Lokalereignis, aber die Brüder McDonald waren trotz einiger halbherziger Expansionsversuche zufrieden, es dabei zu belassen; es ging ihnen gut, und sie hatten keinen größeren Ehrgeiz (auch wenn sie einige provisorische Versuche zur Franchise-Vergabe unternommen hatten). Diesen Ehrgeiz hatte Kroc: Er baute das McDonald's-Franchise-Imperium auf und brachte damit die McDonaldisierung ins Rollen. Anfangs arbeitete Kroc als Partner der Brüder McDonald, aber später zahlte er sie aus, und nun konnte er das Unternehmen ungehindert nach seinen eigenen Vorstellungen ausbauen.

Wichtig ist noch einmal der Hinweis, daß Kroc kaum etwas wirklich Neues erfand. Im Grunde nahm er die Produkte und Methoden der Brüder McDonald und kombinierte sie mit den Prinzipien anderer Kettenunternehmen (darunter auch solcher aus der Gastronomie) sowie mit denen der Bürokratie, der wissenschaftlichen Betriebsführung und des Fließbandes. Krocs geniale Leistung bestand darin, alle diese wohlbekannten Ideen und Methoden auf die Fast-food-Branche anzuwenden, und dann kam noch sein Ehrgeiz hinzu, sie mit Hilfe des Franchise-Prinzips zu einem landesweiten und internationalen Geschäft zu machen. *McDonald's und die McDo-*

*naldisierung sind also nichts Neues, sondern der Höhepunkt eines Rationalisierungsprozesses, der sich durch das ganze 20. Jahrhundert zieht.*

Krocs wichtige Neuerung war die Art, wie er McDonald's zu einem Kettenunternehmen machte. Erstens ließ er keine regionalen Untergruppierungen zu, bei denen ein einzelner Lizenznehmer die Kontrolle über alle in einem Gebiet zu eröffnenden Filialen hat. Andere Ketten waren zusammengebrochen, weil regionale Franchisenehmer zu mächtig geworden waren und die Grundprinzipien des Gesamtunternehmens untergraben hatten. Kroc sorgte für größtmögliche zentrale Kontrolle und damit auch für die Einheitlichkeit des ganzen Systems, indem er nur Einzellizenzen vergab, und zwar kaum einmal mehr als eine an eine bestimmte Person. Als weitere Neuerung legte Kroc die Lizenzgebühr auf äußerst niedrige 950 Dollar fest. Andere Franchise-Ketten hatten sehr hohe »Eintrittsgebühren« und bezogen daraus einen großen Teil ihrer Einnahmen. Deshalb verloren sie später oft das Interesse an der wirtschaftlichen Lebensfähigkeit ihrer Lizenznehmer. Bei McDonald's stammten die Gewinne nicht aus hohen Anfangszahlungen, sondern aus den 1,9 Prozent der Umsätze, die von den Lizenznehmern verlangt wurden. Kroc und seine Organisation waren also vom wirtschaftlichen Wohlergehen der Filialen abhängig. Dieses gegenseitige Interesse war Krocs wichtigster Beitrag zum Franchisegeschäft und ein entscheidender Faktor für den Erfolg von McDonald's und seinen zahlreichen Franchisenehmern, von denen viele selbst Millionäre wurden.

Bei McDonald's gelang es, ein Gleichgewicht zwischen zentraler Kontrolle und der Unabhängigkeit der Einzelunternehmen zu finden. Kroc konnte ein einheitliches System schaffen und durchsetzen, aber man forderte die Franchisenehmer auf, Neuerungen vorzuschlagen, die nicht nur ihr eigenes Unternehmen, sondern das gesamte System verbesserten. Nehmen wir zum Beispiel neuentwickelte Produkte. Kroc selbst war kein großer Produkterfinder. Sein berühmtester Flop war der »Hulaburger«, eine gegrillte Ananasscheibe zwischen zwei Käsestücken auf einem getoasteten Brötchen. Neue Kreationen wie das Fisch-Sandwich, der »McMaffin« und ganz allgemein das Frühstück bei McDonald's stammen von Franchisenehmern.

Ein großer Neuerer war Kroc also nicht, aber er trieb eine ganze Reihe von Entwicklungen voran, die das Fast-food-Geschäft noch rationeller machten. Einerseits wurde er (ohne es zu wollen) zum Prediger und Vorkämpfer für die Prinzipien der Rationalisierung, als er Vorträge über »die Einheitlichkeit, eine standardisierte Speisekarte, gleich große Portionen, die gleichen Preise und die gleiche Qualität in allen Läden« hielt[23]. Durch diese Uniformität konnte McDonald's sich von seinen Konkurrenten abheben, deren Gerichte in der Regel uneinheitlich ausfielen. Andere Entwicklungen, bei denen McDonald's den Vorreiter spielte, waren die begrenzte Speisekarte (anfangs zehn Gerichte), strenge Maßstäbe für den Fettgehalt der Frikadellen, die Verwendung tiefgefrorener Hamburger und Pommes frites, der Einsatz von Inspektoren zur Überwachung der Einheitlichkeit, und 1961 die Einrichtung des ersten Vollzeit-Ausbildungszentrums der Branche, der sogenannten »Hamburger-Universität«, die ein »Diplom« in »Hamburgerologie« verlieh. Außerdem erschien ab 1958 eine Betriebsanleitung, die in allen Einzelheiten beschrieb, wie ein Lizenzunternehmen zu führen war. In diesem ersten Handbuch wurden viele der rationellen Prinzipien zum Betrieb eines Fast-food-Restaurants festgelegt:

Es sagte den Betreibern genau, wie Milchshakes zu zapfen, Hamburger zu grillen und Kartoffeln zu fritieren waren. Es nannte *genaue* Garzeiten für alle Produkte und die Temperatureinstellungen aller Geräte. Es legte für jedes Gericht die *Standard*portion fest, bis hin zu der *Viertelunze* (ca. 7,1 Gramm; Anm. d. Übers.) Zwiebeln, die auf die Hamburger-Frikadelle gelegt wurden, und den *32 Scheiben pro Pfund Käse*. Es schrieb vor, daß die Pommes frites *neun Zweiunddreißigstel Inch* (7,1 mm) dick sein mußten. Und es legte *Qualitätskontrollen* fest, die in der Gastronomie einmalig waren; unter anderem mußten Fleisch- und Kartoffelprodukte weggeworfen werden, wenn sie länger als zehn Minuten in der Serviertheke gelegen hatten.

Die Griller wurden *angewiesen*, die Hamburger von rechts nach links nebeneinander auf den Grill zu legen, und zwar in *sechs Reihen zu je sechs Frikadellen*. Und da die beiden ersten Reihen am weitesten von den Heizelementen entfernt sind, wurde ihnen *vorgeschrieben* (was bis heute gilt), die dritte Reihe zuerst zu wenden, dann die vierte, fünfte und sechste, und zum Schluß die beiden ersten.

## Schlußfolgerung

McDonald's und die McDonaldisierung entstanden nicht in einem historischen Vakuum; es gab wichtige Vorläufer, die auch heute noch von Bedeutung sind. Diese Vorläufer lieferten die Prinzipien (Fließband, wissenschaftliche Betriebsführung und Bürokratie), auf denen die Fast-food-Restaurantketten aufbauten. Außerdem trugen sie zu den Grundlagen der Infrastruktur bei, die für das Aufblühen der Fast-food-Restaurants erforderlich waren: Fabrikarbeiter und Büroangestellte, die in großer Zahl weit weg von ihren Wohnsiedlungen arbeiteten und Autos besaßen, mit denen sie nicht nur zur Arbeit und wieder nach Hause fuhren, sondern auch zu den Fast-food-Restaurants, die sie zunehmend brauchten und wünschten; die gleichen Gruppen besuchten auch die Einkaufspassagen, die dazu dienten, viele Fast-food-Restaurants und ihre rationalisierten Nachahmer zu beherbergen.

Das Fast-food-Restaurant hat Elemente von seinen Vorläufern übernommen, es stellt aber für den Prozeß der Rationalisierung einen bedeutenden Schritt nach vorn dar. Die McDonaldisierung ist zwar die logische Weiterentwicklung der Idee von der Rationalisierung, sie hat diese Entwicklung aber so ins Extrem getrieben, daß es gerechtfertigt ist, sie als eigene Bezeichnung für die zeitgenössischen Aspekte des Vorgangs zu verwenden.

# 3.
## Effizienz
Eine Fahrt durch das »Magic Kingdom«
und Essen »auf die Hand«

Bei McDonald's hat man versucht, höchst effiziente Systeme aufzubauen, und zur *McDonaldisierung* gehört das Streben nach größtmöglicher Effizienz in immer mehr unterschiedlichen gesellschaftlichen Zusammenhängen. *Effizienz* bedeutet, daß man die optimalen Mittel zum Erreichen eines Ziels wählt, aber diese Definition erfordert eine Klarstellung. Erstens ist zwar von einen *Optimum* die Rede, aber das wirkliche Optimum findet man nur in seltenen Fällen. Das Bestreben richtet sich vielmehr darauf, das beste *mögliche* Mittel zu finden und anzuwenden. Wie der Wirtschaftswissenschaftler Herbert Simon[1] glauben wir, daß Menschen und Organisationen nur selten ein Maximum erreichen. Dennoch beinhaltet der Drang zur Effizienz die Suche nach weit besseren Mitteln, als man sie unter normalen Umständen zum Erreichen eines Ziels anwenden würde. Und zweitens machen die sehr allgemeinen Begriffe *Mittel* und *Ziel* deutlich, daß man Effizienz auf unzählige Mittel und Ziele anwenden kann. Mit anderen Worten: Nach optimalen Mitteln kann man auf vielen Gebieten suchen und damit zahlreiche unterschiedliche Ziele erreichen. Demnach kann der Hang zur Effizienz in vielfältigen gesellschaftlichen Zusammenhängen auftreten, und genau das geschieht auch.

In einer McDonaldisierten Gesellschaft suchen die Menschen kaum einmal selbst nach dem besten Weg zu einem

Ziel. Statt dessen sind die entdeckten bestmöglichen Mittel zum Erreichen unzähliger Ziele bereits in vielfältigen gesellschaftlichen Umfeldern institutionalisiert. Das »beste Mittel« kann zu einer Technologie gehören, in den Regeln und Vorschriften einer Organisation festgeschrieben sein oder den Angestellten im Rahmen einer Berufsausbildung beigebracht werden. Es wäre sehr zeitraubend, wenn man von den Menschen verlangte, daß sie den optimalen Weg zu einem Ziel ständig neu entdecken.

Das Fast-food-Restaurant hat zwar die Effizienzbestrebungen nicht erfunden, aber es hat dazu beigetragen, sie zu einem fast allgegenwärtigen Wunsch zu machen. Viele Bereiche der Gesellschaft mußten sich wandeln oder weiterentwickeln, um so wirksam zu funktionieren, wie es diejenigen verlangten, die an das schnelle Leben der Fast-food-Restaurants gewöhnt sind. Betrachten wir einmal, wie sich Effizienz in verschiedenen gesellschaftlichen Institutionen ausdrückt; dabei sollte man im Kopf behalten, daß diese Fälle sich vielfach nicht auf den unmittelbaren Einfluß der Fast-food-Restaurants zurückführen lassen (manche von ihnen sind älter und trugen zur Entwicklung der Fast-food-Restaurants bei), aber sie sind Teile des Effizienzwahns, zu dessen Ausbreitung McDonald's entscheidend beigetragen hat.

### Die drahtlose Tastatur und das Selbstbedienungs-Wassereis

Da die McDonaldisierung so großen Wert auf Effizienz legt, kann man vermuten, daß andere, nicht rationalisierte Systeme weniger oder gar nicht effizient sind. Das Fast-food-Restaurant gedeiht wegen seiner größeren Effizienz im Vergleich mit anderen Methoden, sich eine Mahlzeit zu verschaffen. Anfang der fünfziger Jahre, zu Beginn der Fast-food-Ära, war die wichtigste Alternative das selbstgekochte Essen, dessen Zutaten man zuvor an verschiedenen Stellen eingekauft hatte. Das war natürlich effizienter als die noch älteren Methoden, bei denen man erst jagen oder Früchte und Gemüse sammeln mußte, bevor man mit dem Kochen beginnen konnte. In den fünfziger Jahren suchte kaum noch ein Amerikaner in freier Natur nach den Zutaten für die Mahlzeiten; örtliche Geschäfte und die entstehenden Supermärkte waren Orte, wo man sich Lebensmittel sehr viel schneller beschaffen konnte.

Natürlich hatte eine ganze Reihe weiterer Entwicklungen das häusliche Kochen inzwischen effizienter gemacht. Kühlschrank, Tiefkühltruhe und der Gas- oder Elektroherd waren willkommene technische Fortschritte. Einen weiteren wichtigen Beitrag zu einer effizienteren Nahrungszubereitung leistete das Kochbuch. Statt ein Gericht jedesmal beim Zubereiten neu zu erfinden, konnte man sich nun nach dem Rezept richten und das Essen effizient fertigstellen.

Aber selbst zu kochen war und ist eine relativ mühselige Art, sich eine Mahlzeit zu beschaffen. Eine bessere Alternative war schon seit langem das Restaurant. Aber Restaurants können auch ineffizient sein: Bis man dort ist, die Mahlzeit eingenommen hat und wieder nach Hause kommt, vergehen unter Umständen mehrere Stunden.

Der Wunsch nach schneller arbeitenden Restaurants führte zum Aufstieg einiger Ahnen der Fast-food-Restaurants – es entstanden Imbißbuden, Cafeterias und die ersten Drive-in- oder Drive-through-Restaurants. Das moderne Fast-food-Restaurant kann man als Weiterentwicklung dieser Vorbilder betrachten, das einen weiteren Schritt in Richtung einer effizienteren Nahrungsaufnahme getan hat. Wie wir in Kapitel 2 gesehen haben, war das Restaurant der Brüder McDonald sogar die Grundlage, von der aus Ray Kroc das Fast-food-Restaurant und das Franchise-System revolutionierte.

Mehr als alles andere beeindruckte Kroc die Effizienz des Unternehmens der Brüder McDonald, und ihn reizten die gewaltigen Gewinnaussichten eines solchen Systems, das auf eine große Zahl von Filialen angewandt wurde. Seine erste Reaktion auf das System der McDonald's beschrieb Kroc so:

»Ich war fasziniert von der Einfachheit und Effektivität des Systems ... Jeder Schritt bei der Herstellung des begrenzten Speisenangebots war auf das Wesentliche reduziert und wurde mit einem Minimum an Aufwand vollzogen. Sie verkauften nur Hamburger und Cheeseburger. Die Burger wurden alle ... auf dieselbe Weise gebraten.«[2]

Von dem Gedanken an Effizienz war Kroc aber schon besessen, bevor er die McDonald's entdeckte. Das zeigte sich in seiner früheren Laufbahn, als er unter anderem Mixgeräte an Restaurants verkaufte. An vielen dieser Lokale störte ihn die mangelnde Effizienz:

»Es gab Ineffizienz, Verschwendung, launische Köche, nachlässigen Service und Gerichte, deren Qualität nie einheitlich war. Was gebraucht wurde, war ein einfaches Produkt, das von Anfang bis Ende einen stromlinienförmigen Weg durchlief.«[3]

Bevor Kroc sich auf den Hamburger der McDonald's als Vorbild für Effizienz festlegte, spielte er mit dem Gedanken an Alternativen:

»Er hatte über heiße Würstchen nachgedacht, die Idee dann aber fallengelassen. Es gab zu viele Arten von ›Hot Dogs‹: solche mit Getreide und Mehl, solche aus reinem Fleisch – das heißt, aus allen Arten von Fleisch –, die reinen Rindfleischwürstchen und die koscheren Würstchen. Und neben allen diesen Abwandlungen gab es unzählige Arten der Zubereitung. Man konnte sie kochen, braten, am Spieß oder über

Holzkohle grillen und so weiter. Hamburger dagegen waren die Einfachheit selbst. Die Zutaten waren nicht von vornherein enthalten, sondern wurden einzeln hinzugefügt. Und es gab nur eine Art, einen Hamburger zuzubereiten – er wurde gegrillt.«

Kroc und seine Mitarbeiter sahen sich jeden Bestandteil des Hamburgers genau an, um die Effizienz bei Herstellung und Verkauf zu steigern. Anfangs verwendeten sie zum Beispiel nur teilweise aufgeschnittene Brötchen, deren Hälften noch verbunden waren. Wie sie jedoch feststellten, lassen sich die Brötchen besser einsetzen, wenn man sie ganz durchschneidet und die Hälften trennt. Zunächst wurden die Brötchen in Pappkartons angeliefert, und die Küchenarbeiter mußten Zeit aufwenden, um die Schachteln zu öffnen die Brötchen einzeln herauszunehmen und aufzuschneiden, und das restliche Papier und die Pappe wegzuwerfen. Später wurden die Brötchen zur Effizienzsteigerung einzeln verpackt und vorgeschnitten, und zur Anlieferung dienten wiederverwendbare Kisten. Ähnlich viel Aufmerksamkeit widmete man der Fleischfrikadelle. Das Papier zwischen den Fleischscheiben mußte zum Beispiel genau die richtige Menge Wachs enthalten, damit die Frikadellen vom Papier leicht auf den Grill glitten.

Kroc wies darauf hin, daß alle diese Verbesserungen dem Ziel der größeren Effizienz dienten:

»Der Zweck aller dieser Verfeinerungen, den wir nie aus den Augen verloren, bestand darin, daß unser Griller seine Arbeit leichter und schneller tun konnte. Die anderen Überlegungen wie Kostensenkung, Kontrolle über den Lagerbestand und so weiter waren ebenfalls wichtig, sicher, aber sie standen an zweiter Stelle hinter der entscheidenden Einzelheit: Was geschah an dem rauchenden Bratblech? Es war der lebenswichtige Abschnitt unseres *Fließbandes*, und das Produkt mußte ihn reibungslos durchlaufen, sonst wäre die ganze Anlage ins Stocken geraten.«[4]

Kroc sah sein ganzes Unternehmen als riesiges Fließband, und wie bereits erörtert wurde (und später wird nochmals davon die Rede sein), war das Fließband, wie Henry Ford es erfunden und eingesetzt hatte, stark an der Effizienzsteigerung orientiert.

Das Fast-food-Restaurant, wie es sich schließlich nach dem Vorbild von McDonald's entwickelte, ist effizient sowohl aus der Sicht des Kunden (obwohl es für ihn, wie wir noch sehen werden, auch erhebliche ineffiziente Aspekte gibt) als auch für den Franchisenehmer.

Betrachten wir zunächst einmal die Kunden: Sie suchen ein Mittel zu dem Ziel, ihren Magen zu füllen. Dazu gibt es mehrere Möglichkeiten – man kann selbst etwas kochen, in ein herkömmliches Restaurant gehen oder zu McDonald's oder einem anderen Fast-food-Restaurant fahren. Beim Vergleich dieser Alternativen sieht es so aus, als sei das Essen bei McDonald's die effizienteste Möglichkeit, den Hunger zu stillen. Um selbst ein Essen zu kochen, muß man in den Supermarkt gehen, die Zutaten vorbereiten, kochen, essen und hinterher abwaschen. Ein Essen im Restaurant ist vielleicht besser, als selbst zu kochen, aber es dauert wahrscheinlich eine Stunde oder länger. Beim Essen im Fast-food-Restaurant fallen alle Tätigkeiten des Selbstkochens weg, und es nimmt nur einen Bruchteil der Zeit in Anspruch, die der Besuch eines herkömmlichen Restaurants erfordert.

Wenn der Kunde das Fast-food-Restaurant betritt, setzt sich der effiziente Ablauf fort. In der Nähe des Restaurants gibt es Parkflächen, und dort ist immer eine Lücke frei. Zur Theke ist es nur ein kurzer Weg, und obwohl dort manchmal eine Schlange steht, kann man das Essen meist schnell bestellen, erhalten und bezahlen. Die sehr begrenzte Speisekarte macht die Auswahl der Bestandteile einer Mahlzeit sehr einfach, anders als bei dem vielfältigen Angebot bei vielen Alternativen zum Fast-food-Restaurant. Wenn man sein Essen hat, sind es nur ein paar Schritte bis zum Tisch, und das »Eßerlebnis« beginnt. Die Mahlzeit besteht fast immer aus mehreren mundgerecht vorbereiteten Gerichten (zum Beispiel »Chicken McNuggets« und Pommes frites), die man sich nur noch hineinstopfen muß – mit der Folge, daß man in der Regel nach wenigen Minuten alles aufgegessen hat. Da es wenig Veranlassung gibt, länger sitzenzubleiben, sammelt der Kunde im allgemeinen das verbliebene Papier, Styropor und Plastik ein, wirft es in einen bereitstehenden Abfallbehälter und sitzt kurz darauf wieder im Auto, auf dem Weg zur nächsten (oft ebenfalls McDonaldisierten) Tätigkeit.

Vor nicht allzu vielen Jahren entdeckten die Verantwortlichen der Fast-food-Restaurants, daß es eine Möglichkeit gibt, diesen ganzen Vorgang für das Restaurant und für den Verbraucher noch besser zu gestalten: den Autoschalter. Anstelle des »anstrengenden« und »ineffizienten« Ablaufs – das Auto abstellen, zur Theke gehen, in der Schlange warten, bestellen, bezahlen, das Essen zum Tisch tragen, essen und die Überreste wegwerfen – bietet der Autoschalter dem Kunden die Möglichkeit, mit dem Auto heranzufahren (nachdem man vielleicht in einer Autoschlange gewartet hat), zu bestellen, zu bezahlen und mit dem Essen wegzufahren. Sogar die höchst effiziente Tätigkeit, beim Fahren zu essen, wurde möglich, so daß man der Nahrungsaufnahme keine zusätzliche Zeit mehr widmen mußte. Auch aus der Sicht des Fast-food-Restaurants ist der Autoschalter effektiver. Wenn er von immer mehr Leuten genutzt wird, braucht man weniger Parkplätze, weniger

Tische und weniger Angestellte. Außerdem nehmen die Kunden ihren Abfall mit, so daß man keine zusätzlichen Abfallbehälter aufstellen muß und keine Beschäftigten diese Behälter leeren müssen.

Weitere Fortschritte für die Effizienz der Fast-food-Restaurants bringt die moderne Technik mit sich. Die Firma Taco Bell beschreibt eine der letzten Neuentwicklungen in einer Filiale in Kalifornien so:

»Drinnen können Kunden, die schnell ihre Tacos und Burritos bekommen wollen, ihre Bestellung selbst in einen Touch-Screen-Computer eintippen.

Draußen sehen die Kunden, die den Autoschalter benutzen, ihre Bestellung zur Bestätigung auf einem Videomonitor, damit Fehler vermieden werden. Zum Bezahlen dient ein Druckluftrohr, wie es auch Banken am Autoschalter einsetzen. Essen und Wechselgeld liegen bereit, wenn sie langsam zum Abholschalter weiterfahren. Und wenn die Schlange zu lang wird, kommt ein Angestellter mit einer drahtlosen Tastatur, der die Bestellungen aufnimmt.«[5]

Ein weiterer Effizienzaspekt des Fast-food-Restaurants ist die Beschaffenheit des angebotenen Essens. Wie bereits erwähnt, handelt es sich um mundfertig vorbereitete Gerichte: Man kann die Stücke in die Hand nehmen und ohne Besteck essen. Hamburger, Pommes frites, Brathähnchen, Pizzastücke, Tacos – alle diese Angebote der Fast-food-Branche sind »Essen auf die Hand«. Interessanterweise gab es dabei im Laufe der Jahre immer wieder Neuentwicklungen, durch die sich Zahl und Art der mundfertigen Gerichte ständig erweiterten. Der »McMaffin« ist im Grunde genommen ein ganzes Frühstück mit Ei, kanadischem Schinken und englischem Brötchen, das in ein handliches Sandwich verpackt wurde und sich schnell, leicht und ohne Hilfsmittel verzehren läßt. Ein solches Sandwich zu verschlingen ist wesentlich zeitsparender, als wenn man sich mit Messer und Gabel hinsetzt und einen Teller mit Eiern, Schinken und Toast leert. Als mundfertiges Gericht wohl nicht mehr zu übertreffen ist das »Chicken McNugget«; in seiner Erfindung spiegelt sich die Tatsache wider, daß Hähnchen aus der Sicht von McDonald's höchst ineffizient sind: Knochen, Knorpel und Haut sind Hindernisse für einen effizienten Verzehr, und deshalb wurden sie beim »Chicken McNugget« beseitigt. (Wenn es möglich wäre, würden die Hühner-Großproduzenten sicher eine besser verzehrbare Hühnerrasse ohne Knochen, Knorpel und Haut züchten. Kreuzung, Aufzucht und Schlachtung der Hühner haben sie bereits McDonaldisiert; siehe Kapitel 6.) Der Kunde erhält mehrere bißgerechte Stücke aus gebratenem Hühnerfleisch, die man sich mit einer Hand in den Mund stecken kann, während man mit der anderen das Auto zur nächsten Station des Tagesprogramms lenkt. Auch der Apfelkuchen von McDonald's ist völlig von Teig umhüllt, so daß man ihn wie ein Sandwich essen kann.

Was das Fast-food-Restaurant selbst betrifft, ist Effizienz auch bei Zubereitung und Verkauf der Gerichte eingebaut. Da die Zahl der Positionen auf der Speisekarte sehr begrenzt ist, lassen sich Versorgung und Verkauf höchst effizient gestalten. Oft werden die Gerichte an einer Art Fließband zubereitet, an dem mehrere Personen spezialisierte Tätigkeiten ausführen (wie zum Beispiel der Frikadellen-»Dresser«).

Die am weitesten entwickelte Anwendung des Fließbandprinzips im Fast-food-Restaurant ist das Förderband bei »Burger King«: Die rohe, tiefgefrorene Frikadelle wird am einen Ende aufgelegt, bewegt sich langsam auf dem Band unter den Heizelementen hindurch und kommt 94 Sekunden später am anderen Ende fertig gegart an. (Henry Ford wäre stolz gewesen, hätte er gewußt, welche Anwendung sein Fließband gefunden hat.) Ähnliche Methoden bei Zubereitung und Verkauf der Gerichte gibt es bei »Dunkin' Donuts«, »Kentucky Fried Chicken« (wenn man indianisch gebratenes Hähnchen möchte, muß man ein Stück weiter zu »Popeye's« fahren), »Taco Bell« und »Pizza Hut«. Eine neuere und noch stärker spezialisierte Fast-food-Kette ist »Cinnabon«, bei der die Methoden für Massenproduktion und Verkauf von Zimtbrötchen zur Perfektion getrieben wurden.

Dazu muß man allerdings anmerken, daß das, was aus dem Blickwinkel des Fast-food-Restaurants effektiv ist, sich für den Kunden oft als ineffektiv erweist. Für das Restaurant ist beispielsweise ein System effektiv, bei dem die Kunden – zu Fuß oder im Auto – Warteschlangen bilden, aber aus der Sicht des Verbrauchers sinkt auf diese Weise die Effizienz. Effizient ist es für das Fast-food-Restaurant auch, wenn der Kunde viele Tätigkeiten übernimmt, die in einem herkömmlichen Restaurant von Angestellten ausgeführt werden, aber ist diese Effizienz auch im Interesse des Verbrauchers? Ist es effizient, wenn man sein Essen selbst bestellt, statt diese Tätigkeit einem Kellner zu überlassen? Oder wenn man sein Papier, Plastik und Styropor selbst wegräumt, statt es einen Angestellten tun zu lassen?

Manche Fast-food-Restaurants sind auch dazu übergegangen, dem Kunden eigentlich nur noch die Grundbestandteile eines Gerichts auszuhändigen: In einer Reihe solcher Lokale, unter anderem bei »Hardee's«, erwartet man vom Verbraucher, daß er die nackte Frikadelle zu einer »fixin' bar« trägt und sie dort mit Hilfe von Salatblättern, Tomaten und Zwiebeln selbst zu dem gewünschten Sandwich macht. Dort soll also jeder ein paar Minuten pro Woche als Sandwichzubereiter arbeiten. Bei einer Neuentwicklung von »Burger King« und einigen anderen Ketten drückt man uns einen leeren Becher in die Hand, und dann sollen wir zum Zapfhahn gehen und ihn selbst mit Eis und Limonade füllen, so daß wir einen kurzen Moment lang zu einem »Tresenknecht« werden. Wie wir es am Beispiel von »Taco Bell« schon gesehen haben, treffen die Leute beim Betreten mancher ultramoderner Fast-food-Restaurants auf einen Computerbildschirm, an dem sie ihre Bestellungen eingeben müssen. Mit solchen und anderen Methoden ist das Fast-food-Restaurant immer effizienter geworden, indem es dem Kunden die ineffizienten Tätigkeiten aufbürdet.

Ein klassisches Beispiel, wie man den Verbraucher arbeiten läßt, ist die Salatbar. Der Kunde »kauft« einen leeren Teller und schlendert dann zur Salattheke, um sich die an dem jeweiligen Tag angebotenen Gemüsesorten (oder sonstige Gerichte) aufzuladen. Inzwischen haben viele Supermärkte ebenfalls den Vorteil dieser Einrichtung erkannt und eigene Salatbars aufgestellt, in denen sie dem Verbraucher eine raffiniertere Auswahl verschiedener Gerichte anbieten. Der Salatliebhaber kann jetzt in der Mittagspause im Fast-food-Restaurant zum Chefsaladier werden, und nach der Arbeit tut er im Supermarkt das gleiche, wenn er sich den Salat für das Abendessen zusammenstellt. Das alles ist aus der Sicht des Fast-food-Restaurants oder des Supermarkts sehr effizient, denn man braucht nur wenige Arbeitskräfte, um die verschiedenen Schüsseln nachzufüllen.

Die Idee, Arbeit auf den Kunden abzuwälzen und ihn damit eigentlich zu einem unbezahlten Angestellten zu machen, ist natürlich keine Erfindung der Fast-food-Restaurants, aber sie haben diese Entwicklung institutionalisiert und gefördert. Es gibt viele andere Beispiele, wie man den Kunden arbeiten läßt. Der Lebensmittelladen früherer Zeiten, in dem der Händler die Waren holte, wurde vom Supermarkt abgelöst, wo der Käufer mehrere Stunden pro Woche als Laufbursche arbeitet und die gewünschten (oder nicht gewünschten) Gegenstände auf einer langen Wanderung aus scheinbar endlosen Regalen zusammensucht. Wenn er dann seine Waren gefunden hat, lädt er sie an der Kasse wieder aus, und anschließend verpackt er sie in Taschen. Das alles ist aus der Sicht des Supermarkts sehr effizient, aber für den Käufer ist es eindeutig ineffizient.

Eine andere Einrichtung, die es praktisch nicht mehr gibt, ist der Tankwart, der das Benzin nachfüllte, das Öl prüfte und die Autofenster reinigte; heute verbringt jeder von uns ein paar Minuten in der Woche als unbezahlter Tankwart. Und dann steht noch nicht einmal ein Angestellter bereit, bei dem wir das gekaufte Benzin bezahlen können, sondern wir müssen uns in die Tankstelle begeben, um unser Geld loszuwerden. An vielen Tankstellen (in den USA; Anm. d. Übers.) muß man sogar zuerst bezahlen, dann das Benzin einfüllen, und wenn man nicht so viel getankt hat, wie man dachte, wandert man zum zweitenmal in den Verkaufsraum, um das Wechselgeld abzuholen. Der neueste »Fortschritt« auf diesem Gebiet ist ein Gerät, in das der Kunde seine Kreditkarte steckt, um dann das Benzin einzufüllen; anschließend wird das Konto sofort mit dem (hoffentlich) richtigen Betrag für das gezapfte Benzin belastet, und schließlich entnimmt man Quittung und Karte, ohne daß irgendein Angestellter arbeiten muß oder Kontakt mit dem Kunden hat.

Vorreiter auf dem Gebiet solcher Entwicklungen waren die Banken, die Geldautomaten aufstellten, so daß jeder Kunde (zumindest ein paar Minuten lang) als unbezahlter Kassierer arbeitet (und für dieses Privileg oft noch eine Gebühr bezahlt). Für die Telefongesellschaften arbeiten wir ein paar Minuten als Vermittler. Statt bei Ferngesprächen ein »Fräulein vom Amt« einzuschalten, müssen wir solche Gespräche jetzt selbst wählen und uns lange Listen mit Telefon-

und Vorwahlnummern anlegen. Weiterhin wollen die Telefongesellschaften uns auch veranlassen, Nummern im Telefonbuch nachzuschlagen, statt die Auskunft anzurufen. Wer sich heute dennoch in solchen Angelegenheiten des »Fräuleins vom Amt« bedient, wird dafür kräftig zur Kasse gebeten. In manchen Arztpraxen werden wir inzwischen aufgefordert, uns selbst zu wiegen und Fieber zu messen. Und anstelle eines staatlichen Zensusbeamten kommt mit der Post ein Fragebogen ins Haus, den wir selbst ausfüllen sollen.

Wenn man heutzutage Firmen anruft, hat man es oft nicht mehr mit einer menschlichen Telefonistin zu tun, die uns mit der gewünschten Nebenstelle verbindet, sondern man muß mit einem sprechenden Computer vorliebnehmen, eine Reihe von Anweisungen befolgen und verwirrende Zahlen und Zahlenkombinationen eintippen, damit man – hoffentlich – an den richtigen Teilnehmer gerät.[6] Ein Satiriker beschrieb eine solche »Unterhaltung« und die Arbeit, die der Anrufende leisten muß, folgendermaßen:

»Der Teilnehmer, den Sie sprechen möchten – Thomas Watson – ist zur Zeit nicht erreichbar. Wenn sie eine Nachricht hinterlassen möchen, sprechen Sie nach dem Pfeifton. Wenn Sie ihre Nachricht überprüfen möchten, wählen Sie die 7. Wenn Sie Ihre Nachricht nach der Überprüfung verändern möchten, wählen Sie die 4. Wenn Sie Ihrer Nachricht etwas hinzufügen möchten, wählen Sie die 5. Wenn Sie einen anderen Teilnehmer sprechen möchten, drücken Sie die Taste mit dem Stern, und dann wählen Sie die vierstellige Nummer der Nebenstelle. Wenn Sie leichte Musik hören wollen, wählen Sie die 23. Wenn Sie das Computersystem verlassen möchten und vergeblich versuchen, einen Menschen zu erreichen, wählen Sie die 0 – denn wie eine solche behandeln wir Sie!«[7]

Auch die Post hat uns einen Teil ihrer Arbeit übertragen, indem sie uns drängt, immer kompliziertere Postleitzahlen zu kennen und zu benutzen. Außerdem wird dort das Sortieren der Post immer stärker automatisiert. Aber wenn eine Adresse auf dem Umschlag nicht deutlich geschrieben ist, versagt die Technik. Die Post verlangt deshalb nicht nur, daß die Leute leserlich schreiben – sie sollen jetzt sogar eine Schreibmaschine benutzen.[8]

Viele solche Beispiele für Institutionen, die den Kunden arbeiten lassen, erscheinen trivial, und oft sind sie das auch. Natürlich ist es keine große Belastung, eine Postleitzahl auf einen Briefumschlag zu schreiben oder eine Telefonnummer nachzuschlagen. Aber wenn man alle diese Tätigkeiten in ihrer Gesamtheit betrachtet, wird einem klar, daß es sich um eine weitreichende Entwicklung handelt. Der heutige Verbraucher verwendet einen nicht unerheblichen und ständig zunehmenden Teil seiner Zeit und Energie auf unbezahlte Arbeit für eine ganze Reihe verschiedener Organisationen.

Ein anderer Effizienzgesichtspunkt, der aus der Sicht des Fast-food-Restaurants positiv ist und sich oft zum Nachteil des Kunden auswirkt, ist die begrenzte Auswahl. McDonald's verkauft keine Pizza, und bei »Taco Bell« gibt es kein Brathähnchen. Fast-food-Restaurants sind (trotz allem, was sie uns erzählen) nicht nur bei weitem keine vollwertigen Restaurants, sondern sie erreichen noch nicht einmal die alten Cafeterias, die ein breites Sortiment verschiedener Gerichte anboten.

Für Kunden mit Sonderwünschen sieht es in Fast-food-Restaurants schlecht aus. Ihr Werbeslogan »We do it your way« (»Wir machen es auf Ihre Art«) erinnert an den berühmten Ausspruch von Henry Ford: »Jeder Kunde kann das Auto in jeder gewünschten Farbe bekommen, solange er es in Schwarz will.«[9] Es nach Art des Kunden zu machen ist das letzte, was ein Fast-food-Restaurant will. Die Effizienz ergibt sich vielmehr zu einem großen Teil daraus, daß sie es praktisch immer nur auf eine Weise machen – auf *ihre!* Der typische Hamburger ist in der Regel so dünn, daß man ihn nur auf eine Art garen kann: gut durchgebraten. Größere Ausführungen (zum Beispiel der Viertelpfünder von McDonald's) lassen sich rosa braten, aber aus Effizienzgründen zieht das Fast-food-Restaurant es vor, sie alle auf die gleiche Weise zuzubereiten. Wenn ein Kunde die Dreistigkeit besitzt, einen rosa gebratenen Hamburger, gut gebräunte Pommes frites oder eine Limonade ohne Eis zu bestellen, wird er meist mit einer langen Wartezeit für seine »exotischen Wünsche« bestraft. Und dazu ist kaum ein Kunde bereit, denn es macht einen der Hauptgründe zunichte, warum man ins Fast-food-Restaurant geht: die Effizienz.

Das Prinzip, dem Kunden nur sehr begrenzte Wahlmöglichkeiten zu lassen, haben viele andere Branchen übernommen. »AAMCO Transmissions« repariert vorwiegend Getriebe, und »Midas Mufflers« beschränkt sich im wesentlichen auf das Anbringen von Auspufftöpfen. »H&R Block« stellt einfache Steuererstattungsanträge, aber es ist sicher nicht die beste Adresse für komplizierte Steuerangelegenheiten. Die Firma bietet auch nicht das gesamte Spektrum der Steuer- und Finanzdienstleistungen eines vollwertigen Steuerberaters. Zum »McDentist« kann man mit einfachen Zahnproblemen gehen, aber eine Wurzelbehandlung läßt man dort besser nicht durchführen. Die »Pearle Vision Centers« bieten Sehtests an, aber mit jeder größeren Störung des Sehvermögens geht man besser zum Augenarzt.

Natürlich sind die Beschäftigung von Kunden als unbezahlte Arbeitskräfte und das stark eingeschränkte Leistungsangebot bei weitem nicht die einzigen Gesichtspunkte des Fast-food-Prinzips, die von anderen gesellschaftlichen Bereichen übernommen wurden. Banken richteten zum Beispiel Autoschalter ein, um die Bankgeschäfte für den Kunden und die Bank effizienter zu gestalten. Und Fotogeschäfte sind oft nur noch Kioske, die den Film entgegennehmen und zum Entwickeln an ein Großlabor schicken.

»Seven-Eleven« und seine Nachahmer sind zu kleinen Drive-in- oder sogar Drive-through-Supermärkten geworden. Wenn man nur wenige Gegenstände braucht, ist es wesentlich einfacher (allerdings auch teurer), mal eben zu »Seven-Eleven« zu fahren und das Benötigte einzukaufen. Man braucht nicht auf einem riesigen Parkplatz das Auto abzustellen, einen Einkaufswagen zu holen, ihn durch unzählige unbekannte Gänge zu schieben und die gewünschten Dinge zu suchen, in der Schlange vor der Kasse zu warten und dann die Einkäufe in dem manchmal weit entfernt stehenden Auto zu verstauen. Bei »Seven-Eleven« parkt man unmittelbar vor der Tür und findet ein – allerdings dürftiges und übersteuertes – Warenangebot. Hier bekommt man nicht nur einen Laib Brot und einen halben Liter Milch zu kaufen, sondern auch heißen Kaffee (den die Kunden »effizient« selbst aufgießen und zubereiten), einen warmen Imbiß (meist eine heiße Wurst oder ein selbst in die Mikrowelle geschobenes Sandwich), eine kalte Limonade (die der Kunde selbst zapft), ein Wassereis (inzwischen ebenfalls in der Selbstbedienung), Aspirin, Zigaretten, eine Zeitung und sogar ein Video.

Während das Fast-food-Restaurant die Richtung zu einem genau umrissenen Speisenangebot einschlug, versuchte »Seven-Eleven«, seine kleinen Läden mit einer breiten Palette häufig verlangter und benötigter Lebensmittel und anderer Waren vollzustopfen. Effizienz ergibt sich aus der Sicht von »Seven-Eleven« dadurch, daß man von jedem Artikel meist nur eine Marke anbietet und daß viele Dinge nicht vorrätig sind. Wenn ein Kunde eine größere Auswahl oder

einen gerade nicht erhältlichen Artikel sucht, muß er den vergleichsweise ineffektiven Supermarkt aufsuchen.[10]

Es gibt also mehrere Wege, wie man ein Unternehmen
effizient machen kann, aber Effizienz bleibt das gemeinsame
Prinzip, das die verschiedenen Bestandteile der McDonaldisierten Welt vereinheitlicht. Wie wir noch sehen werden, gibt
es in anderen rationalisierten Systemen (zum Beispiel in Supermärkten oder Einkaufspassagen) ebenfalls viele Möglichkeiten der Effizienzsteigerung.

### »Selbstgekochtes« Fast-food und Fitneßclubs

Angesichts der Effizienz von Fast-food-Restaurants mußte
auch die Küche zu Hause funktionstüchtiger werden, sonst
wäre sie völlig verödet. Wäre das nicht geschehen, hätten sich
Kabarettisten eine Zeit ausdenken können, in der man statt
der Küche ein großes, bequemes Zimmer mit einem Telefon
hat, von dem aus man bei »Domino's« die Pizza bestellt. Der
Schlüssel zur Rettung der Küche war die Entwicklung und
weite Verbreitung der Mikrowellengeräte.[11] Die Mikrowelle
ist ein wesentlich effizienteres Mittel zur Zubereitung einer
Mahlzeit als ihre wichtigste Alternative, der herkömmliche
Herd. Sie arbeitet meist schneller als der altmodische Backofen, und man kann darin mehr unterschiedliche Gerichte
zubereiten. Und, was im Zusammenhang dieses Kapitels vielleicht am wichtigsten ist: Sie führte zur Entwicklung zahlreicher mikrowellengeeigneter Fertiggerichte (darunter Suppen,
Pizza, Hamburger, Brathähnchen, Pommes frites und Pop-
corn), so daß man auf effiziente Weise die gleiche Nahrung
zubereiten kann, die man gewöhnlich in Fast-food-Restaurants vorfindet. Die Firma »Hormel« stellte zum Beispiel als
eines der ersten mikrowellengeeigneten Gerichte eine Art
Frühstücks-Sandwiches auf Biskuitbasis her, wie sie in den
letzten Jahren durch viele Fast-food-Ketten immer beliebter

werden[12] – gemeint ist insbesondere McDonald's und der
»McMaffin«. »Banquet« brachte mikrowellengeeignete Hähn-
chenbruststücke auf den Markt.

Viele Lebensmittelhersteller beschäftigen inzwischen sogar Angestellte, die ständig in Fast-food-Restaurants unterwegs sind und nach neuen Ideen für Gerichte suchen, die man
auch für zu Hause verkaufen kann. Ein Manager formulierte
es so: »Statt das Frühstücks-Sandwich bei McDonald's zu essen, kann man es sich auch im Lebensmittelladen aus der Tiefkühltruhe holen.«[13] Deshalb kann man heute eigentlich alle
Arten von Fast food zu Hause genießen, ohne daß man sich in
ein Fast-food-Restaurant begeben muß. Solche »hausge-
machten« Fast-food-Gerichte *scheinen* in mancherlei Hinsicht
sogar effizienter zu sein, als es einem Fast-food-Restaurant
möglich ist. Statt sich ins Auto zu setzen, zum Restaurant
(oder durch das Restaurant) zu fahren und dann nach Hause
zurückzukehren, braucht man das gewünschte Gericht nur
noch in die Mikrowelle zu schieben. Auf der anderen Seite
sinkt die Effizienz der häuslichen Zubereitung in der Mikrowelle, weil man dazu erst einmal in den Laden fahren und die
Fertiggerichte einkaufen muß.

Damit sind wir an einem wichtigen Punkt: Meist wägen
die Menschen nicht genau ab, welche Tätigkeiten effizienter
sind als andere. Es entwickelt sich vielmehr eine allgemeine
Vorstellung, wonach manche Dinge effizient sind (wie zum
Beispiel ein Besuch im Fast-food-Restaurant oder ein mikro-
wellengeeignetes Fertiggericht), während bei anderen die
Effizienz angeblich fehlt (zum Beispiel bei einem mehrgängi-
gen Abendessen in einem herkömmlichen Restaurant oder
einem Gericht, das man auf einem altmodischen Herd selbst
zubereitet). In einer McDonaldisierten Gesellschaft neigen
die Menschen zu Tätigkeiten, die zu der effizienten Kategorie
zählen, und andere, die als ineffizient gelten, werden vermie-

den. Dabei wird zwischen den Dingen, die man für effizient hält, kaum differenziert. Zum Teil ist das eine Erklärung für die Tatsache, daß das zu Hause zubereitete Mikrowellengericht den Umsatz der Fast-food-Restaurants nicht nennenswert beeinträchtigt. (Man könnte sogar argumentieren, daß diese Gerichte insgesamt zur Attraktivität der effizienten Fastfood-Restaurants und der dort verkauften Gerichte beigetragen haben, denn mikrowellengeeignete Lebensmittel sind ein Teil der McDonaldisierung und tragen zu ihrer Verbreitung bei.)

Ein weiterer Grund für den anhaltenden Erfolg des Fastfood-Restaurants sind die vielen Vorteile, die es gegenüber dem »selbstgekochten« Mikrowellengericht bietet. So bedeutet ein Ausflug zum Fast-food-Restaurant, daß man essen geht, statt einfach wieder einmal zu Hause etwas zu essen. Und zum anderen, darauf hat Stan Luxenberg in *Roadside Empires*[14] hingewiesen, bedeutet McDonald's mehr als nur eine schnelle Mahlzeit: Es bietet Spaß – eine hellerleuchtete, farbige, attraktive Umgebung, auffällige Verpackungen, besondere Anreize für Kinder, Werbegeschenke, Preisausschreiben; kurz gesagt, findet der Kauf und Verzehr von Fast food in einer karnevalsähnlichen Atmosphäre statt. Wenn man also vor der Wahl steht, eine effiziente Mahlzeit zu Hause oder im Fastfood-Restaurant einzunehmen, entscheiden sich viele Menschen nach wie vor für das Fast-food-Restaurant, weil es nicht nur Effizienz, sondern auch eine Reihe anderer Gratifikationen bietet.

Der Mikrowellenherd ist (zusammen mit den vielfältigen Produkten, die er nach sich zog) nur einer von vielen Beiträgen zur gestiegenen Leistungsfähigkeit des häuslichen Kochens. Andere offenkundige technische Weiterentwicklungen waren das Handrührgerät, das den Schneebesen ersetzte, die Küchenmaschine anstelle verschiedener Schneidegeräte und sogar einfacher Messer, und die Tiefkühlgeräte, die es als Einzelgerät und in Verbindung mit Kühlschränken gibt.

Die große Tiefkühltruhe hat vieles effizienter gemacht: Unter anderem fährt man nur selten zum Großeinkauf, statt viele Male kleinere Mengen einzukaufen. Sie erlaubt die Lagerung zahlreicher Zutaten, die man dann zur Zubereitung einer Mahlzeit nur noch herauszunehmen braucht. Man kann große Portionen kochen, die man aufteilt, einfriert und je nach Bedarf wieder auftaut.

Die weite Verbreitung der Tiefkühlgeräte führte zur verstärkten Herstellung aller Arten von Tiefkühlkost. Am bemerkenswertesten unter dem Gesichtspunkt der Effizienz ist dabei die fertig zusammengestellte Mahlzeit, das sogenannte »Fernsehmenü«: Man kann sich in der Kühltruhe einen Vorrat an solchen Gerichten anlegen (zum Beispiel chinesische, italienische und mexikanische sowie ein breites Spektrum »amerikanischer« Zusammenstellungen), die man dann nur noch herausnimmt und in den Ofen oder manchmal sogar in die Mikrowelle stellt. (In jüngster Zeit ist auch dies vergleichsweise ineffizient geworden, denn jetzt gibt es mikrowellengeeignete Gerichte, die man ohne Kühlung im Küchenschrank aufbewahren kann.)

Eine weitere neue Konkurrenz um die größte Effizienz sind die fertig gekochten Gerichte, die man jetzt im Supermarkt kaufen kann. Man hält einfach auf dem Nachhauseweg an einem Laden an und besorgt sich alle Gänge des Abendessens. Um die Mahlzeit »zuzubereiten«, braucht man sie nur noch auszupacken; Kochen ist nicht erforderlich.

Schon seit langer Zeit gibt es in den Supermärkten eine Fülle weiterer Produkte, die eine größere Effizienz ermöglichen, wenn man es weiterhin vorzieht, zu Hause zu »kochen«. Statt sozusagen bei Null zu beginnen, kann man sich vorgefertigter Mischungen bedienen und daraus eine breite

Palette »hausgemachter« Gerichte herstellen, beispielsweise Kuchen, Pfannkuchen und Waffeln. Warme Haferflocken braucht man nicht mehr endlos anzurühren: Man gießt einfach kochendes Wasser über eine abgepackte Mischung. Pudding muß man nicht mehr aus den Grundzutaten herstellen, und auch die effizienteren Puddingpulver sind nicht mehr erforderlich; statt dessen kauft man den fertigen Pudding aus dem Kühlregal im Supermarkt.

Die McDonaldisierung von Herstellung und Verzehr der Lebensmittel hat auch auf die florierende Diätindustrie übergegriffen. Bücher über Schnellkuren, mit denen man angeblich auf die unterschiedlichsten Arten in kürzester Zeit abnimmt, stehen oft ganz oben auf den Bestsellerlisten. Abnehmen ist normalerweise schwierig und langwierig, und das macht den Reiz solcher Schlankheitsbücher aus: Sie versprechen, das Abnehmen zu beschleunigen und damit wirksamer zu machen.

Für diejenigen, die abnehmen wollen – und viele Menschen machen mehr oder weniger ständig eine Schlankheitskur –, ist auch die Zubereitung kalorienarmer Gerichte effizienter geworden. Statt Diätgerichte von Grund auf zu kochen, kann man Fertiggerichte in großer Vielfalt und in tiefgefrorener und/oder mikrowellengerechter Form kaufen. Und wer sich nicht der ineffizienten Mühe unterziehen will, diese Gerichte zu essen, für den gibt es den Diättrunk, den man innerhalb weniger Sekunden anrühren und zu sich nehmen kann.

Eine recht neue Entwicklung sind Diätzentren wie »Nutri/System« und »Jenny Craig«. »Nutri/System« verkauft dem Diätwilligen zu stolzen Preisen fertig abgepackte, gefriergetrocknete Lebensmittel. Wenn es wieder Essenszeit ist, braucht man nur noch Wasser hinzuzufügen. Gefriergetrocknete Lebensmittel sind nicht nur für den Verbraucher effizient, sondern auch für »Nutri/System«, denn sie lassen sich besser verpacken, transportieren und lagern. Außerdem sind auch die regelmäßigen Besuche des Abnehmenden in den »Nutri/System«-Centers effizient organisiert. Jedem Kunden wird zehn Minuten lang ein Berater zugeteilt. In diesem kurzen Zeitraum ermittelt der Berater Gewicht, Blutdruck und Maße, er stellt Routinefragen, füllt eine Karteikarte aus und widmet sich kurz der »Lösung von Problemen«. Wenn die Sitzung sich über die vorgesehenen zehn Minuten hinaus ausweitet und andere Kunden warten, kommt eine Empfangsdame in den Beratungsraum. Die Berater lernen ihre Methoden in der »Nutri/System«-»Universität«; dort brauchen sie sich nicht mehrere ineffiziente Jahre lang zu immatrikulieren: Schon nach einer einwöchigen Ausbildung erhalten sie ein Zeugnis und ein NSU-Diplom.[15]

Stark betont wird die Effizienz auch in den modernen Fitneßcentern, beispielsweise bei der Kette »Holiday Spas«. Solche Einrichtungen bieten oft unter einem Dach alles Notwendige, um abzunehmen und in Form zu bleiben: ein breites Spektrum an Trainingsgeräten, Laufbändern und ein Hallenbad. Die Trainingsmaschinen sind stark spezialisiert, so daß man sehr effizient die Fitneß einzelner Körperpartien steigern kann. Die Arbeit an Lauf- und Treppensteigegeräten verbessert zum Beispiel die Fitneß von Herz und Kreislauf, die verschiedenartigen Gewichthebegeräte stärken dagegen die Muskelkraft in bestimmten Körperbereichen. Außerdem sind viele derartige Maschinen auch in anderer Hinsicht effizient: Man kann während des Trainings noch etwas anderes tun; in vielen derartigen Clubs stehen Fernsehgeräte, so daß man gleichzeitig trainieren und einen Film ansehen kann. Oder man liest, hört Musik oder lauscht sogar einem vorgelesenen Buch, während man sich körperlich betätigt. Darüber hinaus bieten die Trainingsgeräte ein hohes Maß an Berechenbarkeit: In vielen Fällen registrieren sie gelaufene Kilometer, Schwierigkeitsgrad der Übungen und verbrauchte Kalorien. Das alles geschieht in der sauberen, sterilen Umgebung, die wir mit der McDonaldisierung in Verbindung bringen.[16]

## »Verkaufsmaschinen« und Versandhandel

Auch das Einkaufen ist effizienter geworden. Das Kaufhaus ist ganz offensichtlich praktischer als eine Reihe von Fachgeschäften, die sich auf eine Stadt oder Wohnsiedlung verteilen. Die Einkaufspassage steigert die Effizienz, weil sie eine breite Palette von Kaufhäusern und Fachgeschäften unter einem Dach vereinigt. Kowinski bezeichnet die Einkaufspassage als »höchst effiziente, wirksame Verkaufsmaschine«.[17] Für die Ladeninhaber ist sie kosteneffektiv, weil die Zusammenballung von Geschäften und Kaufhäusern einen großen Kundenandrang verursacht. Und für den Verbraucher ist sie praktisch, weil er bei einem Besuch vieles erledigen kann: Er sucht mehrere Läden auf, geht in einem »Snack-Bereich« essen (wo er wahrscheinlich auf ein Fast-food-Restaurant trifft), sieht sich einen Film an, trinkt etwas und geht in ein Fitneß- oder Diätcenter.

Aber der Trend zu mehr Effizienz beim Einkaufen ist mit den Ladenpassagen noch nicht zu Ende. In den letzten Jahren hat der Versandhandel per Katalog einen großen Aufschwung genommen (durch Firmen wie »L. L. Bean«, »Land's End« und andere): Dabei kann man einkaufen, ohne daß man die eigenen bequemen vier Wände verlassen muß. Noch besser ist das »Tele-Shopping« per Fernsehen, auch wenn man dazu oft stundenlang vor der Röhre sitzen muß. Dem Zuschauer wird ein Produktangebot präsentiert, und wenn ein Artikel seinen Blick fesselt, braucht er nur noch zum Telefon zu greifen – der Preis wird dann per Kreditkarte abgebucht. Die neueste Entwicklung auf diesem Gebiet ist das »Scanphone«, ein Telefonapparat mit einem bleistiftgroßen Strichcode-Scanner, einem Kreditkarten-Lesegerät und einer Tastatur. Der Kunde liest nur noch die Waren aus einem mit Strichcodes versehenen Katalog ein, zusammen mit Lieferdatum und Zahlungsweise. Die Bestellung wird elektronisch an die verschiedenen angeschlossenen Läden, Unternehmen und Banken weitergeleitet.[18] Manche Betreiber von Ladenpassagen fürchten, daß sie letztlich Marktanteile verlieren könnten, weil das Einkaufen von zu Hause aus effizienter ist.

### Videotheken, Pauschalreisen, das »Magic Kingdom« und überdachte Stadien

Seit es Videokassetten und Videotheken gibt, halten viele Leute es nicht mehr für praktisch, zum örtlichen Kino zu fahren. Heute kann man Filme – oft mehrere hintereinander – in den eigenen vier Wänden ansehen. Wer noch mehr Effizienz will, kauft sich eines der neuen »Bild-im-Bild«-Fernsehgeräte, mit denen man einen Videofilm verfolgen und gleichzeitig auf einem kleinen eingeblendeten Bild das Lieblings-Fernsehprogramm verfolgen kann.

Die größte Videothekenkette der USA ist »Blockbuster«, und sie bezeichnet sich selbst – wie könnte es anders sein – als »McDonald's der Videobranche«.[19] »Blockbuster« hat über 2000 Filialen, und wie stark die Kette wächst, zeigt sich an der Gewinnsteigerung, die 1991 bei 36 Prozent lag. Dennoch gibt es möglicherweise bereits Anzeichen, daß »Blockbuster« von noch effizienteren Alternativen verdrängt wird. Eine sind die »Pay-per-View«-Filme, die viele Kabelgesellschaften anbieten. Statt zum Videoladen zu wandern, braucht man nur noch den richtigen Kanal einzuschalten und bei der Firma anzurufen. Eine weitere Möglichkeit befindet sich noch im Versuchsstadium: Die Firma GTE ist bestrebt, Filme über Glasfaserkabel ins Haus zu liefern. Möglicherweise werden die Videotheken, die viele Kinos verdrängt haben, bald selbst den noch effizienteren Alternativen Platz machen.

Wie in Kapitel 2 bereits kurz erwähnt wurde, ist auch das Reisen zu exotischen Zielen im Ausland effizienter geworden. Das beste Beispiel ist die Pauschalrundreise. Betrachten wir beispielsweise eine 30-Tage-Europareise. Damit sie optimal ist, werden nur die wichtigsten europäischen Orte besucht, und an jedem wird der Tourist zu den wichtigsten Sehenswürdigkeiten dirigiert. (In Paris würde man mit Sicherheit den Louvre besichtigen, aber wahrscheinlich nicht das Rodin-Museum.) Da es das Ziel ist, möglichst viele bedeutende Sehenswürdigkeiten in möglichst kurzer Zeit aufzusuchen, legt man großen Wert darauf, die Teilnehmer so effizient dorthin, hindurch und wieder wegzutransportieren. Busse rasen zu den Städten und durch sie hindurch, so daß der Tourist in der zur Verfügung stehenden Zeit auf möglichst viele Stellen einen kurzen Blick werfen kann. An besonders interessanten oder wichtigen Sehenswürdigkeiten fährt der Bus langsamer, oder er hält sogar an, damit man ein paar Fotos machen kann. An den wichtigsten Stellen wird ein kurzer Zwischenaufenthalt eingeplant: Der Besucher kann ein wenig herumrennen, einige Aufnahmen machen, ein Souvenir erstehen und dann wieder in den Bus steigen, um zur nächsten Attraktion weiterzufahren.

Ohne Frage sieht man so auf höchst effiziente Art die wichtigsten Touristenattraktionen in Europa. Man kann die Pauschalreise sogar als riesigen Menschenbewegungsapparat betrachten, der einen effizienten Transport von einem Ort zum anderen ermöglicht. Würden die Touristen versuchen, die wichtigsten europäischen Sehenswürdigkeiten allein aufzusuchen, würden sie mehr Zeit brauchen, um das gleiche zu sehen, und auch die Kosten wären höher. Natürlich hat eine Pauschalreise, wie jedes effiziente System, auch Nachteile (hat der Tourist zum Beispiel überhaupt Zeit, Europa zu erleben?), aber ihre Erörterung heben wir uns für einen späteren Abschnitt des Buches auf.

Die Idee von effektiven Mechanismen zum Bewegen vieler Menschen ist eindeutig an das Fast-food-Restaurant gekoppelt, denn dort hat man sich sehr darum bemüht, möglichst viele Personen durch das Restaurant und wieder hinauszuschleusen. Einen neuen Höhepunkt beim Bewegen von Menschenmassen stellen die modernen Vergnügungsparks dar, insbesondere »Disneyland« und »Walt Disney World«. Bei »Disney World« im Epcot Center in Florida beispielsweise leitet ein umfangreiches Straßen- und Autobahnsystem jeden Tag viele tausend Autos zu den richtigen Parkplätzen. Wenn der Fahrer – häufig mit Hilfe des Autoradios – zu seinem Abstellplatz dirigiert wurde, steht der Pendelbus entweder schon bereit, oder er trifft kurz darauf ein, um die ganze Familie zum Eingang des Vergnügungsparks zu bringen. Innerhalb der Anlage befinden sich die Besucher eigentlich auf einem (allerdings nicht selbstlaufenden) Förderband, das sie von einer Attraktion zur nächsten bringt. Von dem großen »Hauptverteiler« kann man eine kleinere Abzweigung wählen, die zu einer bestimmten Attraktion führt. Ist man dort angekommen, begibt man sich wieder auf irgendein Förderbandsystem (Autos, Boote, U-Boote, Flugzeuge, Raketen oder Laufbänder), auf dem man so schnell wie möglich durch die Attraktion und wieder nach draußen befördert wird. Die Geschwindigkeit, mit der man sich dabei bewegt, verstärkt das Erlebnis und verringert die Wahrscheinlichkeit, daß man den »Wahrheitsgehalt« des Gesehenen in Frage stellt. Eigentlich weiß man oft gar nicht genau, was man gerade gesehen hat, aber es »erscheint« aufregend. Das ganze System ist darauf angelegt, eine Riesenzahl von Menschen so effizient wie möglich durch den gesamten Park zu befördern.

Natürlich ist »Disney World« zum Opfer des eigenen Erfolges geworden, denn selbst dieses äußerst effiziente System kann die Massen, die jeden Tag in den Park einfallen, nicht mehr bewältigen. Deshalb stehen die Besucher bei vielen besonders beliebten Attraktionen in langen Warteschlangen. Aber die Wartezeiten wären noch wesentlich länger, gäbe es bei »Disney World« nicht diese Effizienz im Umschlag von Menschen.

Menschen sind nicht das einzige, was »Disney World« wirksam bewältigen muß. Betrachten wir noch ein anderes Beispiel für diese Effizienz: die Abfallbeseitigung. Die Menschenmassen, die solche Vergnügungsparks aufsuchen, essen eine Menge (das meiste »auf die Hand«), und deshalb produzieren sie gewaltige Abfallberge. Überall im Park sind Snackbars und Restaurants verteilt, und praktisch alles, was dort verkauft wird, steckt in irgendeiner Wegwerfverpackung – Papier, Folie oder Kunststoff. Würde »Disney World« die Abfallbehälter nur abends leeren, würden sie schnell überquellen, und der Boden wäre mit Müll bedeckt. Um das zu verhindern (und es muß verhindert werden, denn Sauberkeit ist ein wichtiger Bestandteil der McDonaldisierten Welt im allgemeinen und von »Disney World« im besonderen), ist ein Heer von Angestellten ständig mit Fegen, Einsammeln und dem Leeren der Abfallbehälter beschäftigt. Außerdem setzt man zur Beseitigung der Müllberge fortschrittliche Technik ein: »Disney World« besitzt ein verzweigtes Netz unterirdischer Rohrleitungen. In dieses System werden die Abfallbehälter geleert, und dann wird der Müll mit etwa 100 Stundenkilometern zu einer zentralen Sammelstelle transportiert, die weit außerhalb der Sichtweite der Besucher liegt. Der Abfall verschwindet auf magische Weise: »Disney World« ist nicht nur in einer Hinsicht das »Magic Kingdom«.[20]

Der moderne Vergnügungspark ist also in mehrfacher Hinsicht eine effiziente Einrichtung, insbesondere im Vergleich zu seinen Urahnen, den Rummelplätzen oder dem Vergnügungspark von Coney Island im Süden New Yorks. Einen anderen höchst rationellen modernen Freizeitpark, nämlich »Busch Gardens«, beschrieb ein Beobachter so:

»Es gibt sie nicht mehr – den staubigen Weg in der Mitte, die kalt-verführerische Stimme des Jahrmarktschreiers, die grelle, überladene Anziehungskraft und all die rohen Versprechungen, die von den tausend im Dunkeln blitzenden Lichtern ausgehen. An ihre Stelle ist eine riesige, geschlossene Umgebung getreten, ein Komplex wie eine kleine Stadt, ausgestattet mit einer *Effizienz*, die jenseits der Reichweite der meisten beliebig großen Städte liegt.«[21]

Wenn in den USA in den letzten Jahren neue Sportstadien gebaut wurden, konzentrierte man sich ebenfalls darauf, Menschen möglichst effektiv zu befördern. Solche neuen Sportstätten sind im allgemeinen von der Autobahn aus leicht zu erreichen. In der Nähe befinden sich gewaltige Parkflächen, und ein ausgeklügeltes System von Rampen und Rolltreppen befördert die Menschen hinein und hinaus. Aber auch bei den modernen Stadien ist das Bewegen von Menschen nicht die einzige Form der Effizienz. Ein Spielausfall wegen Regens ist beim Baseball ein höchst ineffizientes Ereignis (von den Kosten gar nicht zu reden); wenn das Spiel bereits begonnen hatte, muß es wiederholt werden. Um solche Ausfälle zu vermeiden, hat man einige Stadien mit Dächern gebaut, und in Anlagen, die nicht überdacht sind, wurde das Gras (das im durchweichten Zustand nicht mehr bespielbar ist) durch Kunstrasen ersetzt, der wesentlich schneller trocknet.

### Fließbandmedizin und »McDoctors«

Es gibt eine Institution, von der man eigentlich meinen könnte, sie sei immun gegen diesen Trend zur Effizienz und zur Rationalisierung allgemein: die moderne Medizin.[22] Aber auch hier beobachtet man beträchtliche Entwicklungen in Richtung größerer Effizienz und Rationalisierung. In

einigen Fällen gibt es bereits etwas, das man als »Fließband-
medizin« bezeichnen könnte. Ein Beispiel ist Dr. Denton
Cooley (»Effizienz ist sein Fetisch«), der schwierige Operationen am offenen Herzen in einer »Fabrik für Herz-
chirurgie« ausführt, und diese Einrichtung arbeitet »mit der
Präzision eines Fließbandes«.[23] Noch verblüffender ist die
folgende Beschreibung des Moskauer Forschungsinstituts für
Augen-Mikrochirurgie:

»Der Anblick erinnert in vielerlei Hinsicht an eine moderne
Fabrik. Ein Förderband bewegt sich lautlos zwischen fünf Arbeitsplätzen, hält an und läuft dann wieder weiter. An jeder
Station befindet sich ein Angestellter mit sterilem Gesichts-
schutz und Kittel. Die Arbeitskräfte haben drei Minuten Zeit,
ihre Aufgabe zu erledigen, dann läuft das Band weiter; der
Ausstoß liegt bei 20 Stück in der Stunde.

Aber fast alles andere an diesem Fließband ist höchst un-
gewöhnlich: Die Arbeiter sind Augenchirurgen, und das Band
befördert Menschen auf Operationstischen. Hier hat man ...
die Produktionsmethode eines Henry Ford auf die medizinische Praxis angewandt ... eine ›medizinische Fabrik zur Produktion von Menschen mit gutem Sehvermögen‹.«[24]

Solche Fließbänder sind in den USA (und in Rußland) nicht
der medizinische Normalfall, aber man könnte sich vorstellen,
daß sie in den kommenden Jahren immer häufiger werden.
    Der Berufsstand der Mediziner wird durch eine ganze
Reihe von Faktoren dazu getrieben, effizienter zu arbeiten
oder systematischer nach den optimalen Mitteln zur Bereitstellung medizinischer Versorgung zu suchen. Ein entschei-
dendes Element der Effizienzsteigerung in der Medizin ist der
Aufstieg von Firmen in der Hand von Investoren (zum Beispiel »Humana Inc.« und »Hospital Corporation of America«),

für die Medizin ein gewinnorientiertes Unternehmen darstellt. In ihrem Bemühen um Profitmaximierung versuchen diese Institutionen und ihre ausgebildeten Manager, den Betrieb so effizient wie möglich zu gestalten. Und da alle Institutionen konkurrenzfähig sein müssen, wird die Betonung der Effizienz, die bei gewinnorientierten Organisationen üblich ist, wahrscheinlich auch auf gemeinnützige medizinische Einrichtungen übergreifen.

Der Druck staatlicher Stellen und anderer Geldgeber (zum Beispiel der Versicherungsgesellschaften wie »Blue Cross-Blue Shield«), die auf Kostendämpfung drängen, zwingt die Medizin zur Anpassung ihrer Tätigkeiten. Insbesondere besteht ein starker Druck, weniger zu tun (zum Beispiel keine unnötigen Tests und Operationen vorzunehmen), und was getan wird, soll beschleunigt werden. Außerdem werden immer mehr Verfahren ambulant angewandt. Statt also einen Patienten für einige Untersuchungen oder eine kleinere Operation zwei bis drei Tage ins Krankenhaus aufzunehmen, führt man diese Behandlungen bei kurzen Tagesbesuchen in der Klinik durch. Die US-Bundesregierung hat durch »Medicare« neue Programme zur vorausschauenden Zahlung und DRG (*Diagnostic Related Groups*) eingeführt: Man gibt den Krankenhäusern für jede medizinische Diagnose einen festen Betrag, unabhängig davon, wie lange der Patient in der Klinik bleibt. (Ähnliche Bestrebungen in Deutschland richten sich auf die Einführung einer »Fallpauschale« für Krankenhausaufenthalte; Anm. d. Übers.).

Dieses System tritt an die Stelle des alten Verfahrens, bei dem staatliche Stellen jede »plausible« Krankenhausrechnung bezahlten. Deshalb trat an die Stelle gemächlicher Krankenhausaufenthalte und langwieriger Behandlungsverfahren der Druck auf das medizinische Personal, die Tätigkeiten »stromlinienförmig« zu gestalten. Wegen der Festbeträge sind die

Mediziner dazu angehalten, die Patienten so effizient wie möglich durch das Krankenhaus zu schleusen.

Ein weiterer Faktor, der zur Effizienzsteigerung in der Medizin beiträgt, ist die wachsende Konkurrenz. Den Anstoß gab 1975 eine Entscheidung des obersten Gerichtshofes, wonach Ärzte dem »Sherman Antitrust Act« unterliegen (einem Gesetz, das konkurrenzhemmende Absprachen verbietet; Anm. d. Übers.); in der Folge gewann die »Federal Trade Commission« mehrere Prozesse gegen die Praktiken, mit denen der medizinische Berufsstand den Wettbewerb einschränkte. Lange Zeit hatte die »American Medical Association« versucht, die Konkurrenz durch ethische Regeln zu vermindern. Die erfolgreichen Antitrust-Prozesse führten zu einer Einschränkung dieser Regeln, und von nun an standen die Ärzte unter Druck, effizienter zu arbeiten, um sich auf dem Medizinmarkt zu behaupten.

Ein weiterer Beitrag zu diesem Wandel waren in den achtziger Jahren die konkurrenzfördernden Maßnahmen der Reagan-Regierung. Und außerdem trägt die wachsende Zahl der Ärzte zu verstärkter Konkurrenz und damit zu mehr Effizienz in der Medizin bei. Dieser Zuwachs in der Ärzteschaft geht zumindest teilweise auf den »Health Professions Educational Assistance Act« von 1963 zurück.

Und noch etwas spielt mit: die Ausweitung der medizinischen Bürokratie mit ihrem natürlichen Interesse an Effizienz. Krankenhäuser, Medizinunternehmen, Gesundheitsorganisationen, Krankenkassen und der Staat – all das sind große bürokratische Systeme, oder sie können es zumindest sein. Wie alle bürokratischen Systeme sind sie darauf ausgerichtet, großen Arbeitsanfall effektiv zu bewältigen. Und die Ärzte werden dabei unter Umständen so weit in Richtung der Effizienz gedrängt, daß sie schließlich zu Angestellten dieser Institutionen werden oder unter ihrem Einfluß stehen.

Neben der Bürokratie hat auch die moderne Medizin-technik vielfach dazu beigetragen, die Tätigkeit der Ärzte effizienter zu gestalten. Die Lasertechnik, um nur eines von vielen Beispielen zu nennen, hat die Effizienz schwieriger Augenoperationen erheblich gesteigert.

Vielleicht das beste Beispiel für die gestiegene Effizienz der medizinischen Praxis in den USA *und* für den allgegen-wärtigen Einfluß der McDonaldisierung ist das Wachstum der Schnellbehandlungszentren für chirurgische Eingriffe und Notfälle. Diese sogenannten »McDoctors« oder »Docs-in-the-Box« sind für Patienten gedacht, die eine möglichst effizi-ente Behandlung ihrer medizinischen Probleme wünschen. Jedes derartige Zentrum befaßt sich nur mit einer begrenzten Zahl kleinerer Erkrankungen, aber die behandelt man äußerst prompt. Zwar ist das Nähen einer Fleischwunde nicht ganz so schnell möglich wie der Verkauf eines Hamburgers, aber in beiden Fällen lassen sich vielfach die gleichen Prinzipien an-wenden. Wenn man ohne Terminvereinbarung kommen kann, ist das für den Patienten in jedem Fall effektiver, als wenn er sich in einer herkömmlichen Arztpraxis anmeldet und dann warten muß, bis der Termin da ist. Bei kleineren Notfällen (zum Beispiel einer geringfügigen Verletzung) ist es effizienter, zu einem »McDoctor« zu gehen, statt sich durch das Labyrinth einer großen Krankenhaus-Notaufnahme zu bewegen. Immerhin sind Krankenhäuser auf die Behandlung sehr viel schwererer Fälle angelegt, bei denen Effizienz (noch) nicht im Vordergrund steht (obwohl es auch hier derartige Be-strebungen gibt – man stellt zum Beispiel spezialisiertes Ärzte- und Pflegepersonal für Notfälle ein).

Aus der Sicht des Inhabers läßt sich ein »McDoctor« effi-zienter betreiben als eine Krankenhaus-Notaufnahme. Und die »Doc-in-the-Box«-Firma kann auch leistungsfähiger ar-beiten als eine private Arztpraxis, schon weil sie sich von ihrer

Struktur her nicht für die persönliche (und deshalb ineffiziente) Aufmerksamkeit eignet, die ein Patient von seinem Hausarzt erwartet.

## Lehrbücher auf Bestellung, sprechende Bücher, »News McNuggets« und Drive-in-Kirchen

Wenden wir uns nun dem Ausbildungssystem und insbesondere den Universitäten zu. Ein Ausdruck des Strebens nach mehr Effizienz ist die maschinenlesbare Multiple-Choice-Klausur. Zu früheren Zeiten saß bei der Prüfung der einzelne Student einem Professor gegenüber. Das war vermutlich eine sehr gute Methode, um festzustellen, was der Student wußte, aber es war (und ist) höchst arbeitsaufwendig und ineffizient. Später wurden Prüfungen in Aufsatzform sehr beliebt. Eine Reihe schriftlicher Ausarbeitungen zu bewerten war aus der Sicht des Professors praktischer als eine mündliche Einzelprüfung, aber es war immer noch relativ ineffizient und langwierig. Dann kam die Multiple-Choice-Prüfung, und ihre Bewertung war im Vergleich zu mündlichen Examina oder dem Lesen von Klausuren ein Klacks. Man konnte sie sogar den Doktoranden überlassen, und das war für den Professor höchst effizient. Inzwischen gibt es Prüfungen, die vom Computer ausgewertet werden, und damit ist das Effizienzmaximum für Professor und Assistenten erreicht.

Aber die Multiple-Choice-Prüfung belastete den Professor noch mit der mühsamen Aufgabe, die Fragen zusammenzustellen. Außerdem mußte zumindest ein Teil der Fragen in jedem Semester ausgewechselt werden, weil die neuen Studenten meist die früheren Prüfungsaufgaben kannten. Auch dafür gab es eine Lösung: Die Lehrbuchverlage lieferten den Professoren (kostenlos) Bücher voller Multiple-Choice-Fragen, die den jeweils benutzten Lehrbüchern entsprachen. Jetzt brauchten die Professoren nicht mehr selbst Fragen zu formulieren, sondern sie konnten die aus dem Verlag verwenden. Aber immer noch mußte der Profesor die Fragen abtippen oder von einem Büroangestellten abschreiben lassen. In jüngster Zeit liefern die Verlage ihre Fragen auch auf Computerdisketten: Der Professor muß die gewünschten Fragen nur noch auswählen, den Rest erledigt der Drucker. Bei solch großen Effizienzfortschritten hat der Professor mit der eigentlichen Prüfung – vom Zusammenstellen der Fragen bis zur Bewertung – kaum noch etwas zu tun.

Die Verlage bieten auch andere Dienstleistungen an, welche die Lehre effizienter machen, wenn die Professoren das jeweilige Lehrbuch verwenden. Wenn ein Professor ein Lehrbuch einführt, erhält er eine Menge Material für den Unterricht: Vorlesungskonzepte, Computersimulationen, Fragen für die Diskussion, Viedeobänder, Filme, sogar Ideen für Gastdozenten und Aufgaben für die Studenten. Mit ein wenig Glück kann ein Professor alle diese Dinge benutzen und braucht selbst kaum noch etwas für seinen Unterricht zu tun. Unnötig zu sagen, daß dies aus der Sicht des Professors eine höchst effektive Lehrmethode ist, die mehr Zeit für höher bewertete Tätigkeiten (des Professors, nicht der Studenten) schafft, nämlich für Schreiben und Forschen.

Die meisten Colleges und Universitäten, vor allem aber Grund- und Oberschulen, sind stark bürokratisiert. Wie wir in Kapitel 2 gesehen haben, war die Bürokratie ganz allgemein das Vorbild der Rationalisierung, und auch heute noch ist sie mit ihrer Struktur darauf angelegt, große Arbeitsmengen effektiv zu bewältigen. Während man den Vergnügungspark als Menschen-Bewegungsmaschine betrachten kann, ist die Bürokratie ein Mechanismus zur effektiven Bewegung von Papier und in jüngerer Zeit von Computerinformation. Das gilt für die Bürokratie im Erziehungswesen, aber auch in zahlreichen anderen gesellschaftlichen Institutionen.

Was die Publizistik angeht, war auch der Autor dieses Buches an einem hervorragenden Beispiel moderner Effizienz beteiligt, nämlich am maßgeschneiderten Publizieren.[25] Für ein maßgeschneidertes Lehrbuch sucht der Verlag einen großen Kreis von Autoren, die jeweils Kapitel über einzelne Themen schreiben. Der Professor, der das Lehrbuch in seinen Vorlesungen benutzen will, erhält eine Liste der zur Verfügung stehenden Kapitel und kann davon eine bestimmte Anzahl auswählen, die dann in der vom Professor gewünschten Reihenfolge zusammengestellt werden. So entsteht ein maßgeschneidertes Lehrbuch, das in der erforderlichen Zahl für die Studenten des Professors gedruckt wird. Möglich wurde diese Entwicklung durch neue Computertechnik und sehr schnelle Druckmaschinen.

Solche Lehrbücher nach Maß sind mindestens in zweierlei Hinsicht effizienter als ihre Vorgänger. Zum einen ist es viel praktischer, wenn zahlreiche Experten jeweils einzelne Kapitel schreiben, als wenn ein Autor alles verfaßt. Ein solches Buch kann in wenigen Monaten fertig sein – ein einzelner würde Jahre brauchen, um alle Kapitel zu schreiben. Und zweitens ist es für Professoren und Studenten viel günstiger, denn das Buch enthält nur die Kapitel, die auch tatsächlich gebraucht werden. (Bei Verwendung herkömmlicher Lehrbücher werden oft einige Kapitel den Studenten nicht empfohlen.)

Ein weiteres Beispiel für Effizienz im Verlagswesen ist das »sprechende Buch«. Eine ganze Reihe von Firmen vermietet oder verkauft inzwischen Tonbandkassetten mit dem Text von Büchern. Solche Bänder machen das »Lesen« von Büchern effizienter. Statt einfach nur zu lesen, kann man jetzt einem Buch zuhören und gleichzeitig noch etwas anderes tun, zum Beispiel autofahren, spazierengehen, joggen oder fernsehen (mit abgeschaltetem Ton). Eine weitere Effizienzsteigerung ergibt sich, weil solche »sprechenden Bücher« vielfach in gekürzter Form erhältlich sind, so daß man sie viel schneller konsumieren kann. Die »vergeudeten« Stunden, in denen man den »unwichtigen« Teilen eines Romans zuhörte, gehören der Vergangenheit an. Mit großzügigen Schnitten schafft man ein Buch wie *Krieg und Frieden*, ohne zwischendurch aufzustehen.

Die meisten »seriösen« Zeitungen, die nicht zur Boulevardpresse gehören, beispielsweise die *New York Times* oder die *Washington Post*, sind relativ schwierig zu lesen. Das gilt besonders für Artikel, die auf einer Seite beginnen und sich dann über eine oder mehrere weitere Seiten forsetzen. Man spricht davon, daß sie auf eine andere Seite »springen«, und viele Leser sind nicht bereit, die »Sprünge« der Artikel nachzuvollziehen. Die Zeitung *USA TODAY* hat diese ineffiziente Art, Meldungen darzubieten und zu lesen, abgeschafft: Hier beginnen und enden die meisten Artikel auf derselben Seite; mit anderen Worten: Man bietet »News McNuggets« an. Das erreichte man durch rücksichtsloses Kürzen der Beiträge, bei dem der Zusammenhang weitgehend verlorengeht (und keine Worte verschwendet werden); was bleibt, ist eine Reihe relativ nüchterner Fakten.

In dieser Hinsicht hatte *USA TODAY* einige Vorläufer, insbesondere das auch heute noch beliebte *Readers Digest*. Sein Grundprinzip lautete, »Magazinartikel zu schreiben, die den Leser erfreuen und ihm das Wesentliche eines Themas in der neuen, schnellebigen Zeit der zwanziger Jahre vermitteln, ohne Längen und literarische Ausschmückungen, die nur dem Autor oder dem Redakteur gefallen«.[26] Andere Vorläufer von *USA TODAY* waren Magazine wie *Newsweek*, *Time* und *Business Week*. Die Effizienz von *Business Week* im Vergleich zum *Wall Street Journal* betonten zwei Beobachter mit folgenden Worten: »Das Wesentliche ist, daß vielbeschäftigte Manager keine Zeit zu eingehender Lektüre haben; deshalb vergeuden sie keine Zeit damit, jeden Tag das *Wall Street Journal* zu lesen, wenn ein kurzer Blick in die *Business Week* genügt, um der Konkurrenz einen Schritt voraus zu sein.«[27]

Im religiösen Bereich zeigt sich die McDonaldisierung unter anderem an den Drive-in-Kirchen.[28] Eine weitere Form sind die weitverbreiteten religiösen Fernsehsendungen, mit denen die Religion bequem ins Wohnzimmer kommt. Ein besonders erwähnenswertes Beispiel für diese religiöse Rationalisierung war ein Ereignis im Jahr 1985: Damals gab der Vatikan bekannt, Katholiken könnten den Ablaß erhalten, wenn sie über Fernsehen oder Radio den jährlichen Weihnachtssegen des Papstes empfingen. (»Ablaß ist die Befreiung von Bestrafung bestimmter Sünden durch bestimmte Andachtshandlungen.«[29]) Zu früheren Zeiten mußten Katholiken die viel weniger effiziente Tätigkeit auf sich nehmen, nach Rom zu fahren und am Weihnachtssegen teilzunehmen; nur so, hieß es, könnten sie die »richtige Absicht und Einstellung« deutlich machen und den Ablaß persönlich empfangen.

### Henry Ford, »Genau rechtzeitig« und die »Effizienzexperten«

Wenden wir uns noch einmal der Autoindustrie zu: Als Henry Ford das Fließband zur Autoherstellung »erfand«, ging es ihm vor allem darum, in der Produktion Zeit, Energie und Geld zu sparen (das heißt effizienter zu arbeiten), um die Verkaufszahlen und Gewinne der Ford Motor Company zu steigern. Wie bereits erwähnt wurde, kam Ford auf die Idee durch das an der Decke angebrachte Förderbandsystem, das die Fleischer in Chicago beim Schlachten der Rinder verwendeten. Der Ochse wurde auf einer Schiene weiterbefördert, und mehrere hochspezialisierte Metzger führten jeweils ganz bestimmte Handgriffe aus, bis das Tier am Ende des Weges vollständig zerlegt war. Dieses System war eindeutig effizienter, als wenn ein einzelner Fleischer alle Tätigkeiten ausführte, die bei der Schlachtung erforderlich waren.

Auf der Grundlage dieser Erfahrung und mit seiner Kenntnis der Automobilbranche entwickelte Ford eine Reihe von Konstruktionsprinzipien für ein Autofließband, und diese Prinzipien gelten bis heute als Vorbild in Sachen Effizienz:

- Die Arbeiter sollen keinen unnötigen Schritt tun; die mit der Arbeit zusammenhängenden Bewegungen werden auf ein Minimum reduziert.

- Die Teile, die zum Zusammenfügen erforderlich sind, werden über die kürzestmöglichen Entfernungen transportiert.

- Zur Bewegung der Autos (und der Teile) von einer Station des Herstellungsprozesses zur nächsten dienen nicht menschliche, sondern mechanische Mittel. Zunächst bediente man sich der Schwerkraft, später wurden elektrische Fördereinrichtungen eingeführt.

- Komplizierte Bewegungsabläufe werden vermieden; der Arbeiter tut »soweit wie möglich nur eine Sache mit einer Bewegung.«[30]

Die Einführung des Fließbandes führte in der Autoherstellung zu einem drastischen Anstieg der Effizienz. Durch diese Pionierleistung konnte die Ford Motor Company in kürzester Zeit ihre Produktivität steigern, die Kosten senken und in der Folge den Umsatz und die Gewinne verbessern. Andere Autohersteller übernahmen kurz darauf ebenfalls das Fließband, und es wurde ganz oder in Teilen zum Vorbild für viele andere Branchen. Wie bereits betont wurde, macht sich der Einfluß des Fließbandes sowohl im Fast-food-Restaurant als auch in anderen Bereichen unserer McDonaldisierten Gesellschaft bemerkbar.

Heute beherrscht das Fließband nach wie vor die Autoindustrie, aber seine effizienteste Verkörperung findet es nicht mehr in und um Detroit, sondern in Japan. Die Japaner übernahmen nach dem Zweiten Weltkrieg die amerikanische Fließbandtechnik, die sie dann weiter verfeinerten und effizienter gestalteten. Aber Japan hat auch eigene Beiträge zur Effizienzsteigerung geleistet.

Ein gutes Beispiel ist das japanische System des »gerade rechtzeitig«, das an die Stelle des amerikanischen »nur für den Fall« trat. Es geht dabei um den Materialnachschub in der Produktion und insbesondere am Fließband. Beim amerikanischen System des »nur für den Fall« wurden Teile in der Fabrik gelagert, bis man sie brauchte – oder »nur für den Fall«, daß man sie brauchte. Das führt zu Ineffizienz, insbesondere wenn Teile zu hohen Kosten gekauft und gelagert werden, die man nicht in naher Zukunft benötigt. Um dieser Ineffizienz zu begegnen, entwickelten die Japaner das System des »gerade rechtzeitig«: Die benötigten Teile treffen am Fließband genau zu dem Zeitpunkt ein, wo sie in das Auto oder ein beliebiges anderes Produkt eingebaut werden müssen. Damit ist die Ineffizienz des »nur für den Fall« beseitigt. Eigentlich werden auf diese Weise alle Zulieferer einer japanischen Firma zu Teilen einer großen Fließbandproduktion.

Am Ende dieses Kapitels soll ein letztes historisches Beispiel aus der Arbeitswelt für die Betonung der Effizienz stehen: Taylors »wissenschaftliche Betriebsführung.« Es ist wichtig, sich noch einmal damit zu beschäftigen, denn Taylors Nachfolger, die sich der wissenschaftlichen Betriebsführung bedienten, wurden als »Effizienzexperten« bekannt.

Taylors Beweggrund war die Überzeugung, daß die Vereinigten Staaten an »der Ineffizienz fast aller unserer täglichen Handlungen« litten und daß ein »Bedarf an größerer nationaler Effizienz« bestehe. Weitere Einzelheiten von Taylors Überlegungen werden uns in späteren Kapiteln begegnen, aber unter dem Gesichtspunkt der Effizienz lag der Schlüssel für ihn in den »Zeit-und-Bewegungs«-Studien, die seine Effizienz-experten durchführten. Die Studien sollten das ablösen, was Taylor als ineffiziente »Faustregel-Methoden« bezeichnete. Diese Methoden beherrschten zu jener Zeit die Arbeitswelt: Jeder arbeitete nach der Methode, die ihm als die beste erschien, um ein gegebenes Ziel zu erreichen.

Taylor formulierte eine Reihe von Schritten, die bei den Zeit-und-Bewegungsstudien zu befolgen waren:

1. Finde mehrere Arbeiter, am besten an unterschiedlichen Arbeitsplätzen, die für die fragliche Tätigkeit eine besondere Geschicklichkeit besitzen.

2. Untersuche sorgfältig die grundlegenden Bewegungen (aber auch die Werkzeuge und Geräte), die diese Leute bei ihrer Arbeit anwenden.

3. Miß die Zeit, die jeder dieser grundlegenden Schritte in Anspruch nimmt, mit dem Ziel, jeweils den effizientesten Ablauf zu finden.

4. Gestalte die Arbeit effizient, indem du alle ineffizienten Schritte beseitigst, zum Beispiel falsche, langsame und nutzlose Bewegungen.

5. Wenn du alle unnötigen Bewegungen beseitigt hast, kombiniere die effizientesten Bewegungen (und Werkzeuge) zu der berühmten (oder berüchtigten) »besten Art«, eine Aufgabe auszuführen.[31]

Heute hört man zwar von Taylor, Effizienzexperten und Zeit-und Bewegungsstudien nur noch wenig, aber ihre Wirkung ist in einer McDonaldisierten Gesellschaft deutlich spürbar. Im Fast-food-Restaurant (und bei seinen vielen Nachahmern) besteht das Ziel darin, den besten Weg zu finden und anzuwenden – beim Grillen der Hamburger, beim Bräunen der Pommes frites, bei der Zubereitung von Milchshakes, beim Umschlag der Kunden und bei allem anderen. Die effizientesten Methoden zur Ausführung der verschiedensten Tätigkeiten sind in Ausbildungshandbüchern festgeschrieben und werden den Managern beigebracht, die sie dann ihrerseits neuen Angestellten vermitteln. Das Fast-food-Restaurant und seine Technik sind so gestaltet und eingerichtet, daß sich das Ziel, möglichst viele Menschen mit Nahrung zu versorgen, so gut wie möglich erreichen läßt.

## Schlußfolgerung

Das Thema dieses Kapitels war die Effizienz in der McDonaldisierten Gesellschaft, also die Suche nach dem optimalen Weg zu einem Ziel. Es begann mit Ernährung und Diät; beschrieben wurden effiziente Einrichtungen wie die Autoschalter der Fast-food-Restaurants, Essen aus der Hand, die Entwicklung des selbstgekochten Fast food und die zunehmende Verbreitung spezialisierter Trainingsgeräte, die beispielsweise das Treppensteigen nachahmen. Im Zusammenhang mit dem Einkaufen war von der Effizienz der Ladenpassagen und der noch größeren Effizienz des Katalog- und Fernsehshoppings die Rede. Im Bereich der Freizeitgestaltung haben wir Videotheken, Pauschalreisen, Freizeitparks und moderne Sportstätten unter dem Gesichtspunkt ihrer Effizienz betrachtet. Es wurde gezeigt, daß die moderne Medizin durch Fließbandverfahren und »McDoctors« immer effizienter wird. Daß Bücher und Zeitungen ihre Effizienz gesteigert haben, wurde am Beispiel der auf Bestellung zusammengestellten Lehrbücher gezeigt, aber auch an der wachsenden Beliebtheit »sprechender Bücher« und an den »News McNuggets« in Zeitungen wie *USA TODAY*. Und schließlich stieg die Effizienz durch Henry Fords Fließband und F. W. Taylors »Effizienzexperten«. Effizienz ist also nicht nur die Norm in der Fast-food-Industrie, sondern man findet sie überall in unserer McDonaldisierten Gesellschaft.

# 4.
# Berechenbarkeit
## Große »Macs« und kleine Fritten

Zur McDonaldisierung gehört die Betonung von Dingen, die sich berechnen, zählen und quantifizieren lassen. Das bedeutet, daß Quantität zunehmend zum Maß für Qualität wird.[1] Auf diese Weise entsteht das Gefühl, Qualität sei gleichbedeutend mit einer bestimmten, meist (aber nicht immer) großen Menge.

### Whoppers, Whalers und Weight Watchers

Bei McDonald's war man sich von Anfang an des Mengengedankens bewußt, und er wurde auf unterschiedliche Weise hervorgehoben. Das sichtbarste Symbol für diese Betonung der Größe (das allerdings heute weitgehend verschwunden ist) waren jahrelang die riesigen Lettern (meist unter dem noch größeren Doppelbogen), die verkündeten, wie viele Millionen und später Milliarden Hamburger die McDonald's-Kette bereits verkauft hatte. Das war eine eher unbeholfene Art, jedermann wissen zu lassen, wie erfolgreich McDonald's war. (Nachdem dieser Erfolg in jüngerer Zeit allgemein bekannt ist, besteht für McDonald's weniger die Notwendigkeit, so unverschämt zu sein; deshalb sind solche Werbesprüche verschwunden, und auch der Doppelbogen ist kleiner geworden. Und wie wir in Kapitel 9 sehen werden, haben Proteste gegen diese grellen Zeichen ebenfalls dazu beigetragen, daß es sie praktisch nicht mehr gibt.) Man wollte den potentiellen

Kunden zu der Annahme verleiten, die ständig steigende Zahl der verkauften Hamburger sei nicht nur ein Zeichen für den Erfolg der Firma, sondern auch die Folge der guten Qualität des Produkts. Auf diese Weise wurde – allerdings unausgesprochen – die Verbindung zwischen hohen Verkaufszahlen und Qualität hergestellt; Quantität wurde mit Qualität gleichgesetzt.

Diese Betonung der Quantität übernimmt McDonald's auch bei der Benennung der Gerichte, insbesondere beim »Big Mac«. Das Schwergewicht liegt dabei auf der Nahrungsmenge, die der Kunde erhält. Ein großer Hamburger gilt als erstrebenswert, einfach weil er groß ist. Außerdem steckt eine unausgesprochene Berechnung dahinter. Der Verbraucher soll annehmen, er bekomme eine *große* Menge des Produkts für *wenig* Geld. Bei Kunden, die rechnen, entsteht auf diese Weise das Gefühl, sie hätten nicht nur ein gutes Geschäft gemacht, sondern auch vielleicht das beste Produkt von McDonald's bekommen. Wenn es schon nichts umsonst gibt, so glauben sie, haben sie zumindest sehr billig etwas bekommen.

Wie viele andere Aspekte der Tätigkeit von McDonald's, so spiegelt sich auch die Betonung der Quantität bei anderen Fast-food-Restaurants wider. Am auffälligsten ist das bei »Burger King«, wo man auf die Menge des Fleisches im Hamburger mit der Bezeichnung *Whopper* hinweist (englisch etwa »Riesending«; Anm. d. Übers.), und das Fischbrötchen heißt aus dem gleichen Grund *Whaler*. Dann gibt es da »Wendy's« mit den verschiedenen »Biggies«, unter anderem »Biggie Fries«. Entsprechend heißt die heiße Wurst, die »Seven-Eleven« seinen Kunden anbietet, *Big Bite*, die große Limonade wird als *Big Gulp* verkauft, und inzwischen gibt es auch den noch größeren *Super Big Gulp*. Die Betonung der Menge beschränkt sich in der McDonaldisierten Gesellschaft nicht nur auf Fast-food-Restaurants.

110

Auch auf diesem Gebiet eifern die Hersteller von Lebensmittelprodukten für den häuslichen Gebrauch den Fastfood-Restaurants nach: Sie bringen Produkte wie das »Big-Start«-Frühstück der Firma »Campbell Soup Company« auf den Markt.[2] Und um ein Beispiel zu nennen, das nicht aus dem Lebensmittelsektor stammt: »United Airlines« weist darauf hin, daß sie mehr Städte anfliegt als jede andere Fluggesellschaft.

An dieser Betonung der Menge ist vor allem interessant, daß offenbar überhaupt keine Neigung besteht, etwas über die Qualität mitzuteilen. »United Airlines« sagt uns nichts über die Qualität ihrer vielen Flüge, also zum Beispiel darüber, welcher Anteil der Maschinen pünktlich ist. Die Folge ist eine wachsende Sorge über das Absinken oder völlige Fehlen von Qualität, nicht nur in der Fast-food-Branche, sondern in der Gesamtgesellschaft.[3] Wären die Fast-food-Restaurants daran interessiert, auf Qualität hinzuweisen, würden sie ihren Produkten vielleicht Namen wie »Delicious Mac«, »Mac mit Vorzugsfleisch« oder »Reinrind-Hamburger« geben. (Man müßte sicher noch ein Genie aus der Werbebranche anheuern, um diese Betonung der Qualität mit schlauen Sprüchen zu vermitteln.) In Wirklichkeit weiß aber der durchschnittliche McDonald's-Kunde, daß er *nicht* gerade Essen von hoher Qualität bekommt. Eine Beobachtung über den Hamburger von McDonald's liest sich so:

»Niemand, wirklich niemand außer ein paar Spitzenmanagern von McDonald's weiß genau, was in diesen Hamburger-Frikadellen eigentlich drin ist, und gleichgültig, woraus sie bestehen, man kann sie leicht völlig übersehen. Einmal klappte ich das Brötchen auf ... und da sah ich die Frikadelle im nackten Zustand. Sie ähnelte einem kleinen Topfschwamm – ich habe es nie mehr vergessen.

Aber so ist es. Niemand denkt darüber nach, was bei McDonald's in dem Brötchen steckt. Man kauft, ißt, wirft den Abfall weg, und schon ist man wieder draußen wie der Präriewolf.«[4]

Ein Beobachter argumentierte, man suche McDonald's nicht auf, weil man eine wohlschmeckende, erfreuliche Mahlzeit zu sich nehmen wolle, sondern zum »Nachtanken«.[5] Zu McDonald's gehen wir, wenn wir den Magen mit einer Menge Kalorien und Kohlenhydraten füllen wollen, so daß wir uns der nächsten rationalisierten Tätigkeit zuwenden können. Das Essen als »Nachtanken« zu betrachten ist weitaus effizienter, als wenn man auf ein angenehmes Eß-Erlebnis aus ist.

Der Hang der Fast-food-Restaurants, die Qualität zugunsten hoher, schnell erzielter Umsatzzahlen zu vernachlässigen, zeigt sich besonders deutlich an der traurigen Geschichte des Colonel Harland Sanders, der die Kette »Kentucky Fried Chicken« gründete. Die Qualität seiner Zubereitungsmethode und seine geheime Gewürzmischung (die seine Frau selbst herstellte, abpackte und verschickte) führte zu großen Erfolgen und bis 1960 zu einer Kette von etwa 400 Filialen. Sanders fühlte sich stark der Qualität verpflichtet, und das galt vor allem für seine Bratensoße: »Für Sanders selbst war die Bratensoße die Krönung seiner Kunst, die Mischung aus Kräutern und Gewürzen, die Zeit und Geduld ihn gelehrt hatten. Er hatte den Ehrgeiz, die Bratensoße so gut zu machen, daß die Leute nur noch die Soße aßen und ›das blöde Hähnchen‹ wegwarfen.«[6]

Im Jahr 1964 verkaufte Sanders sein Unternehmen, und von da an war er eigentlich nur noch Sprecher und Aushängeschild von »Kentucky Fried Chicken«. Die neuen Eigentümer machten schnell deutlich, daß sie auf (quantifizierbare) Geschwindigkeit mehr Wert legten als auf Qualität: »Die Soße des Colonel war hervorragend, das fanden sie auch ... aber sie war zu kompliziert, zu zeitaufwendig, zu teuer. Sie mußte verändert werden. Es war kein Fast food.« Ray Kroc, der sich des Colonel Sanders annahm, zitiert ihn mit den Worten: »Dieser Sch...verein! Sie haben alles kaputtgemacht. Ich hatte die tollste Soße der Welt, und diese Idioten haben sie verlängert und verwässert ... es ist zum Verrücktwerden!«

Die Kunden erwarten von einem Fast-food-Restaurant bestenfalls mäßig gute Lebensmittel, aber mit kräftigem Geschmack. Deshalb liegt das Schwergewicht auf starken, einfachen Geschmacksrichtungen: salzig-süße Pommes frites, stark gewürzte »Spezialsaucen«, Shakes mit Saccharin. Bei vielen Fast-food-Gerichten sind süßer und salziger Geschmack kombiniert. Bei derart geringen Qualitätserwartungen stellen die Kunden größere Ansprüche in Sachen Quantität. Sie wollen eine Menge zu essen haben, *und* sie erwarten, daß es relativ billig ist.

Aber dann wird sogar behauptet, die Vorstellung, man bekomme in einem Fast-food-Restaurant eine Menge Essen für wenig Geld, sei mehr Illusion als Wirklichkeit. In der Limonade ist viel Eis, und den Hamburger vergrößert das umfangreiche, schwammige (und billige) Brötchen. Eine Illusion ist insbesondere die Pommes-frites-Portion. Die Kartoffelstäbchen werden in einer besonderen Tüte so angeordnet, daß es für den Kunden aussieht, als bekäme er eine große Menge. Tüten und Schachteln sind so konstruiert, daß sie sich am oberen Rand auszubeulen und von Pommes frites überzufließen scheinen. Um die Illusion weiter zu verstärken, sind die Schachteln für die große Pommes-frites-Portion bei McDonald's innen gestreift. In Wirklichkeit enthält die Packung im Verhältnis zum Preis relativ wenig Pommes frites, der Wert der Kartoffeln liegt nur bei ein paar Pfennigen. In den Pommes frites steckt eine große Gewinnspanne. Nach einem Bericht von Reiter werden sie bei »Burger King« zu 400 Prozent der

Herstellungskosten verkauft! In Wirklichkeit ist die Rechnung des Verbrauchers also falsch: Er bekommt eben *nicht* viel für wenig Geld. Das gilt nicht nur für die Pommes frites, sondern auch für die anderen Positionen auf der Speisekarte eines Fast-food-Restaurants. Für die Getränke beträgt die Gewinnspanne bei »Burger King« zum Beispiel 600 Prozent.[7]

Angesichts des gewaltigen Menschenandrangs in dieser Branche ist es ganz klar, daß hier große Gewinne zu holen sind, und man holt sie auf die altmodische Weise: indem man die Leute dazu bringt, im Verhältnis zur Gegenleistung relativ viel zu bezahlen.

Der Gerechtigkeit halber muß man anmerken, daß man in einer Fast-food-Filiale vermutlich mehr Lebensmittel für weniger Geld bekommt als in einem herkömmlichen Restaurant. Aber das gleichen die Fast-food-Ketten aus, indem sie mehr Umsatz machen. Bei jedem einzelnen Gericht ist ihr Gewinn vielleicht geringer, aber dafür verkaufen sie viel mehr Gerichte.

Die Betonung der Verkaufszahlen und der Größe der angebotenen Gerichte sind nicht die einzige Art, wie Fast-food-Restaurants die Menge in den Vordergrund stellen. Ein weiteres Beispiel ist die Geschwindigkeit, mit der eine Mahlzeit »serviert« werden kann. Ray Krocs erste Filiale hieß sogar *McDonald's Speedee Service Drive-In*. Früher versuchte man bei McDonald's, eine Mahlzeit mit Hamburger, Shake und Pommes frites in 50 Sekunden bereitzustellen. Einen großen Durchbruch erzielte das Restaurant 1959, als es in 110 Sekunden die Rekordzahl von 36 Hamburgern fertigstellte. Und heute hat »Burger King« das Ziel, den Kunden innerhalb von drei Minuten nach Betreten des Restaurants zu bedienen.[8]

Geschwindigkeit als quantifizierbarer Faktor ist in einem *Fast-food*-Restaurant natürlich von enormer Bedeutung. Sie ist ein weiterer Grund, warum die Fast-food-Branche so begeistert von den Autoschaltern war: Mit ihnen ließ sich die Zeit, in denen ein Kunde durch das Fast-food-Restaurant geschleust wird, drastisch reduzieren. Noch wichtiger ist Geschwindigkeit in der Branche der Pizzadienste. Wie viele Pizzas man verkauft, hängt nicht nur davon ab, wie schnell man sie herstellen kann, sondern damit die Pizza heiß und frisch ankommt, muß man sie auch schnell transportieren (auch wenn sie durch besondere Isolierbehälter länger warmgehalten wird). Diese Betonung der schnellen Zustellung hatte mehrere Skandale zur Folge, weil die meist jungen Auslieferungsfahrer wegen des Drucks, schnell beim Kunden zu sein, in schwere und manchmal tödliche Autounfälle verwickelt wurden.

Ein weiterer Aspekt der Betonung von Quantität ist die Genauigkeit, mit der alle Zutaten eines Fast-food-Gerichtes abgemessen werden. So wird beispielsweise bei McDonald's darauf geachtet, daß jede rohe Hamburger-Frikadelle genau 1,6 Unzen (45,36 Gramm) wiegt, nicht mehr und nicht weniger. Die vorgegarte Frikadelle hat einen Durchmesser von 9,84 cm, und das Brötchen mißt 8,9 cm im Durchmesser. Durch diese Maße kann die Frikadelle ein wenig über das Brötchen hinausragen und die Illusion von Größe vermitteln. McDonald's entwickelte auch ein Gerät, das »Fatylizer« genannt wurde und sicherstellt, daß der Fettgehalt des Hamburger-Fleisches (in der normalen Form vor Einführung der »Light«-Gerichte) nicht über 19 Prozent liegt. Das ist wichtig, denn bei größerem Fettgehalt würden die Frikadellen beim Braten stärker schrumpfen, und dann könnte man nicht mehr so gut die Illusion von einem Stück Fleisch hervorrufen, das so groß ist, daß es kaum in das Brötchen paßt. Und die Pommes-frites-Tüte vermittelt nicht nur den Eindruck von einer Riesenmenge Kartoffelstäbchen, sondern sie trägt auch dazu bei, daß in jeder Packung ungefähr die gleiche Anzahl davon steckt. Die neuen Getränke-Zapfgeräte sorgen dafür, daß in jeden Becher die richtige Menge fließt, ohne daß Verluste durch Verschütten eintreten.

Bei »Arby's« hat man das Garen und Servieren von Roastbeef auf eine Reihe genauer Meßprozeduren reduziert. Jedes Stück Fleisch wiegt zu Beginn zehn amerikanische Pfund (4,5 kg). Es wird bei 200 Grad Fahrenheit (93,33 °C) dreieinhalb Stunden lang gegart, bis die Temperatur im Inneren bei 135 Grad Fahrenheit (57,22 °C) liegt. Dann läßt man es weitere 20 Minuten in der eigenen Hitze garen, bis die Innentemperatur auf 140 Grad Fahrenheit (60 °C) angestiegen ist. Bei dieser Vorgehensweise und solchen Messungen braucht »Arby's« keinen ausgebildeten Koch; Rindfleisch kann bei dieser Kette jeder zubereiten, der lesen und zählen kann. Wenn das Stück Fleisch gar ist, wiegt es zwischen 4195 und 4280 Gramm. Auf jedes Roastbeef-Sandwich kommen drei Unzen (ca. 85 Gramm) Fleisch. Aus jedem Stück Fleisch kann »Arby's« also 47 Sandwiches (mal eins mehr, mal eins weniger) herstellen.

»Burger King« hat die Qualitätskontrolle der Produkte auf eine Reihe meßbarer Größen reduziert. Die Hamburger müssen nach dem Garen innerhalb von zehn Minuten verkauft sein. Pommes frites dürfen höchstens sieben Minuten unter dem Heizstrahler liegen. Ein Manager darf 0,3 Prozent aller Lebensmittel wegwerfen.

Die Filialketten für gefrorenen Joghurt, die in den letzten Jahren florieren, haben das gleiche Prinzip begeistert übernommen. Statt einfach einen Behälter bis zum Rand zu füllen, wie es früher in den Eisdielen üblich war, wird heute jede Portion gewogen, damit gewährleistet ist, daß sie die richtige Joghurtmenge enthält.

Natürlich werden genau meßbare Größen nicht nur beim Fast-food-Restaurant und seinen Nachahmern in den Vordergrund gestellt. Nehmen wir zum Beispiel das Kochbuch. In dem ersten *Boston Cooking School Cook Book* von 1896 betont Fannie Farmer (ja, es gab sie wirklich), wie wichtig genaue Messungen für eine rationelle häusliche Küche sind:

»Bevor sie starb, hatte sie die Ausdrucksweise in amerikanischen Küchen verändert: Statt ›eine Prise‹, ›ein Spritzer‹ oder ›ein gehäufter Löffel‹ – solche unbestimmten Angaben verabscheute sie – gab es jetzt ihre eigenen, genauen, standardisierten, wissenschaftlichen Begriffe, und damit vermittelte sie eine einfache, verläßliche Art des Kochens, mit der auch unerfahrene Köchinnen zurechtkamen. Auf Fannie Farmer, »die Mutter genauer Messungen«, gehen beliebte und heute alltägliche Küchenbegriffe zurück: ein gestrichener Teelöffel, ein halber Teelöffel, der Meßbecher, das Thermometer am Backofen und ›40 Minuten lang bei 350 Grad garen‹«.[9]

Zum Essen gehört Rechnen nicht unbedingt dazu, wohl aber zur Diät. Die Schlankheitsindustrie ist riesig und wächst immer weiter. Ihre Produkte sind Schlankheitsmedikamente, Schlankheitsbücher, Gymnastik-Videos, Schlankheitsgerichte, Schlankheitsgetränke, Kliniken zur Gewichtsabnahme und »Schönheitsfarmen«.[10] Daß die Schlankheitsindustrie von der Meßbarkeit besessen ist, liegt in der Natur der Sache. Gewicht, seine Ab- oder Zunahme und Zeiträume werden genau gemessen. Die Nahrungsaufnahme wird exakt erfaßt und überwacht. Auf den Packungen der Schlankheitsmahlzeiten sind Gewicht, Kalorienzahl und vieles andere genau aufgeführt.

Organisationen wie »Weight Watchers« und »Nutri/System« sind von Meßbarkeit besessen. Daß sie sich bemühen, die tägliche Kalorienzufuhr, den Kaloriengehalt der einzelnen Lebensmittel und die wöchentliche Gewichtsabnahme zu messen, kann eigentlich nicht überraschen. Verblüffend ist aber ihr Bestreben, immer mehr Gerichte anzubieten, die sich schnell zubereiten lassen. »Nutri/System« prahlt zum Beispiel damit, daß die meisten gefriergetrockneten Vorspeisen der Firma »in weniger als fünf Minuten fertig sind. Sie brauchen also in der Küche nicht viel Zeit zu verbringen.« Immer bestrebt, die Zeit der Nahrungszubereitung weiter zu verkürzen, bietet »Nutri/System« inzwischen »immer mehr mikrowellengeeignete Gerichte an, die 90 Sekunden nach dem Auspacken eßfertig auf dem Teller liegen«.

## Die Mona Lisa, thirtysomething und Michael Jordan

Die Pauschalrundreise legt das Schwergewicht eindeutig auf die Quantität der besuchten Sehenswürdigkeiten und nicht auf die Qualität dieser Besuche. Natürlich ist es unmöglich, in ein oder zwei Tagen ein wirkliches Gespür für Paris zu bekommen oder im Louvre (einem riesigen Museum) bei einer Stippvisite mehr zu tun, als zur Mona Lisa zu stürzen, einen Blick auf das Meisterwerk zu werfen und wieder in den Bus zu steigen. Man sieht eine *Menge* (oft durch das Busfenster) in *vielen* verschiedenen Ländern, aber was die Qualität angeht, sind die Besichtigungen sehr oberflächlich. Wenn Touristen von einer solchen Reise zurückkommen, können sie prahlen – mit der Zahl der besuchten Länder und Sehenswürdigkeiten, mit Dias und Videofilmen. (Und sie können ihre Bekannten stundenlang mit Dia- oder Videovorführungen von der Reise langweilen.) Aber bei der Art solcher Touren haben die Teilnehmer einer Pauschalreise große Mühe, wenn sie ihren Freunden über die besuchten Länder oder Sehenswürdigkeiten etwas erzählen sollen.

Was wir im Fernsehen geboten bekommen, ist stark und sogar fast ausschließlich von quantitativen und nicht von qualitativen Faktoren bestimmt. Nicht die Qualität einer Sendung bestimmt darüber, ob sie ausgestrahlt wird, sondern die Einschaltquote und damit die Werbeeinnahmen, die sie vor-

aussichtlich bringen wird. Ein stellvertretender Programmdi-
rektor der Fernsehgesellschaft ABC sprach diese Betonung
von Quantität statt Qualität einmal klar aus: »Die Programmgestaltung des kommerziellen Fernsehens dient dazu, die Zuschauer zu den Werbeblöcken zu locken, die das Programm
einrahmen … Eigenständige, kreative ästhetische Werte (das
heißt Qualität!) sind wichtig, aber sie stehen immer an zweiter Stelle.«[11]

Geplante Sendungen werden einem Testpublikum vor-
geführt, weil man voraussagen will, welche Shows die höchsten Einschaltquoten bringen. Man produziert Pilotsendun-
gen für neue Serien, und diejenigen, welche die höchsten
Einschaltquoten erreichen oder die Möglichkeit solcher
Quoten versprechen, werden für regelmäßige Sendeplätze
ausgewählt. Über das Schicksal von Fernsehsendungen bestimmen Marktforschungsfirmen wie Nielsen. Man sagt sogar: »Nielsen ist Fernsehen.«[12] Ein ABC-Manager äußerte einmal: »Wir haben immer diese Zahlenreihen gehabt … sie
sind die Grundlage für Programmentscheidungen.«

In ausgewählten Zuschauerhaushalten werden raffinierte
Meßgeräte installiert. Bei der derzeitigen Technik müssen die
Testzuschauer auf Knöpfe der Fernbedienung drücken, um
anzuzeigen, wann sie mit dem Fernsehen anfangen und auf-
hören. Das Gerät beginnt in regelmäßigen Abständen zu blin-
ken, weil es wissen will, ob der Betreffende noch zusieht. Als
Antwort muß der Zuschauer einen »OK-Knopf« betätigen.
Bald wird es aber wahrscheinlich ein neues Zuschauer-Meß-
gerät geben, das die Fernsehgewohnheiten völlig ohne Zutun
des Betroffenen registriert.

Die Einschaltquoten werden nach der Zahl der von
Nielsen ausgewählten Haushalte ermittelt, die das jeweilige
Programm gewählt haben. Sendungen mit hoher Sehbeteili-
gung erzielen hohe Werbeeinnahmen und erfreuen sich des-

halb auf dem Bildschirm eines langen Lebens. Bei niedriger Quote verschwinden sie meist sehr schnell. Natürlich sagen die Einschaltquoten nichts über die Qualität einer Sendung. Im Gegenteil: Sehr hochwertige Programme erzielen oft nur eine niedrige Sehbeteiligung. Aus diesem Grund gibt es das »public broadcasting« (PBS) (entspricht etwa dem öffentlich-rechtlichen Fernsehen; Anm. d. Übers.), das staatlich finanziert wird und sich deshalb wesentlich mehr für die Qualität der Sendungen als für die Einschaltquoten interessiert.

In Europa werden Fernsehanstalten in wesentlich mehr Fällen von staatlichen Stellen und nicht privat betrieben. Sie sind deshalb weniger stark von den Wünschen der kommerziellen Geldgeber nach hohen Einschaltquoten abhängig und legen mehr Wert auf ein hochwertiges Programm. Deshalb sieht man im europäischen Fernsehen wesentlich mehr qualitätvolle Sendungen als in Amerika. Man sollte allerdings anmerken, daß auch diese öffentlich-rechtlichen Anstalten eine ganze Reihe der beliebtesten amerikanischen Serien übernehmen. Und seit es in Europa ebenfalls verschiedene private Kabel- und Satellitenprogramme gibt, wird die Qualität des Fernsehens in Europa sich in Zukunft vermutlich dem annähern, was heute in Amerika geboten wird.

Die Systeme zum Ermitteln der Einschaltquoten sind im Laufe der Jahre immer raffinierter geworden. Man richtet sich nicht nur nach den reinen Zahlen, sondern bei manchen Sendungen hängen Erfolg und Mißerfolg von ihrer Beliebtheit bei ganz bestimmten Bevölkerungsgruppen ab. Firmen, deren Werbung sich vorwiegend an einzelne Konsumentengruppen richtet, finanzieren eine Sendung unter Umständen auch bei einer insgesamt niedrigen Einschaltquote, solange sie in der Gruppe, die man ansprechen möchte, eine hohe Sehbeteiligung erreicht. Ein Beispiel ist die Serie *thirtysomething*, bei der die Einschaltquote insgesamt nur mäßig war; sie wurde weiterhin ausgestrahlt, weil sie sich bei den konsumorientierten sogenannten Yuppies großer Beliebtheit erfreute. Hier sind zwar verfeinerte statistische Methoden erforderlich, aber man orientiert sich immer noch an quantitativ meßbaren Größen. Über die Qualität von Sendungen wie *thirtysomething* kann man streiten, aber sie blieb so lange im Programm, wie sie in einer bestimmten Bevölkerungsgruppe eine hohe Einschaltquote erreichte.

Auch die Qualität verschiedener Sportarten hat sich verändert, und in den Augen mancher Leute wurde sie im Namen quantitativ erfaßbarer Größen geopfert. Bleiben wir noch einen Augenblick beim Fernsehen: Sportveranstaltungen haben sich gewandelt, weil man Fernsehverträge und die daraus erwachsenden gewaltigen Einnahmen brauchte. (In dieser Hinsicht steht der Sport nicht allein; in der Politik erwägt die Demokratische Partei, ihre Parteitage zu kürzen und zu straffen, um sie fernsehgerechter zu machen.[13]) Viele Sportverbände beziehen einen relativ großen Teil ihrer Einnahmen aus Fernsehverträgen, und deshalb sind sie auch bereit, die Interessen der persönlich anwesenden Zuschauer und sogar den Wettkampf selbst hintanzustellen, um die Fernsehbezüge zu steigern.

Ein gutes Beispiel ist die sogenannte Fernseh-Auszeit. Zu früheren Zeiten sendete man Werbeinblendungen während der natürlichen Spielunterbrechungen, zum Beispiel wenn eine Mannschaft eine Auszeit nahm, in der Halbzeitpause oder zwischen den Spielabschnitten beim Baseball. Aber das bedeutete, daß die Werbung zu sprunghaft und zu selten erschien und deshalb nicht die immer höheren Beträge einbrachte, welche die werbenden Firmen zu zahlen bereit waren. Das führte dazu, daß bei Sportarten wie American Football und Basketball regelmäßige Fernseh-Auszeiten eingeführt wurden. Auf diese Weise konnten die Sportveranstal ter ihre Werbeeinnahmen maximieren, aber nach Ansicht vieler Zuschauer wurde dabei die Qualität des Sports geopfert. Eine Fernseh-Auszeit im falschen Augenblick kann zum Beispiel dazu führen, daß eine Mannschaft ihren Elan verliert. Deshalb verändern solche Unterbrechungen die Qualität einer Sportart, und gelegentlich beeinflussen sie sogar das Ergebnis eines Spiels. Unangenehme Auswirkungen haben sie auch für die Fans, die Geld dafür bezahlen, um solche Sportereignisse persönlich mitzuerleben. Aus ihrer Sicht unterbrechen die Auszeiten den Spielfluß. Der Fan zu Hause kann sich wenigstens die Werbung ansehen; die Zuschauer im Stadion haben dagegen nichts zu sehen, bis die Werbung zu Ende ist und das Spiel weitergeht. Die Geldgeber der Mannschaften betrachten solche negativen Auswirkungen auf den Sport jedoch als geringfügig im Vergleich zu dem wirtschaftlichen Gewinn durch die vermehrte Werbung.

Betrachtet man den Sport selbst, dann ist klar, daß hier von Natur aus das Schwergewicht auf der Qualität des einzelnen (zum Beispiel eines Basketball-Akrobaten wie Michael Jordan) und der Mannschaften (zum Beispiel beim Zusammenspiel der Boston Celtics) mit ihren Leistungen liegt. Gleichzeitig waren quantitative Faktoren im Sport immer von größter Bedeutung. In vielen Fällen ist Qualität unmittelbar mit Quantität gekoppelt – mit der besseren Leistung, der höheren Punktzahl, der größeren Zahl gewonnener Spiele. Im Sport gab es also immer eine enge Verbindung zwischen Quantität und Qualität.

Im Laufe der Jahre wurde aber im Sport immer größeres Gewicht auf die quantitativ erfaßbaren Aspekte gelegt. Ein Beobachter beschrieb diesen Trend so:

»Ein charakteristisches Kennzeichen des modernen Sports ist das fast unentrinnbare Bestreben, *jede* sportliche Leistung in eine quantifizierbare, meßbare Form zu bringen. Die Anhäufung statistischer Daten über jeden denkbaren Aspekt des Spiels ist ein besonderes Merkmal von Football, Baseball, Hockey und Leichtathletik; hier hat die Genauigkeit der quantitativen Erfassung dank einer immer präziseren Technik ein Ausmaß erreicht, das eine Stoppuhr angenehm primitiv erscheinen läßt.«[14]

Die Betonung des Quantitativen hat nicht nur immer mehr zugenommen, manche Sportarten wurden sogar verändert, damit quantitative Erfassung möglich wurde: »Wie kann man einen Wettbewerb in Gymnastik, in Ästhetik vernünftig und quantitativ erfassen? Heute erscheint die Antwort offensichtlich. Man stellt eine Leistungsskala auf und bestimmt ein Gremium von Wertungsrichtern, und dann nimmt man den arithmetischen Mittelwert aus den subjektiven Beurteilungen … Nadia Comeneci erreichte in Montreal genau 79,275 Punkte, nicht mehr und nicht weniger. Man darf die Erfindungsgabe des Homo mensor nicht unterschätzen.«[15]

Die wachsende Bedeutung des Quantitativen kann sich gelegentlich auch im Sport negativ auf die Qualität auswirken. Ein Basketballstar, der sich gerne einzeln hervortut, um so viele Punkte wie möglich zu erzielen, wirkt sich zum Beispiel manchmal schädlich auf seine Mannschaftskameraden und die Gesamtleistung der Mannschaft aus. Aber das ist in diesem Bereich nicht das Grundproblem. Solche Schwierigkeiten ergeben sich vielmehr aus dem Versuch, den Sport zu McDonaldisieren, indem man zum Nachteil der Spielqualität versucht, Punktzahlen und ähnliche Dinge auf ein Maximum zu treiben.

Im Basketball hat das die Form der 24-Sekunden-Grenze bei den Profis, das bei College-Mannschaften der 45-Sekunden-Grenze entspricht. Das bedeutet, daß die angreifende

Mannschaft innerhalb von 24 oder 45 Sekunden einen Wurf versuchen muß. Vor noch nicht allzu langer Zeit war Basketball eher ein gemächlicher Sport. Eine Mannschaft spielte den Ball über das Feld, und zwar so lange, bis ein Spieler in eine gute Wurfposition kam. Zu jener Zeit freuten sich die Basketballfans über die Strategien und Manöver, die es dabei zu sehen gab. Gegen Spielende konnte eine Mannschaft, die einen leichten Vorsprung hatte, den Ball »festhalten«, das heißt, sie ging nicht das Risiko eines Fehlwurfs ein, der den Gegner in Ballbesitz gebracht hätte, so daß er die Chance zum Aufholen oder sogar zum Ausgleich bekam.

In den letzten Jahrzehnten gelangten die Funktionäre im College- und Profi-Basketball zu der Ansicht, die Fans der McDonaldisierten Ära wollten schnellere Spiele und mehr Treffer sehen. Mit anderen Worten: Die Fans erwarteten vom Basketball das gleiche wie von ihren Fast-food-Restaurants – Geschwindigkeit und Menge. Man nahm – offenbar zu Recht – an, schnellere Spiele mit höheren Punktzahlen würden größere Aufmerksamkeit und mehr Gewinne mit sich bringen. Die Einführung der 24- und 45-Sekunden-Grenze führte deshalb zu einem schnellfüßigeren Spiel mit mehr Treffern, weil es wesentlich mehr Wurfversuche gab. Aber nach Ansicht vieler Baketballjünger wirkte sich die Spielweise des »Rennens und Werfens«, die durch die Zeitbegrenzung aufkam, schädlich auf die Spielqualität aus. Die Zeiten der raffinierten Spielzüge und Strategien einzelner Spieler und ganzer Mannschaften, die das Spiel für Puristen interessant machten, sind vorüber. Aber Basketball mit »Rennen und Werfen« paßt gut in die McDonaldisierte Welt des »Essen und Fahren«, in der man eine Mahlzeit am Autoschalter kauft und auf der Fahrt verzehrt.

Beim Baseball haben die Geldgeber schon vor langer Zeit entschieden, daß die Fans punktreiche Spiele sehen wollten, mit vielen Treffern, »Home Runs« und »Runs«, die Punkte brachten, und nicht die Duelle der »Pitcher«, bei denen das Endergebnis schließlich 1-0 lautet. Man benutzt schnellere Bälle, die weiter fliegen als der altmodische Baseball. In manchen Baseballstadien hat man die Begrenzung der Außenfelder näher am »Home Plate« angebracht, so daß ein »Home Run« leichter zu erreichen ist. Und der Kunstrasen, der in vielen Stadien an die Stelle des Grases getreten ist, läßt normale Bälle auf dem Boden schneller rollen, so daß »Base Hits« für die »Infield«-Spieler leichter werden.

Die bemerkenswerteste Maßnahme, mit der man das Offensivspiel verstärken will, findet sich in der »American League«, aber nicht in der eher konservativen »National League«: der sogenannte »designated Hitter«. Statt den eher schwach schlagenden »Pitcher« an das Schlagholz zu lassen, wenn er an der Reihe ist, wird er in der »American League« durch einen Spieler ersetzt, dessen größte (und manchmal einzige) Fähigkeit das Schlagen ist. Ein »designated Hitter« erzielt mehr Treffer, mehr »Home Runs« und mehr »Runs« als ein »Pitcher«, der zwischendurch schlagen darf.

Durch den »designated Hitter« im Baseball der »American League« ist die Zahl der punkteträchtigen »Runs« sicher gestiegen, aber er hat auch die Qualität des Spiels beeinflußt, und zwar manchen Ansichten zufolge negativ. Wenn ein »Pitcher« zum Beispiel in bestimmten Situationen am Schlag war, bediente er sich des »sacrifice bunt«, eines sehr kunstvollen Schlages. Der »designated Hitter« opfert dagegen kaum einmal einen »At-Bat«, um einem »Runner« durch »Bunting« einen Vorteil zu verschaffen. »Pinch Hitter« sind bei Einsatz eines »designated Hitter« von geringerer Bedeutung, weil viel weniger die Notwendigkeit eines »Pinch Hit« besteht, wenn ein geschickter »designated Hitter« in der Reihenfolge an die Stelle eines schwach schlagenden »Pitchers« tritt. Und wegen dieses geringeren Bedarfs an »Pinch Hits« kann der erste »Pitcher« länger im Spiel bleiben, und damit sinkt die Notwendigkeit, »Relief Pitchers« einzusetzen. (Allerdings hat die Spezialisierung im Baseball diesen Mangel mehr als wettgemacht. Wir sehen heute zweifellos nicht weniger, sondern mehr Einsätze von »Relief Pitchers«. Es gibt sogar verschiedene »Relief«-Spezialisten: den »long reliever«, der früh ins Spiel kommt, den »closer«, der das Spiel abschließt, wenn seine Mannschaft in Führung liegt, und »Reliever«, die sich auf rechts- und linkshändige »Batter« spezialisiert haben.) Aus diesen und anderen Gründen ist Baseball ein anderes Spiel, wenn »designated Hitters« eingesetzt werden. Mit anderen Worten: Die Qualität des Spiels hat sich durch die Betonung der Quantität gewandelt, und zwar manchen Ansichten zufolge zum Schlechteren.

## Junk-food-Journalismus, GPAs, Redefetzen und Abwurfgewichte

Ein interessantes Beispiel für die Betonung der Quantität anstelle der Qualität ist die Zeitung *USA TODAY*; sie ist bekannt für ihren »Junk-food-Journalismus«[16], das heißt für Meldungen ohne echten Inhalt. Statt detaillierter Berichte bietet *USA TODAY* eine große Zahl kurzer, leicht und schnell lesbarer Stories. Solche Zeitungen kann man ungefähr in der gleichen Zeit durchlesen, die man auch zum Verzehr einer Mahlzeit in einem Fast-food-Restaurant braucht. Ein Manager sagte: »*USA TODAY* muß Nachrichten und Informationen schnell und knackig verkaufen.«[17] Entsprechend stark, so ein Beobachter, fehlt es der Zeitung an Qualitätsbewußtsein, und in dieser Hinsicht ist sie mit dem Fast-food-Restaurant verwandt: »Wie Eltern, die ihre Kinder jeden Tag in einen anderen Fast-food-Schuppen führen und die Kühltruhe zu Hause mit Speiseeis vollstopfen, so gibt auch *USA TODAY* seinen Lesern nur das, was sie haben wollen. Keinen Spinat, kein Müsli, keine Leber.«[18]

Ein anderer Bereich, in dem quantitativ erfaßbare Größen immer mehr Gewicht erhalten, ist das Erziehungswesen. Im gesamten Ausbildungssystem geht es vorwiegend um Noten und Notendurchschnitte (in Amerika »grade point average« oder kurz GPA genannt); der Qualität des Erlernten und der erzieherischen Erfahrung schenkt man dagegen weit weniger Aufmerksamkeit. Alle Erfahrungen von High-School oder College lassen sich in einer einzigen Zahl zusammenfassen: dem GPA. Mit einem entsprechenden GPA ausgerüstet, können die Studenten dann quantitativ erfaßte Prüfungen wie PSAT, SAT und GRE ablegen. Universitäten und Berufsschulen brauchen nur drei oder vier Zahlen, um zu entscheiden, ob sie einen Bewerber aufnehmen. Und die Studenten können anhand der Bewertung einer Universität entscheiden, ob sie sich dort einschreiben wollen. Gehört sie zu den zehn besten Universitäten des Landes? Ist ihre Fakultät für Physik unter den »Top ten«? Stehen ihre Sportmannschaften in der Tabelle oben?

Wenn Arbeitgeber entscheiden müssen, ob sie einen Hochschulabsolventen einstellen sollen, können sie sich dabei sowohl nach den Noten und der Semester-Rangfolge richten als auch nach dem Platz, den die betreffende Universität auf der Rangliste einnimmt. Um die Berufsaussichten zu verbessern, können Studenten versuchen, zahlreiche verschiedene Abschlüsse und Titel zu sammeln, in der Hoffnung, daß zukünftige Arbeitgeber eine lange Liste von Zeugnissen mit hoher Qualifikation des Bewerbers gleichsetzen. Persönliche Empfehlungen spielen zwar manchmal eine Rolle, aber auch sie haben oft die Form quantitativer Bewertungen (zum Beispiel »gehört zu den besten fünf Prozent seines Jahrgangs«, oder »Fünfter von 25 Prüflingen«).

Die Zahl der Zeugnisse ist nicht nur bei der Stellensuche von Bedeutung. In verschiedenen Berufen hängen die Beschäftigten ihren Namen zunehmend lange Listen von Abkürzungen an, um mögliche Kunden von ihrer Fachkenntnis zu überzeugen. (Mein BA, MBA und PhD sollten dem Leser eigentlich klarmachen, daß ich die Kompetenz zum Schreiben dieses Buches besitze.) Ein Versicherungssachverständiger mit ASA, FSVA, FAS, CRA und CRE hinter seinem Namen sagte einmal: »Je mehr Abkürzungen man hinter den Namen stellt, desto stärker ist der Kunde beeindruckt.«[19] Aber die Zahl der Titel allein sagt wenig über die Fähigkeiten dessen, der sie zur Schau trägt. Außerdem hat die Wertschätzung der Quantität von Titeln dazu geführt, daß manche Leute ihrem Namen einfach willkürlich zusammengestellte Buchstaben anhängen. Der Leiter eines Jugendlagers stellte seinem Namen beispielsweise die Buchstaben ABD nach, um die Eltern möglicher jugendlicher Kunden zu beeindrucken. Die Kombination mag dem Laien ehrfurchtgebietend erscheinen, aber alle Akademiker kennen diese formlose und vorwiegend negative Abkürzung: Sie bedeutet »All But Dissertation« (alles außer Doktorarbeit) und bezeichnet Personen, die alle Prüfungen und Examen abgelegt, aber keine Doktorarbeit geschrieben haben. In diesem Zusammenhang sollte man auch anmerken, daß manche Organisationen inzwischen nur zu dem Zweck existieren, inhaltsleere Titel zu vergeben – oft einfach per Post.

Die Betonung quantitativ erfaßbarer Faktoren ist sogar bei Collegedozenten verbreitet. Unter anderem verwenden immer mehr Colleges und Universitäten Systeme, mit denen die Studenten die Ausbildung bewerten. Die Studenten beurteilen jede Lehrveranstaltung unter verschiedenen Gesichtspunkten, wobei jeder Aspekt auf einer Skala von eins (sehr schlecht) bis fünf (sehr gut) benotet wird. Am Ende des Semesters erhält der Professor eine Art Zeugnis mit einer Gesamtbewertung seiner Leistung in der Lehre und mit Einzelnoten für die verschiedenen Gesichtspunkte im Zusammenhang mit der Lehrveranstaltung. Dabei haben die Studenten kaum Gelegenheit, ihre Lehrer qualitativ zu beurteilen. Eine solche Bewertung durch die Studenten ist zwar aus mehreren Gründen wünschenswert, aber sie hat auch unglückselige Folgen. Zum Beispiel begünstigt sie im allgemeinen Professoren, die sich gut darstellen können, Humor haben und von den Studenten nicht zuviel verlangen. Der ernsthafte Professor, der an seine Studenten hohe Ansprüche stellt, schneidet in einem solchen Bewertungssystem meist nicht gut ab, auch wenn die Qualität dessen, was er lehrt (zum Beispiel Anzahl und Tiefgründigkeit der Ideen) unter Umständen weit höher ist als bei dem, was ein guter Selbstdarsteller vermittelt.

Quantitative Faktoren sind nicht nur in der Lehre wichtig, sondern auch beim Forschen und Veröffentlichen. In vielen Colleges und Universitäten stehen die Akademiker unter dem Druck des »publish or perish« (»publizieren oder untergehen«), und das führt dazu, daß man vor allem auf die Zahl der Veröffentlichungen blickt. Ein Lebenslauf mit einer langen Liste von Fachartikeln und Büchern gilt im allgemeinen mehr als ein kürzeres Publikationsverzeichnis. Diese Betonung des Quantitativen wirkt sich in mehrfacher Hinsicht negativ aus, unter anderem weil Professoren auch Arbeiten von minderer Qualität veröffentlichen, weil unausgereifte Befunde publiziert werden oder weil man die gleichen Ideen und Ergebnisse mehrmals in geringfügig abgewandelter Form veröffentlicht.

Ein weiterer quantitativer Faktor ist die Einstufung der Publikation, in der die Arbeit veröffentlicht wird. In den Naturwissenschaften haben Artikel in Fachzeitschriften einen hohen Stellenwert, während Bücher geringer bewertet werden. Im geisteswissenschaftlichen Bereich haben Bücher einen viel höheren Rang als in den Naturwissenschaften, und manchmal sind sie sogar prestigeträchtiger als Zeitschriftenaufsätze. Und auf den Gebieten, die das Schwergewicht auf Bücher legen, stehen bestimmte Verlage (zum Beispiel Universitätsverlage wie Chicago University Press) auf einer höheren Stufe als andere (vor allem kommerzielle Verlage oder die sogenannten »AEK-Verlage«, wobei »AEK« für »Autor auf eigene Kosten« steht, weil der Professor zumindest einen Teil der Herstellungskosten selbst bezahlt).

Ein noch raffinierteres Rangsystem besteht für Fachzeitschriften. In der Soziologie zum Beispiel wurde eine formelle Einstufung entwickelt, bei der manche Fachjournale einen hohen Stellenwert einnehmen, während andere in der Mitte der Skala und noch andere am unteren Ende stehen. Nach diesem System erhält zum Beispiel eine Veröffentlichung in der renommierten *American Sociological Review* den Höchstwert von zehn Punkten, wenn sie dagegen in dem viel weniger prestigeträchtigen (und da ich niemanden verletzen will, in Wirklichkeit nicht existierenden) *Antarctic Journal of Sociology* erscheint, ist sie nur einen Punkt wert. Mit einem solchen Punktesystem kann man allen Soziologen auf der Welt einen Punktwert für ihre Veröffentlichungen zuweisen. Danach wäre ein Professor, der für seine Fachaufsätze 340 Punkte erhält, doppelt so »gut« wie einer, der nur auf 170 Punkte kommt.

Aber wie in den meisten derartigen Fällen wirkt sich die Betonung der Quantität auch hier negativ auf die Qualität aus. Erstens ist es nämlich höchst unwahrscheinlich, daß sich die Lebensarbeit eines Professors auf eine einzige Zahl reduzieren läßt. Die Qualität einer Idee, einer Theorie oder eines Forschungsergebnisses quantitativ zu erfassen erscheint sogar unmöglich. Und zweitens hat dieses System nur indirekt mit

Qualität zu tun, denn die Einstufung richtet sich nach der Qualität der Zeitschrift, in der ein Artikel veröffentlicht wurde, und nicht nach der Qualität des Artikels selbst. Man unternimmt keinen Versuch, den Wert des Aufsatzes oder seinen Beitrag zu dem jeweiligen Wissenschaftsgebiet zu erfassen. Die Einstufung einer Zeitschrift ist manchmal ein sehr unzureichender Ersatz für die Bewertung eines einzelnen Artikels. Auch in den höchstrangigen Zeitschriften erscheinen dann und wann sehr schlechte Aufsätze, und manche hervorragenden Artikel findet man in niedrig bewerteten Publikationen.

Drittens schneidet ein Akademiker, der wenige hochwertige Aufsätze schreibt, in diesem System oft nicht gut ab, während jemand, der eine Menge mittelmäßige Arbeit liefert, einen höheren Punktwert bekommt. Ein solches System belohnt also eine große Zahl von Veröffentlichungen, unabhängig davon, ob sie gut sind oder nicht. Das bringt ehrgeizige Soziologen (und Wissenschaftler der meisten anderen Disziplinen) unter Umständen zu der Erkenntnis, daß man es sich nicht leisten kann, jahrelang eine einzige Arbeit zu vervollkommnen, weil es sich in der Punktwertung nicht auszahlt. Ein System, das soviel Wert auf die Menge der Veröffentlichungen legt, verlangt geradezu nach einer Menge mittelmäßiger Arbeit.

In den Natur- und Gesellschaftswissenschaften gibt es noch ein anderes quantitatives Maß, mit dem man die Qualität von Arbeiten bewerten will: Man zählt, wie oft die Arbeit eines Autors in den Arbeiten anderer Wissenschaftler zitiert wird. Dabei geht man von der Annahme aus, daß hochqualifizierte, wichtige und einflußreiche Arbeiten wahrscheinlich auch von anderen Gelehrten genutzt und zitiert werden. Dieser Annahme zufolge ist also eine Arbeit um so wichtiger, je öfter sie von anderen Wissenschaftlern genannt wird. Jedes Jahr wird deshalb eine ganze Reihe von Zitatlisten (»Citation

Indexes«) veröffentlicht. Mit diesen Verzeichnissen kann man für jeden Wissenschaftler auf der Welt, dessen Arbeiten von anderen zitiert werden, eine einzige Zitatenzahl angeben. Dabei stellt sich dann vielleicht heraus, daß ein Soziologe 140mal zitiert wurde, ein anderer aber nur 70mal. Auch hier ergibt sich scheinbar die Schlußfolgerung, daß die Arbeit des ersten doppelt so »gut« ist wie die des zweiten.

Aber wieder einmal stellt sich dabei das Problem, wie man Qualität zutreffend bewerten will, wenn man soviel Wert auf Quantität legt. Kann man die Bedeutung der wissenschaftlichen Arbeit eines Akademikers auf eine einzige Zahl reduzieren? Wenn die Arbeiten eines Forschers an wenigen zentralen Stellen genutzt wird, kann das unter Umständen viel wichtiger sein, als wenn ein anderer an vielen bedeutungslosen Stellen zitiert wird. Außerdem sagt die Tatsache, daß eine Arbeit zitiert wird, nichts darüber aus, wie andere diese Arbeit genutzt haben. Vielleicht haben viele Fachleute ein wertloses Stück Arbeit angegriffen, so daß es in ihren Arbeiten zitiert wird, und dann kann sein Urheber eine große Zahl von Zitaten vorweisen. Umgekehrt nehmen die Wissenschaftler vielleicht eine wirklich wichtige Arbeit nicht zur Kenntnis (zum Beispiel weil sie ihrer Zeit vorauseilt und so hoch entwickelt ist, daß andere Fachleute sie nicht in vollem Umfang verstehen), was dann für den Autor zu einer geringen Zahl von Zitaten führt. Wie immer, so läßt sich auch hier Quantität nicht ohne weiteres in Qualität ummünzen; oft weist sie sogar eher auf schlechte denn auf gute Qualität hin.

Kürzlich gab Donald Kennedy, der (inzwischen abgelöste) Präsident der Stanford University, eine Änderung des Prinzips bekannt, nach dem die Universität bei Einstellungen, Beförderungen und der Vergabe von Forschungsmitteln Wert auf die Menge der Veröffentlichungen legte. Er war beunruhigt über einen Bericht, wonach »fast die Hälfte der Wissenschaftler glaubte, ihre Fachaufsätze würden bei Personalentscheidungen nur gezählt, aber nicht bewertet«. Kennedy sagte:

»Erstens sind wir uns, so hoffe ich, einig, daß die Idee, die Quantität der Forschungsergebnisse zum Kriterium für Einstellung und Beförderung zu machen, nicht haltbar ist … Die Massenproduktion akademischer Routinearbeit ist einer der ungeheuerlichsten Gesichtspunkte des heutigen wissenschaftlichen Lebens: Wirklich wichtige Arbeiten gehen in der reinen Menge häufig unter; das ist eine Verschwendung von Zeit und kostbaren Finanzmitteln.«[20]

Um das Problem in den Griff zu bekommen, schlug Kennedy vor, man solle nur noch eine begrenzte Zahl von Veröffentlichungen zur Grundlage von Personalentscheidungen machen. Eine solche Begrenzung, so hoffte er, werde »die erschreckende Ansicht beseitigen, Zählen und Wiegen seien die entscheidenden Mittel zur Bewertung wissenschaftlicher Arbeit«. Ob Stanford – von der übrigen akademischen Welt Amerikas ganz zu schweigen – es schafft, den Vorrang der Quantität vor Qualität auf diese Weise zurückzudrängen, bleibt abzuwarten.

Der politische Bereich bietet ebenfalls eine Reihe interessanter Beispiele für die Betonung quantitativ erfaßbarer Größen. Kandidaten für politische Ämter sind besessen von ihrer Einstufung in Umfragen und verändern ihre Ansichten und Handlungen häufig so, daß es nach Ansicht ihrer Demoskopen zu einer Verbesserung dieser Bewertung führt. Auch wer schon ein Amt innehat, interessiert sich sehr für die Umfragen. Die Einschätzung einer politischen Position in den Umfragen wird unter Umständen wichtiger als die Qualität dieser Position und die Frage, ob der betreffende Politiker wirklich von diesen Qualitäten überzeugt ist.

Von der Wirkung des Fernsehens auf den Sport war bereits die Rede. Auch die Politik wurde vom Fernsehen in mehrfacher Hinsicht beeinflußt, unter anderem im Bereich der politischen Reden.[21] Im Fernsehen zählen nicht die Worte, sondern der optische Eindruck. Im Präsidentschaftswahlkampf des Jahres 1984 drangen meist nur etwa 15 Sekunden einer Rede in eine landesweite Nachrichtensendung vor. Vier Jahre später wurde die Redezeit in solchen Berichten noch weiter eingeschränkt, nämlich auf etwa neun Sekunden (die sogenannten »Redefetzen«). Da Wahlreden für das Fernsehen und nicht für das anwesende Publikum geschrieben werden, sind sie kürzer geworden: Sie umfassen durchschnittlich weniger als 20 Minuten, einschließlich der Zeit für den Applaus. Das Schwergewicht in der Rede eines Kandidaten liegt auf dem begrenzten Abschnitt von zehn bis 15 Sekunden, der sich für die Übernahme in die landesweiten Fernsehnetze eignet. Diese Betonung der Länge politischer Reden hat eindeutig zu einer Verminderung ihrer Qualität geführt, von der Qualität der öffentlichen Diskussion über politische Fragen gar nicht zu reden.

Einen Rückgang der Qualität beobachtet man nicht nur bei der Fernsehberichterstattung über Reden, sondern auch bei den fürs Fernsehen geschriebenen Reden selbst. Bevor es das Fernsehen gab, dauerten politische Reden im Rundfunk zunächst gewöhnlich etwa eine Stunde; in den vierziger Jahren waren dann nur noch 30 Minuten die Norm. Diese Länge hatten die Reden auch noch in den Anfangsjahren des Fernsehens, aber dann schrumpften sie schnell bis auf fünf Minuten. In den siebziger Jahren hatte die eigentliche Rede weitgehend dem 60-Sekunden-Werbespot Platz gemacht. Ähnliches gilt heute auch für die Fernsehdiskussionen vor Präsidentschaftswahlen: Die Kandidaten haben ein bis zwei Minuten Zeit, ihre Position zu einem Thema darzustellen. Dagegen berichtete ein Beobachter: »In jeder der sieben Senatorendebatten von 1858 sprachen Lincoln und Douglas 90 Minuten lang über ein einziges Thema: die Zukunft der Sklaverei in den Bundesstaaten.«[22]

In der Außenpolitik gibt es ein Gebiet, wo man einen absoluten Zahlenwahn beobachten kann: die nukleare Abschreckung. Sie ist zwar heute, nachdem der Kalte Krieg offenbar beendet ist, weniger wichtig und öffentlich nicht mehr so deutlich zu erkennen, aber es gibt keinerlei Anzeichen, daß die USA oder Rußland bereit wären, ihre Fähigkeit zur Abschreckung des anderen vor einem Atomangriff aufzugeben. Die Kernwaffenarsenale beider Seiten reichen aus, um den anderen »mehrmals« völlig zu zerstören. Dennoch haben sich Abrüstungsverhandlungen häufig festgefahren, weil man genau das »relative Abwurfgewicht« der jeweiligen Atomwaffen beziffern wollte. Zwar sind genaue Messungen zweifellos wichtig, wenn beide Seiten ihre Kernwaffenarsenale im gleichen Maß abbauen wollen, aber beide Seiten neigen auch dazu, sich im Klein-Klein der Zahlen zu verzetteln, und darüber verlieren sie den Blick für die qualitative Tatsache, daß man den größten Teil der Kernwaffen abbauen könnte und dennoch die Fähigkeit behielte, den jeweils anderen und die ganze Welt zu vernichten.

### Patienten, Gelder und Profite

Bei gewinnorientierten medizinischen Organisationen (zum Beispiel »Humana«) stehen die Ärzte genau wie alle anderen Angestellten unter Druck, zum Profit der Firma beizutragen. Deshalb unternimmt man den Versuch, verschiedene Gesichtspunkte der medizinischen Praxis quantitativ zu erfassen, zum Beispiel die Zeit, die der Arzt einem Patienten widmet, und die Zahl der Patienten pro Tag. Auf diese Weise kann die Firma die Kosten senken und den Gewinn steigern:

Sie beschränkt die Zeit für den einzelnen Patienten, so daß eine möglichst große Zahl von Besuchern durchgeschleust werden kann. Aber diese Betonung der Quantität kann leicht die Qualität der medizinischen Versorgung gefährden. Der Profit steigt, wenn man die Ärzte drängt, weniger Zeit für einen Patienten aufzuwenden, mehr Patienten zu behandeln, langwierige Diagnose- und Therapiemethoden zu vermeiden, keine Patienten anzunehmen, die voraussichtlich die Rechnung nicht bezahlen können, und nur solche Personen zu behandeln, deren Krankheiten die höchsten Gewinne versprechen.

Nicht nur die gewinnorientierten ärztlichen Organisationen drängen die Medizin in Richtung immer größerer Berechenbarkeit; in der gleichen Richtung bewegt sich die gesamte medizinische Bürokratie. Auch gemeinnützige Institutionen (zum Beispiel gemeinnützige Krankenhäuser und Gesundheitsorganisationen) erleben den äußeren Druck, beschäftigen Manager aus der Wirtschaft und richten die hochentwickelten Buchführungssysteme ein, die zu stärkerer Berechenbarkeit führen. Bedeutsam ist in diesem Zusammenhang der 25tägige Streik der »Capital Alliance of Physicians« (einer Ärzteorganisation mit 160 Mitgliedern) gegen ihren gemeinnützigen Arbeitgeber, die »Group Health Organization«, der 1986 in Washington, D.C., stattfand. Es ging dabei um die Frage quantitativ erfaßbarer Produktivität, beispielsweise eine Mindestzahl von Krankenbesuchen und Patienten, sowie um ein Prämiensystem, mit dem man die Bezahlung der Ärzte an ihre Produktivität koppeln wollte.

Andere Geldgeber, das heißt die Krankenversicherungen und die US-Bundesregierung mit ihren Programmen »prospective payment« und DRG (»diagnostic related groups«), drängen die Medizin ebenfalls in die Richtung größerer Berechenbarkeit. Die Versicherer sorgen sich immer mehr um die medizinische Kostenspirale und versuchen das Problem in den Griff zu bekommen, indem sie die Palette der Leistungen wie auch die Höhe der Leistungen selbst einschränken. Ein solcher Geldgeber bezahlt vielleicht bestimmte Behandlungsverfahren nicht, er genehmigt für manche Verfahren keinen Krankenhausaufenthalt, oder er zahlt dafür nur einen festgesetzten Betrag. Das alles hat zur Folge, daß man sich mehr auf die Menge an Zeit, Geld und so weiter konzentriert, und es kann von dem Ziel einer qualifizierten Patientenversorgung wegführen. Der Vorsitzende einer Ärzteorganisation formulierte es (allerdings mit einer recht romantischen und unrealistischen Sichtweise des Medizinerberufes) so: »Ärzte sind die einzigen, die den Patienten als Einzelwesen sehen ... und nicht als Dollarzeichen.«[23]

### Gesteigerte Arbeitsproduktivität und »erstklassige Männer«

In der Arbeitswelt war Taylors wissenschaftliche Betriebsführung stark darauf ausgerichtet, alles in quantifizierbare Formen zu bringen. Man verließ sich nicht mehr auf die ungenauen »Faustregeln« der Arbeiter, sondern man versuchte genaue Meßmethoden zu entwickeln und festzustellen, wieviel Arbeit mit jeder einzelnen Bewegung der Arbeitskräfte getan wurde und getan werden konnte. Man reduzierte alles so weit wie möglich auf Zahlen, die man dann mit Hilfe mathematischer Formeln analysierte.

Quantitative Erfassung war eindeutig ein Ziel von Taylors frühen Arbeiten, mit denen er erreichen wollte, daß pro Arbeiter und Tag mehr Roheisen verladen wurde. Er formulierte es so: »Wir stellten fest, daß diese Mannschaft durchschnittlich 12 1/2 Tonnen pro Mann und Tag verlud. Nachdem wir die Angelegenheit untersucht hatten, bemerkten wir zu unserer Überraschung, daß ein erstklassiger Roheisenbehandler nicht 12 1/2, sondern 47 bis 48 Tonnen am Tag umschlagen sollte.«[24] Um das Ziel einer fast vervierfachten Arbeitsleistung zu erreichen, beschäftigte sich Taylor genau mit der Frage, wie die produktivsten Arbeiter (die Taylor »erstklassige Männer« nannte) ihre Arbeit ausführten. Er teilte die Tätigkeit in Grundelemente auf und bestimmte ihre Dauer mit der Stoppuhr auf die Sekunde genau.

Auf der Grundlage dieser sorgfältigen Untersuchungen entwickelten Taylor und seine Mitarbeiter die beste Methode zum Tragen von Roheisen. Dann suchten sie einen Arbeiter, den sie dazu bringen konnten, auf diese Weise zu arbeiten, und dabei stießen sie auf einen fähigen, ehrgeizigen und geldgierigen Arbeiter namens Schmidt (ein Kollege sagte über ihn: »Für Schmidt sieht ein Pfennig wie ein Wagenrad aus.«) Man fragte Schmidt, ob er ein »Mann mit hohem Preis« sein wolle. Erwartungsgemäß bediente Taylor sich eines präzisen wirtschaftlichen Anreizes: Er bot Schmidt 1,85 Dollar pro Tag (anstelle der sonst üblichen 1,15 Dollar), wenn er genau so arbeitete, wie Taylor es ihm sagte. Nach sorgfältiger Ausbildung und Überwachung gelang es Schmidt, nach der schnelleren Methode zu arbeiten (und die höhere Bezahlung zu bekommen); anschließend wurden weitere Arbeiter auf die gleiche Weise ausgewählt und gedrillt.

Von Schmidt und seinen Nachfolgern verlangte man ungefähr die 3,6fache Arbeitsleistung für eine um 60 Prozent erhöhte Bezahlung. Diese Ausbeutung rechtfertigte Taylor auf vielfältige Weise. Er argumentierte zum Beispiel, es sei unfair gegenüber Arbeitern in anderen Bereichen, die an der Grenze ihrer Leistungsfähigkeit schufteten, wenn ein Roheisenverlader 3,6mal mehr verdiente als sie. Außerdem, so Taylor weiter, seien er und seine Mitarbeiter zu dem Schluß gelangt (natürlich ohne die Arbeiter selbst zu fragen), daß eine größere Gewinnbeteiligung nicht im Interesse der Beschäftigten sei. Für Taylor war »der Roheisenverlader mit seiner 60prozentigen Lohnsteigerung kein Gegenstand des Mitleids, sondern eher jemand, dem man gratulieren kann«.[25]

## Silikonchips und Plastikgeld

Dieses Kapitel wäre unvollständig, wenn wir nicht die Auswirkungen des Computers auf den Hang zur Quantifizierung erwähnen würden.[26] Das Bestreben, praktisch alles mengenmäßig zu erfassen, hat sich durch die Entwicklung und den heutigen verbreiteten Einsatz von Computern weiter verstärkt. Der erste Computer wurde 1946 gebaut, Er wog 30 Tonnen, enthielt 19000 luftleere Röhren (die ständig platzten), nahm einen ganzen Raum ein und besaß nur eine sehr begrenzte Leistungsfähigkeit. Heute gibt es natürlich viel kleinere Computer mit unendlich größerer Kapazität, gar nicht zu reden von den kleinen Rechnern, die inzwischen praktisch in jedem Büro und in vielen Privathaushalten stehen.

Die gewaltige Erweiterung in Zahl und Leistungsfähigkeit der Computer sowie die Möglichkeiten, sie immer kleiner zu machen, ergab sich aus der Erfindung des Silikon-Chips in den siebziger Jahren. Ein solcher Chip ist eine Scheibe aus Silikonkristall, etwa halb so groß wie ein Fingernagel. Er trat an die Stelle des viel größeren Transistors, der zuvor bereits die noch viel größere Elektronenröhre verdrängt hatte. Der Silikon-Chip enthält die benötigten elektronischen Schaltkreise in mikroskopisch kleiner Form, so daß die Computer immer kleiner werden konnten (zum Beispiel Laptops und Notebook-Rechner). Gleichzeitig wurden sie immer billiger, und (was im Zusammenhang dieses Kapitels am wichtigsten ist) sie können immer mehr Rechenoperationen immer schneller ausführen.

Wenn es den Computer nicht gäbe, wären viele Gesichtspunkte unserer heutigen, auf Quantität ausgerichteten

Gesellschaft entweder nicht möglich, oder sie sähen ganz anders aus. Einige Beispiele:

- Die Studentenmassen an den großen staatlichen Universitäten, die Verarbeitung ihrer Examina und die ständige Neuberechnung ihres Leistungsdurchschnitts.
- Die umfangreichen medizinischen Untersuchungen mit zahlreichen Blut- und Urintests, deren Ergebnisse als Zahlenkolonnen zusammen mit den jeweiligen Normalwerten angegeben werden. Sie ermöglichen eine effiziente Diagnose, ja der Patient kann sogar zu einer Art Do-it-yourself-Arzt werden.
- Die Entwicklung und weite Verbreitung der Kreditkarten. (»Plastikgeld« ist effizienter als Bargeld; es ist ein besseres Mittel zu dem Zweck, Geld auszugeben.) Die Kreditkarte wurde erst durch den Computer möglich und führte ihrerseits zu einer gewaltigen Zunahme des Konsums und der Umsätze.
- Die Möglichkeit, daß Fernsehanstalten praktisch sofort Wahlergebnisse melden können.
- Die praktisch ununterbrochenen politischen Meinungsumfragen und Fernsehbefragungen.

Die Gesamtgesellschaft hätte sich zweifellos in jedem Fall in Richtung zunehmender quantitativer Erfassung bewegt, aber die ständigen Fortschritte der Computertechnik haben diese Entwicklung beschleunigt und erweitert.

### Schlußfolgerung

Berechenbarkeit oder die Betonung der Quantität – vielfach auf Kosten der Qualität – ist der zweite Aspekt der McDonaldisierung. Im Fast-food-Restaurant wird großer Wert auf zahlenmäßige Erfassung gelegt – das bemerkenswerteste Beispiel ist der »Big Mac«. Die verschiedensten Formen der Freizeitgestaltung sind mehr von Quantität als von Qualität geprägt, unter anderem Pauschalreisen, die Programmgestaltung des Fernsehens und die Einführung der 24-Sekunden-Grenze im Basketball. Auch viele andere, sehr unterschiedliche Bereiche sind von der Betonung der Quantität gekennzeichnet, so die Colleges und Universitäten mit der Bedeutung des Notendurchschnitts, die »Redefetzen« von wenigen Sekunden bei politischen Reden und das »Abwurfgewicht« in den Abrüstungsbemühungen. In der Medizin wird der Patientendurchlauf immer wichtiger, ebenso wie Umsatz und Gewinne. In der Arbeitswelt führte der Taylorismus dazu, daß man sich auf die Menge der für einen bestimmten Geldbetrag geleisteten Arbeit konzentrierte. Und schließlich hat der Computer zu der gewaltig gestiegenen Bedeutung zählbarer Größen geführt, bei denen Quantität wichtiger ist als Qualität.

# 5.
# Vorhersagbarkeit
## Auf dem Hügel bei den kleinen Häusern regnet es nie

Zur Rationalisierung gehören immer stärkere Anstrengungen, die Vorhersagbarkeit zu gewährleisten, unabhängig von Zeit und Ort. In einer rationalen Gesellschaft legen die Menschen Wert darauf, daß sie in jedem Umfeld und zu jedem Zeitpunkt wissen, was ihnen bevorsteht. Sie wollen keine Überraschungen und rechnen auch nicht damit. Wenn sie einen »Big Mac« bestellen, wollen sie sicher sein, daß er genauso beschaffen ist wie der, den sie gestern gegessen haben und den sie morgen essen werden. Wenn die Spezialsoße an einem Tag dabei wäre und am nächsten nicht oder wenn sie jeden Tag anders schmecken würde, gäbe es Ärger. Sie wollen wissen, daß die McDonalds-Filiale, die sie in Des Moines, Los Angeles oder Paris aufsuchen, im wesentlichen genauso eingerichtet ist wie die in ihrem Heimatort. Um unabhängig von Zeit und Ort die Vorhersagbarkeit zu gewährleisten, legt eine rationale Gesellschaft Wert auf Dinge wie Disziplin, Ordnung, Systematisierung, Formalisierung, Routine, Einheitlichkeit und methodisches Vorgehen.

### »Holiday Inn« und die »magischen Finger«

Statt wie in den vorangegangenen Kapiteln mit dem Fastfood-Restaurant anzufangen, möchte ich diesmal zu Beginn andere Pioniere der Rationalisierung beschreiben: Motelketten wie »Holiday Inn« und »Quality Inn«. Bevor es diese Ketten gab, waren Motels eine sehr wenig vorhersagbare Einrichtung. Da sie von unzähligen örtlichen Besitzern betrieben wurden, war kein Motel wie das andere. Das eine war vielleicht recht komfortabel oder sogar luxuriös, das andere war eher eine Absteige. Man wußte vorher nie, auf welche Annehmlichkeiten man treffen würde – Seife, Shampoo, Telefon, Radio (und später Fernsehen), Klimaanlage und nicht zu vergessen das beliebte Massagegerät der »magischen Finger«. In einem Motel abzusteigen war ein Abenteuer; der Reisende wußte nie, was ihn erwartete.

Das erste »Holiday Inn« wurde 1952 eröffnet, als sich eine gewaltige Ausweitung des Fernstraßennetzes und des Autoverkehrs abzeichnete. Wie später bei anderen Motelketten gab man sich viel Mühe bei der Einstellung von Personal, um zu gewährleisten, daß die Häuser nicht von unberechenbaren Leuten betrieben wurden. Ein Motel mit dem orange-grünen Zeichen von »Holiday Inn« (dem es inzwischen ebenso ergangen ist wie dem überdimensionierten Doppelbogen von McDonald's), das konnte man vorhersagen, besaß die meisten oder alle Annehmlichkeiten, die man in einem Motel der mittleren Preisklasse vernünftigerweise erwarten konnte. Vor der Alternative eines örtlichen, namenlosen Motels, das vielleicht besser war als das »Holiday Inn«, vielleicht aber auch nicht, entschieden sich viele Reisende für das Vorhersagbare, auch wenn es vielleicht Nachteile hatte und nicht so gut war wie das Motel eines örtlichen Betreibers ein paar Häuser weiter. Der Erfolg von »Holiday Inn« ließ viele Nachahmer entstehen, beispielsweise »Ramada Inn« und »Rodeway Inn« sowie in jüngerer Zeit die preisbewußteren Ketten wie »Days Inn«, »Econo-Lodge« und »Motel 6«.

## »Was soll's denn sein, Partner«, Hamburger-Universität und Fernsehessen

Viele andere Bereiche der rationalisierten Gesellschaft haben das Grundprinzip der Vorhersagbarkeit übernommen, das von »Holiday Inn« und den anderen Motelketten entwickelt wurde. McDonald's und zahlreiche andere Ketten legten sich ein großes, vertrautes, auffallendes Firmenzeichen zu. Wenn die Ketten auch sonst wenig Gemeinsamkeiten hatten, so konnten sie doch wenigstens eine vorhersagbare Struktur anbieten, die von einem Ort zum nächsten immer gleich aussah. Mit Sicherheit gilt das für die Fast-food-Restaurants. Das McDonald's-Logo ließ sich mit Vorhersagbarkeit verbinden: »Immer die gleichen Farben und das gleiche Symbol, Meile für Meile, Stadt für Stadt, wirken als stillschweigendes Versprechen der Vorhersagbarkeit und Stabilität zwischen McDonald's und seinen Millionen Kunden, Jahr für Jahr, Mahlzeit für Mahlzeit.«[1] Diese *Vorhersagbarkeit* der Struktur beschränkt sich heute nicht nur auf die USA, sondern sie gilt auch für viele andere Teile der Welt. Amerikanische Touristen, die häufig die vertrauten Anblicke ihrer Heimatstadt vermissen, können nun auch in weit entfernten Ländern Trost finden: Sie wissen, daß ihnen schon bald irgendwo der goldene Doppelbogen begegnen wird.

Manche Einrichtungen, die erst in jüngerer Zeit dem Prozeß der McDonaldisierung unterworfen wurden, haben praktisch nur zwei Dinge gemeinsam: ein Firmenzeichen und eine greifbare Struktur. Beispielsweise können Friseurketten wie »Hair-Plus« keinen einheitlichen Haarschnitt anbieten, weil jeder Kopf ein wenig anders ist und weil jeder Friseur eine leicht abweichende, persönliche Arbeitsweise hat. Um den ängstlichen Kunden mit seinem Hang zur Vorhersagbarkeit zu beruhigen, bieten »Hair-Plus« und andere Friseurketten nur ein paar Zeichen, ähnliche Ladeneinrichtungen und vielleicht einige vertraute Produkte.

Die Fast-food-Restaurants konnten das Eßerlebnis vorhersagbar machen, und das trug dazu bei, daß sie zum Mittelpunkt der McDonaldisierung wurden. In Wirklichkeit ist vieles von dem, was Angestellte und Kunden in einem Fast-food-Restaurant sagen und tun, ganz und gar ritualisiert, und diese bequemen, vertrauten Rituale machen Fast-food-Restaurants für unzählige Menschen so anziehend.[2] Da beispielsweise das Gespräch zwischen Kunden und Verkäufern nur kurz ist, konnte es standardisiert werden. Die Kette »Roy Rogers« ließ ihre Angestellten beispielsweise in Cowboy- und Cowgirl-Uniform eine Wildwest-Szene aufführen, und den Kunden, der etwas zu essen bestellen wollte, fragten sie: »Was soll's denn sein, Partner?« Nach dem Bezahlen wurden die Leute mit den Worten »guten Ritt!« weggeschickt. Die ständige Wiederholung dieser vertrauten Grußformeln bei jedem Besuch war für die regelmäßigen Kunden von »Roy Rogers« ein Anlaß höchster Befriedigung. Viele Menschen (darunter der Autor dieser Zeilen) empfanden einen tiefen persönlichen Verlust, als »Roy Rogers« diese Praxis aufgab.[3] In einer McDonaldisierten Gesellschaft werden solche Pseudogespräche zunehmend zur Norm, und man wartet geradezu darauf. Wahrscheinlich werden wir noch sehnsüchtig daran zurückdenken, wenn wir bei unseren Besuchen in Fast-food-Restaurants nur noch mit unserem Lieblingsroboter kommunizieren (siehe Kapitel 6).

Die vorgetäuschte Freundlichkeit der »Cowboys« und »Cowgirls« bei »Roy Rogers« spiegelt die allgemein falsche, unehrliche Kumpelhaftigkeit wider, die nicht nur für McDonald's, sondern auch für alle anderen Elemente unserer McDonaldisierten Gesellschaft charakteristisch ist, eine Kumpelhaftigkeit, die den Kunden ködern und zum Wiederkommen veranlassen soll. Ein weiteres Beispiel: In letzter Zeit waren die Fernsehschirme voll mit Spots, in denen Dave Thomas, der Besitzer von »Wendy's«, scheinbar eine persönliche Einladung aussprach, mit ihm in seinem Restaurant einen Hamburger zu essen. Von diesem Aspekt der McDonaldisierung wird in Kapitel 7 noch ausführlich die Rede sein.

Wichtiger als das, was im Fast-food-Restaurant gesprochen wird, ist die Vorhersagbarkeit der verkauften Nahrung. Um sie möglich zu machen, bietet das Fast-food-Restaurant eine begrenzte Speisekarte mit sehr einfachen Gerichten. Hamburger, Brathähnchen, Chicken McNuggets (oder ein ähnliches Geflügelprodukt), Pizza, Tacos, Pommes frites, Limonaden, Shakes und ähnliche Gerichte lassen sich relativ leicht einheitlich zubereiten und verkaufen. Ermöglicht wird die Vorhersagbarkeit solcher Endprodukte durch die Verwendung standardisierter Zutaten, gleichartige technische Geräte für Herstellung und Zubereitung, eine ähnliche Art des Verkaufs und identische Verpackungen. Die Verpackung ist im Fast-food-Restaurant ein sehr wichtiger Faktor der Vorhersagbarkeit.

Da es letztlich immer noch Lebensmittel sind, die man zubereitet, sind auch die besten Bemühungen um Einheitlichkeit nicht ausreichend, denn dauernd kann sich Unvorhersagbares einschleichen – das Essen ist vielleicht nicht heiß genug, das Hähnchen ist knorpelig oder zäh, auf einem Stück Pizza sind zu wenige Pepperoni. Unabhängig von solchen (geringfügigen) Unwägbarkeiten beim Essen kann man die Verpackung – Styroporbehälter für die Hamburger (die jetzt allerdings von vielen Ketten ausgemustert werden; mehr darüber in Kapitel 7), Tüten für die Pommes frites, Pappschachteln mit dem Firmenzeichen von »Pizza Hut« – immer genau gleich gestalten.

Vorhersagbare Gerichte erfordern vorhersagbare Zutaten. McDonald's hat strenge Richtlinien für die Beschaffenheit (Qualität, Größe, Form und so weiter) von Fleisch, Hühnern, Fisch, Kartoffeln und anderen Zutaten, die von den Franchisenehmern eingekauft werden. Wie bereits beschrieben wurde, muß beispielsweise die vorbereitete Hamburger-Frikadelle 45,36 Gramm wiegen, einen Durchmesser von 9,84 cm haben und darf nicht mehr als 19 Prozent Fett enthalten (die neuen »Light«-Hamburger enthalten weniger Fett, aber in ähnlich berechenbarer und vorhersagbarer Menge), so daß sie nach dem Garen gerade ein wenig über den Rand des Brötchens ragt. Die Brötchen bestehen aus dem sehr vorhersagbaren Weißteig, den viele Amerikaner bevorzugen (und der die Ursache dafür ist, daß amerikanisches Brot in der übrigen Welt so einen schlechten Ruf hat. Über »Wonder Bread« sagte jemand: »Ich glaube, sie haben einfach Tapetenkleister mit Luft aufgeblasen und in den Ofen gesteckt«[4]).

Damit sich diese Vorhersagbarkeit ergibt, werden alle kräftigen, nahrhaften Bestandteile des Weizens wie Kleie und Keime ausgemahlen. Eine andere Bedrohung für die Vorhersagbarkeit sind altbackene oder angeschimmelte Brötchen; deshalb werden Zusätze verwendet, die das Verderben hinauszögern. Mit solchen und vielen anderen Methoden (zum Beispiel mit einheitlich vorgeschnittenen, tiefgefrorenen Pommes frites anstelle frischer Kartoffeln) ermöglichen vorhersagbare Zutaten den Verkauf vorhersagbarer Gerichte.

Auch durch die zunehmende Verwendung tiefgefrorener oder gefriergetrockneter Lebensmittel umgeht eine McDonaldisierte Gesellschaft die Unwägbarkeiten, die mit den rohen Zutaten verbunden sind. Als Ray Kroc tiefgefrorene Kartoffeln anstelle des frischen Produktes einführte, hatte das unter anderem den Grund, daß die erforderliche Kartoffelsorte einige Monate im Jahr nur unter Schwierigkeiten zu beschaffen war. Durch das Einfrieren waren die Kartoffeln problemlos rund ums Jahr verfügbar. Außerdem verursachten die Abfälle, die durch das Schälen der Kartoffeln in den Filialen anfielen, häufig einen üblen Geruch, und Gestank war für Kroc und die saubere, einheitliche Welt, die er schaffen wollte, ein Greuel. Mit gefrorenen, geschälten und vorgeschnittenen Kartoffeln wurde auch diese Unvorhersagbarkeit beseitigt.

Nicht nur Gerichte, Ausstattung, Verpackungen und Firmenzeichen sind in einem Fast-food-Restaurant vorsehbar, sondern auch die Menschen, die dort arbeiten. Im Regelfall findet man hinter der Theke dieser Restaurants frisch gewaschene, lächelnde Teenager. (In den letzten Jahren ist hier allerdings eine Änderung eingetreten, weil die Fast-food-Industrie keinen ausreichenden Nachschub an Teenagern mehr fand; siehe Kapitel 7.) Man weiß also in einem Fast-food-Restaurant nicht nur, was man bekommen wird, sondern auch, wer es einem verkauft. Es ist ein beruhigender Gedanke, daß man nicht auf einen dieser kurz angebundenen Köche oder auf kaugummikauende Kellnerinnen treffen wird (so sehr wir sie heute auch romantisch betrachten), die einem in nicht-McDonaldisierten »Freßbuden« und Imbißhallen begegnen. Manchmal waren solche Leute zwar vielleicht ganz reizend, aber heute setzen die meisten Imbißbuden eher auf die vorhersagbare Arglosigkeit von Verkäufern im Teenageralter.

Interessant ist in diesem Zusammenhang – um ein Beispiel aus der Kinowelt zu nehmen – eine Szene aus dem Filmklassiker *Five Easy Pieces* mit Jack Nicholson. Die Gestalt, die Nicholson verkörpert, hält an einem Imbiß und findet eine der herkömmlichen, schmierigen Kellnerinnen. Nicholson ärgert sich nicht nur über sie, sondern auch über eine frühe Form der McDonaldisierung: Man kann in diesem Imbiß keinen Toast bestellen, sondern nur ein Sandwich mit Toast. Nicholson reagiert in seiner Rolle auf die McDonaldisierung noch heftiger als auf die mürrische Kellnerin.

Neben den Verkäufern hinter der Theke der Fast-food-Restaurants sind auch die Manager und ihre Assistenten vorhersagbar. Um ein vorhersagbares Verhalten der Führungskräfte zu gewährleisten, besitzt McDonald's eine zentrale »Hamburger-Universität« mit mehreren örtlichen Zweigstellen. Die zukünftigen Manager werden in diesen Einrichtungen ausgebildet und verinnerlichen dort die Philosophie und Methodik von McDonald's.[5] Deshalb sind die Führungskräfte von McDonald's in Aussehen und Verhalten kaum voneinander zu unterscheiden. Und, was noch wichtiger ist: Den Restaurantleitern obliegt es, das Verkaufspersonal anzulernen und zu beaufsichtigen, damit es sich in der vorgesehenen Weise benimmt. Unterstützt werden die Führungskräfte in ihrem Bemühen um Vorhersagbarkeit durch umfangreiche firmeninterne Richtlinien, in denen praktisch jede Tätigkeit in den Restaurants genau beschrieben wird. Die Zentrale von McDonald's schickt in regelmäßigen Abständen Inspektoren, um zu gewährleisten, daß die Richtlinien eingehalten werden. Die Inspektoren überprüfen auch, ob die Lebensmittel den Qualitätsstandards entsprechen – oder mit anderen Worten: ob sie so vorhersagbar sind, wie der Verbraucher es mittlerweile erwartet.

Bei den Mahlzeiten zu Hause hat die Vorhersagbarkeit der Gerichte eine beunruhigende Folge:

»Regionale und ethnische Unterschiede verschwinden aus der amerikanischen Küche. Das Essen in einem Wohnviertel, einer Stadt oder einem Bundesstaat sieht genauso aus und schmeckt auch genauso wie irgendwo anders. Die Mahlzeiten der Amerikaner bestehen vorwiegend aus Dingen wie Fertigmakkaroni und Käse, weichem Weißbrot, Diätmargarine, gefrorenen Doughnuts und Wackelpudding. Man kann heute zu jeder beliebigen Jahreszeit von Küste zu Küste reisen, ohne daß man seine Eßgewohnheiten auch nur im geringsten ändern müßte ... Hochentwickelte Verarbeitungs- und Lagerungsverfahren, schneller Transport und eine kreative Vielfalt vorbereiteter Fertigprodukte haben die Möglichkeit geschaffen, regionale und jahreszeitliche Unterschiede der Lebensmittelproduktion völlig außer acht zu lassen.«[6]

Einen Einschnitt in der Entwicklung vorhersagbarer häuslicher Mahlzeiten stellte das tiefgefrorene Fertiggericht dar. In einer netten, gleichförmigen Verpackung findet man eine Aluminiumschale mit einer bequemen Anordnung von (meist vier) Vertiefungen, meist mit einem Hauptgericht (zum Beispiel ein paar Scheiben Putenfleisch mit einem Klumpen Füllung), vielleicht mit Erbsen als Beilage (vermutlich immer die gleiche oder doch zumindest fast die gleiche Anzahl von Erbsen), einem Haufen Kartoffelpüree oder einer anderen »Sättigungsbeilage« und ein Dessert wie zum Beispiel ein eingemachter Pfirsich. Möglicherweise spürt der Verbraucher eine Gefühlswallung, wenn er die Aluminiumfolie abzieht und die geliebte, vertraute Mahlzeit vor sich sieht. Er weiß, daß es nicht gerade ein Feinschmeckermenü ist, aber es gleicht genau dem Abendessen, das er gestern vor dem Fernseher zu sich genommen hat (auch wenn es sich statt der Pute vielleicht um Schweinebraten handelte) und das er morgen verzehren wird.

Natürlich wurden diese »Fernsehmahlzeiten« von anderen Gerichten ergänzt und in manchen Fällen übertroffen, die sich zu Hause noch rationeller verzehren lassen. Das mikrowellengeeignete Fertiggericht ist vielleicht nicht vorhersagbarer als das Tiefkühlmenü, aber es läßt sich effizienter aufbewahren (im Schrank statt in der Kühltruhe) und zubereiten (ein paar Minuten in der Mikrowelle statt einer halben Stunde im Backofen). Aber man darf sich nicht täuschen –

mikrowellengeeignete Gerichte bieten eine beträchtliche Vorhersagbarkeit. Dieser Liste der Fortschritte können wir auch die gefriergetrockneten Mahlzeiten hinzufügen, die bei Zugabe von kochendem Wasser zu einem vorhersagbaren Gericht aufblühen.

## Norman Bates, Wohnmobile und »McStables«

In dem Krimiklassiker *Psycho* bediente Alfred Hitchcock sich gekonnt der beunruhigenden Atmosphäre eines altmodischen, nicht vorhersagbaren Motels (davon war in einem früheren Abschnitt schon die Rede). Das Motel in dem Film war gruselig, aber noch gruseliger war der Inhaber, gespielt von Norman Bates. Das Bates-Motel bot wenig Annehmlichkeiten, aber das Zimmer war mit einem Guckloch ausgestattet (auf das die meisten Reisenden verzichten können), so daß Norman seine Opfer ausspionieren konnte. Natürlich bot das Motel in dem Film die höchste Stufe der Unvorhersagbarkeit – einen mordenden Verrückten und einen entsetzlichen Tod für die ahnungslosen Gäste. In Wirklichkeit beherbergten wohl auch früher nur die wenigsten Motels geistesgestörte Mörder, aber ansonsten konnte der Reisende auf alle möglichen unvorhersagbaren Dinge treffen.

Der Film *Psycho* ruft einem die Tatsache ins Bewußtsein, daß auch die Filmindustrie auf Rationalisierung im allgemeinen und Vorhersagbarkeit im besonderen Wert legt. Das zeigt sich unter anderem an der Produktion von Fortsetzungen erfolgreicher Filme auf Kosten ganz neuer Projekte mit neuer Konzeption, neuen Ideen und neuen Personen. Zu *Psycho* gab es zum Beispiel mehrere Fortsetzungen, ebenso wie zu anderen Horrorfilmen wie *Halloween* oder *Nightmare – Mörderische Träume*. Und nicht nur im Genre des Horrorfilms produzierte man Nachfolgeprodukte erfolgreicher Streifen, sondern unter anderem auch bei *Krieg der Sterne*, *Jäger des verlorenen Schatzes* (mit der Gestalt des Indiana Jones), *Der Pate* und *Zurück in die Zukunft*.

Die routinemäßige Produktion von Fortsetzungen sehr erfolgreicher Filme ist in Hollywood eine relativ neue Erscheinung. Ihre Entwicklung verlief parallel zur McDonaldisierung der Gesellschaft und ist ein Teil davon. Die Anziehungskraft der Fortsetzungen liegt in ihrer Vorhersagbarkeit. Was die Studios angeht, kann man immer wieder die gleichen Gestalten, Schauspieler und Handlungsgrundsätze verwenden. Außerdem sind die Aussichten, daß ein Film an der Kinokasse ein Erfolg wird, bei Fortsetzungen größer als bei ganz neuen Produktionen; die Gewinnmarge ist besser vorhersagbar.

Aus der Sicht des Zuschauers ist es sehr tröstlich, wenn man weiß, daß man vertraute Gestalten wiedersehen wird, gespielt von bekannten Schauspielern in einer gewohnten Umgebung. Beispielsweise verkörpert Chevy Chase in einer Filmserie namens *Vacation* (»Ferien«) immer die gleiche Person. Das einzige, was sich verändert, sind die Urlaubsorte, an denen er seine bekannten Possen treibt. Die Kinobesucher geben ihr Geld offenbar lieber für einen ungefährlichen, vertrauten Film aus als für einen, der ihnen völlig unbekannt ist. Mit vielen Filmfortsetzungen ist es wie mit einem Gericht bei McDonald's: Sie sind nicht besonders gut, aber zumindest weiß der Verbraucher, was ihn erwartet.

Auch die Einstufung der Filme nach Eignung für bestimmte Altersgruppen dient dazu, ein vorhersagbares Maß an Gewalt, Nacktszenen und einer (zumindest für manche Menschen) anstößigen Sprache zu gewährleisten. Bei einem Film mit »G rating« können Eltern davon ausgehen, daß keine nackten Menschen, keine unanständigen Dialoge und nur gemäßigte Formen von Gewalt vorkommen. Die Einstufung »NC-17« dagegen bedeutet, daß alle diese Dinge in dem Film in großem Umfang zu finden sind. Die Einstufung wird nach dem Alter vorgenommen: »PG« bedeutet, daß der Film für Kinder unter 13 Jahren geeignet ist, »PG-13« heißt »für unter 13jährige ungeeignet«, R soll bedeuten, daß Jugendliche unter 17 Jahren die Einwilligung der Eltern brauchen, und bei »NC-17« soll allen unter 17jährigen der Besuch des Films verboten werden.

Pauschalreisen sind auf Vorhersagbarkeit ebenso stark angelegt wie auf Effizienz.[7] Wer eine solche Reise bucht, will unterwegs möglichst keine Überraschungen erleben. Das führt oft zu dem Bestreben, sowenig wie möglich mit Menschen, Kultur und Einrichtungen der besuchten Länder in Kontakt zu kommen. Hier tut sich ein Widerspruch auf: Die Leute wenden viel Geld und Mühe auf, um in fremde Länder zu fahren, und dann hoffen sie, daß sie dort sowenig wie möglich mit der einheimischen Kultur in Berührung kommen. (Der amerikanische Freizeitpark »Busch Gardens« bietet europäische Attraktionen wie ein Brauhaus im deutschen Stil, so daß die Kunden das vorhersagbare Gebiet der Vereinigten Staaten und die noch stärker vorhersagbare Umgebung des modernen Freizeitparks nicht verlassen müssen.)

Die Reisegruppe besteht meist aus ähnlich eingestellten Amerikanern, und mit diesen (höchst vorhersagbaren) Menschen verbringt man den allergrößten Teil der Reisezeit. Weiter wird die Vorhersagbarkeit auf solchen Touren häufig dadurch gewährleistet, daß die Teilnehmer mit Angehörigen und Freunden reisen. Soweit es möglich ist, bedient man sich amerikanischer Transportunternehmen. Lokale Verkehrsmittel bieten ebenfalls die Annehmlichkeiten, die amerikanische Touristen erwarten (vielleicht sogar Klimaanlage, Stereomusik und Waschraum). Die Reiseleiter sind Amerikaner oder haben längere Zeit in Amerika und mit Amerikanern gelebt, oder zumindest sind es Einheimische, die fließend englisch sprechen und sich mit den Wünschen und Bedürfnissen der

Amerikaner auskennen. Zum Essen geht man unterwegs in amerikanische Restaurants (die zum Beispiel zu einer amerikanischen Fast-food-Kette gehören) oder zumindest in solche, die in Einrichtung und Speisekarte dem amerikanischen Geschmack entsprechen. Auch die Hotels gehören meist zu amerikanischen Ketten wie Sheraton und Hilton, oder es handelt sich um europäische Hotels, die sich dem amerikanischen Stil angepaßt haben. (Bei der Eröffnung des Hilton-Hotels in Istanbul sagte Conrad Hilton: »Jedes unserer Hotels ... ist ein ›kleines Amerika.‹«[8])

Jeden Tag gibt es einen festgelegten und oft sehr engen Zeitplan, so daß kaum Zeit für spontane oder unvorhersagbare Aktivitäten bleibt. Die Touristen können Trost daraus ziehen, daß sie den Zeitplan vor der morgendlichen Abfahrt und vielleicht sogar schon vor Beginn der ganzen Reise kennen. Sie wissen genau, was sie jeden Tag und jede Stunde tun werden.

Pauschalreisen werden so geplant, daß sie den Teilnehmer gegen verschiedene Unvorhersagbarkeiten einer Reise abschirmen. Die Leute nehmen an diesen Reisen teil, weil sie annehmen, daß sie dann viel weniger von Bettlern oder Taschendieben belästigt werden, daß sie nicht wegen ihrer Unkenntnis der fremden Sprache in peinliche Situationen geraten, daß sie nicht durch unsauberes Wasser oder Lebensmittel krank werden und daß sie gegen andere Unwägbarkeiten des Reisens geschützt sind. Reise, Reiseleiter und die vorher ausgewählten Orte, Hotels und Restaurants sollen dazu beitragen, die Möglichkeit solcher unvorhersagbaren Ereignisse stark zu verringern. Natürlich verschwinden dabei auch die unberechenbaren Erlebnisse, die das Reisen im Ausland so interessant machen – das Zusammentreffen mit einem faszinierenden Einheimischen, das Entdecken eines entzückenden kleinen Ladens oder Restaurants, das zufällige Aufspüren einer nicht geplanten Sehenswürdigkeit.

Etwas Ähnliches beobachtet man beim Camping. Früher ging man zelten, weil man etwas anderes suchte: Man wollte aus der vorhersagbaren Routine des Alltagslebens ausbrechen. Stadtbewohner flüchteten aus ihrer Wohnung und suchten das Leben in freier Natur, und dabei nahmen sie kaum mehr mit als ein Zelt und einen Schlafsack. Nichts oder fast nichts stand zwischen dem Camper und der natürlichen Umwelt. Das führte zu ein paar unvorhersagbaren Ereignissen, aber genau darum ging es. Vielleicht konnte man beobachten, wie ein Elch am Lager vorbeiging oder sogar eindrang. Natürlich konnte man auch das plötzliche Gewitter, den unerwarteten Zeckenbiß oder die herumkriechende Schlange erleben, aber das nahm man als unverzichtbaren Bestandteil beim Ausbruch aus der Alltagsroutine gerne in Kauf. Jemand beschrieb das Auf und Ab dieser Art von Camping so:

»Natürlich fing es an zu schütten. Wir hatten vergessen, die Hauptzeltstange einzupacken, und das ist, als ob man bei einem Segelboot den Mast vergißt. Ohne Zeltstange gibt es kein Zelt. Zuerst begriffen wir das nicht, und deshalb versuchten wir weiterhin, das Zelt aufzubauen. Das Ganze fiel immer wieder zusammen wie ein großer grüner Bär, den man erschossen hat. Gerade als wir uns ärgerten und von Holiday Inns zu träumen begannen (eine häufige Phantasie in unserer rationalisierten Gesellschaft), tauchte keine zwei Fuß von unserem Sohn entfernt ein Elch auf...
›Guck mal‹, rief unser Jüngster entzückt, ›mein erster Elch!‹«[9]

Manche Leute zelten auch heute noch so, aber viele andere haben versucht, das Unvorhersagbare beim Camping zu verbannen. Der Besitzer eines Campingplatzes sagte einmal: »Früher wollten sie nur ein Plätzchen im Wald und ein Toilettenhäuschen ... aber heute will man das einfache Leben

eigentlich nicht mehr.«[10] Statt mit einem einfachen Zelt fährt
der Camper von heute im Wohnmobil oder mit einem Anhänger, aus dem sich in Sekundenschnelle ein raffiniertes Zelt
ausklappen läßt, um sich vor dem Unvorhersagbaren zu schützen. Natürlich vermindert sich durch das »Camping« mit dem
Wohnmobil auch die Wahrscheinlichkeit, daß man Wildtiere
sieht. Außerdem hat der motorisierte Camper alle vorhersagbaren Elemente von zu Hause dabei – Kühlschrank, Herd,
Fernseher, Videorecorder und Stereoanlage.

Die Campingtechnik hat nicht nur zu starker Vorhersagbarkeit geführt, sondern auch zu Veränderungen auf den modernen Campingplätzen. Nur relativ wenige Menschen schlagen heute ihr Zelt in der nicht vorhersagbaren Wildnis auf; die
meisten bevorzugen rationalisierte Campingplätze. In jüngster
Zeit haben wir sogar die Entwicklung der »Country-Club«-
Campingplätze erlebt, mit Ketten wie »Kampgrounds of America« (KOA) als Vorreitern.[11] Der moderne Camper fährt mit
seinem Wohnwagen oder Wohnmobil auf einen gut gepfleg-
ten Campingplatz. Ein Camper in einem 10-Meter-Wohnwa-
gen mit Klimaanlage sagte einmal: »Wir haben hier alles, was
wir brauchen … Es spielt keine Rolle, wie stark es regnet oder
wie der Wind weht.«[12] Moderne Campingplätze sind meist in
einzelne Bereiche unterteilt – einer für Zelte, ein anderer für
Wohnwagen, und in jedem Bereich finden sich säuberliche
Reihen von meist winzigen Stellplätzen. Für Wohnwagen und
Wohnmobile gibt es Wasser- und Stromanschlüsse, so daß ihre
Geräteausstattung betrieben werden kann. Wenn der Camper
geparkt und seinen Wohnwagen angeschlossen oder sein Zelt
aufgebaut hat, kann er hinausschauen und die Aussicht genießen: andere Zelte, Wohnmobile, Kinder auf Fahrrädern,
also mit anderen Worten viele Anblicke aus dem rationalisierten Leben der Städte und Wohnsiedlungen, das er eigentlich
hinter sich lassen wollte. Die Campingplatzbesitzer bieten den

Gästen, die das »einfache Leben« suchen, häufig Annehmlichkeiten wie gutsortierte Lebensmittelläden, Waschräume und Duschen, beheizte Swimming-Pools, einen Raum voller Videospiele, Waschmaschinen, einen Fernsehraum, ein Kino oder sogar Unterhaltung durch Musikbands oder Theatervorführungen.

Die modernen Freizeitparks sind ebenfalls in vielerlei Hinsicht sehr vorhersagbar, vor allem wenn man sie mit ihren ungehobelten Vorläufern vergleicht. »Disneyland« und »Walt Disney World« zum Beispiel geben sich viel Mühe, damit der Besucher auf keinen Fall irgendwelchen Störungen ausgesetzt ist. Es war bereits davon die Rede, wie man dort Abfälle verschwinden läßt, damit der Besucher nicht durch den Anblick von Müll gestört wird. Erdnüsse werden nicht verkauft, weil die Schalen auf dem Boden unordentlich aussehen würden. Kein Kaugummi und kein Bonbon liegt auf der Erde, um an den Schuhen klebenzubleiben; solche Produkte sind ebenfalls aus den Parks verbannt. Die klassische amerikanische Mittelschicht-Familie, die einen Disney-Park besucht, möchte nicht durch den Anblick und das Geschrei Betrunkener gestört werden. Disney bietet eine Welt der vorhersagbaren und fast surrealen Ordentlichkeit.

Ein weiterer Aspekt der Vorhersagbarkeit in den modernen Freizeitparks wie in den Fast-food-Restaurants sind die immer gleichen Menschen, die dort arbeiten. Der Betrieb der Parks erfordert zahlreiche Arbeitskräfte, und die meisten von ihnen sind geschniegelte, sauber gewaschene Oberschüler und College-Studenten. Man gibt sich große Mühe, daß diese Angestellten alle gleich aussehen. Bei »Busch Gardens« in Virginia »verwendet man eine gewisse Energie darauf, daß das Lächeln erhalten bleibt. Es gibt Regeln für kurze Haare (bei Jungen), und Essen, Trinken, Rauchen und Strohhalmkauen im Dienst sind verboten (für alle). ›Sehen Sie, man erwartet von uns, daß wir perfekt sind‹, sagte ein Angestellter … fröhlich.«[13]

Die Angestellten sehen nicht nur alle gleich aus, sondern sie sollen sich auch gleich benehmen:

In einem kontrollierten Umfeld kommt es auf die richtige Einstellung gegenüber den niederen Chargen an.
»Es ist eine Art ewiges Lachen. Wir legen Wert auf Sauberkeit, Hilfsbereitschaft und Höflichkeit.«
Deshalb redet man bei Busch Gardens viel über das Bild des typischen Amerika und darüber, wie man Leute bei Laune hält und motiviert. In dem riesigen, *ein wenig* deutschen Restaurant, Festhaus genannt, finden Wettbewerbe um die größte Begeisterung und die beste Einstellung statt. Als Preis gibt es dabei einen Gratisbesuch bei »King's Dominion« zu gewinnen, dem nahe gelegenen Erzkonkurrenten von Busch Gardens.

Bei »Busch Gardens« und anderen derartigen Vergnügungsparks können die Gäste also damit rechnen, daß sie es während ihres Besuches mit höchst vorhersagbaren Angestellten zu tun haben werden. Außerdem geschieht auch an und in den Attraktionen eines solchen Parks kaum etwas Unvorhergesehenes.

Mit verschiedenen Maßnahmen hat man versucht, Sportveranstaltungen vorhersagbarer zu gestalten. Es war bereits davon die Rede, wie überdachte Stadien und Kunstrasen einen regenbedingten Spielausfall unwahrscheinlich machen. Der Kunstrasen sorgt außerdem dafür, daß der Baseball berechenbarer abprallt; es gibt also wenige unvorhersagbare Sprünge des Balls, wie sie auf einem herkömmlichen Rasen durch Unebenheiten im Gras oder Erdklumpen entstehen können. Von den Seitenwänden prallt der Ball in den neuen, stärker symmetrischen Baseballstadien ebenfalls vorhersagbarer zurück. Außerdem herrschen so einheitlichere Verhältnisse in den einzelnen Stadien, was die Schlaghöhe und -weite des Balles beim »Home Run« angeht. Das klassische, nicht rationalisierte und unvorhersagbare Baseball-Stadion ist »Fenway Park« in Boston, eine ältere Anlage mit Naturrasen und asymmetrischem Zuschnitt. Sein berühmtes »grünes Monster«, eine nahe gelegene, aber hohe Wand im linken Außenfeld, macht aus einem relativ hoch geschlagenen Ball einen »Home Run« (in anderen Stadien wäre ein solcher Ball meist ein »Out«), und ein gut geschlagener, aber flacher Ball an der Linie entlang wird zum »Base Hit«. Und dann ist da noch »Wrigley Field« in Chicago, wo der Ball manchmal in dem Efeu an den Zäunen verschwindet. Im Baseball der Oberligen sind Stadien wie »Fenway Park« und »Wrigley Field« heute die Ausnahme.

Ähnliches beobachtet man beim Tennis. Eine relativ neue Entwicklung, die Tennismatches vorhersagbarer gemacht hat, war die Einführung des »Tie-Break«. Um in früheren Zeiten einen Satz zu gewinnen, mußte man sechs Spiele mit zwei Spielen Vorsprung gewinnen. Lag der Gegner aber immer nur um ein Spiel zurück, konnte ein Satz sich ewig in die Länge ziehen. Es gab denkwürdige, unendliche Tennisbegegnungen, bei denen die Satzergebnisse in der Größenordnung von 12:10 lagen. In einer Zeit begrenzter Sendezeiten von Fernsehen und anderen Medien entschlossen sich die Tennisfunktionäre, bei vielen Turnieren den »Tie-Break« einzuführen. Er wird mit 12 Punkten ausgespielt, wenn ein Satz unentschieden 6 zu 6 steht. Gewonnen hat dabei derjenige, der als erster sieben Punkte macht und dabei einen Vorsprung von zwei Punkten erreicht. Der »Tie Break« kann zwar über zwölf Punkte hinausgehen, wenn die Spieler immer abwechselnd jeweils sechs Punkte erzielen, aber er dauert kaum einmal so lange wie manche Begegnungen zu der Zeit vor seiner Einführung.

Ein interessantes Beispiel für Vorhersagbarkeit in einem früher höchst unvorhersagbaren Bereich ist die Rationalisierung beim Training von Rennpferden. Der Trainer Wayne Lucas richtete eine Kette mit Ställen überall in den USA ein, die – wie könnte es anders sein – als »McStables« bezeichnet wurden. Früher waren solche Trainingsställe selbständige Unternehmen, die jeweils zu einer bestimmten Rennbahn gehörten. Deshalb gab es zwischen den einzelnen Rennbahnen und Ställen große Unterschiede in der Art, wie das Training gestaltet wurde. Lucas versuchte, das zu ändern:

»Lucas hatte Erfolg, weil er in seinem Stall eine weitreichende Unterteilung einführte und überwachte. ›Nach meiner Überzeugung ist Qualitätskontrolle der Schlüssel für diese Tätigkeit‹, sagte er. ›Sie werden von einer Abteilung zur anderen nie eine Qualitätsabweichung bemerken. Die Ställe sind die gleichen. Die Fütterung ist die gleiche ...‹
›Deshalb ist es einfach, Pferde durch das ganze Land zu transportieren. Die meisten Pferde müssen sich nach einem Ortswechsel erst eingewöhnen. In unseren Filialen ist Eingewöhnung nicht notwendig. *Es ist das McDonald's-Prinzip.* Wir geben ihnen eine Filiale, und diese Filialen sind immer gleich, unabhängig vom Ort.«[14]

## Multiple-Choice-Prüfungen, Verkaufsautomaten für Zeitungen und »Es regnet nie«

Im Universitätsbereich gibt es die Multiple-Choice-Prüfungen; wie man auch zu ihnen stehen mag, in jedem Fall sind sie sehr vorhersagbar. Ein Student, der sich einer solchen Prüfung unterzieht, weiß von vornherein, daß er eine Frage und vier oder fünf mögliche Antworten vorgelegt bekommt. Von den Antworten sind wahrscheinlich mindestens zwei völlig absurd, so daß die Wahl zwischen den drei übrigen Möglichkeiten bleibt. Die Bewertung nimmt wahrscheinlich ein Computer vor, so daß kaum etwas von der Unvorhersagbarkeit bleibt, die mit der Benotung durch Professoren oder fortgeschrittene Studenten verbunden ist. Prüfung und Bewertung sind eindeutig besser vorhersagbar als eine Klausur, bei der die Formulierung der Fragen und die Auswertung der Antworten stärker dem Belieben des Prüfenden unterliegen.

Die Zeitung *USA TODAY* verdankt ihren Erfolg zum Teil ihrer Vorhersagbarkeit. Da sie landesweit erscheint, kann der Reisende sicher sein, daß er das vertraute Logo und den bekannten Inhalt überall bekommt. Auch die Verkaufsautomaten von *USA TODAY* (die beruhigend einem Fernsehgerät ähneln) sind an jedem Ort die gleichen. Ein Manager formulierte es so: »Ein Geschäftsreisender kann sich montags in Washington, D.C ein Exemplar besorgen, und am Dienstag lacht ihn in Los Angeles genau die gleiche Zeitungskiste an.«[15] Aufbau und Aufmachung der Zeitung sind von Tag zu Tag genau vorhersagbar. Die Berichte sind vorhersagbar kurz und leicht verdaulich. In der alltäglichen *USA TODAY* gibt es ebensowenig Überraschungen wie im allabendlichen »Big Mac«.

Auch die Anziehungskraft der Einkaufspassagen liegt zumindest zum Teil in ihrer Vorhersagbarkeit. Hier sind zum Beispiel die Unwägbarkeiten des Wetters beseitigt: »Ein Junge, der hier arbeitet, erklärte mir, warum er die Ladenpassage mag ... Gleichgültig, was draußen für Wetter ist, hier drinnen ist es immer gleich. Er findet das gut. Er will nicht wissen, daß es regnet – es würde ihn deprimieren.«[16] Dieser letzte Satz weist auf einen anderen vorhersagbaren Aspekt der Ladenpassagen hin – sie strahlen immer gute Laune aus. Wie die Fast-food-Restaurants, so sind auch die Einkaufspassagen von Ort zu Ort praktisch genau gleich. Und schließlich ist derjenige, der den ganzen Tag durch Ladenpassagen wandert, relativ sicher vor der Unvorhersagbarkeit der Kriminalität, der man ausgesetzt ist, wenn man durch die Straßen einer Stadt geht.

## Hierarchien, Standardisierung und gleichartige Autos

Bürokratien sind viel vorhersagbarer als andere Organisationsformen. Erstens sitzen die Leute in Büros, und mit jedem Büro verbinden sich ganz bestimmte Erwartungen an die dort tätigen Amtsinhaber. Wer in dem Büro arbeitet, von dem verlangt man, daß er diesen Erwartungen gerecht wird. Ein Mitarbeiter oder Antragsteller, der mit einem Büro zu tun hat, kann damit rechnen, daß es den Erwartungen entsprechend funktioniert, unabhängig davon, was für ein Mensch dort an einer bestimmten Stelle sitzt. Zwar gibt es Ermessensspielräume, aber die Beschäftigten in einem Büro können ihre Tätigkeit weder verweigern noch in völlig anderer Form ausführen.

Zweitens gibt es in einer Bürokratie eine klare Hierarchie der Büros und Mitarbeiter: Sie wissen, von wem sie Weisungen entgegenzunehmen und an wen sie Weisungen zu geben haben. Das bedeutet, daß Bürokraten (in der Regel) nicht in einem Umfeld arbeiten, in denen jeder ihnen nach Belieben Befehle erteilen kann.

Weiterhin liegt in einer Bürokratie praktisch alles in schriftlicher Form vor. Wenn man die Regeln und Dienstanweisungen der Organisation liest, weiß man, womit man zu rechnen hat. Für praktisch jede nur vorstellbare Angelegenheit gibt es ein vorgedrucktes Formular, und die Bearbeitung eines Vorgangs umfaßt häufig kaum etwas anderes als das Ausfüllen des erforderlichen Vordrucks (in dreifacher Ausfertigung). Jede Angelegenheit eines bestimmten Typs wird durch Benutzung des gleichen Formulars erledigt.

Die wissenschaftliche Betriebsführung, die Taylor entwickelte, legte großen Wert auf Vorhersagbarkeit. Indem Taylor den einen, besten Weg zur Erledigung einer Aufgabe beschrieb, wollte er natürlich ein Verfahren entwickeln, das jeder, aber auch wirklich jeder Angestellte befolgte. Taylor beschäftigte sich mit der Vorhersagbarkeit vorwiegend unter einer Überschrift, die er »Standardisierung« nannte. Nach seiner Ansicht gestatteten die meisten Führungskräfte ihren Angestellten, ihre eigenen Hilfsmittel und Methoden zur Erledigung einer Aufgabe auszuwählen. Das, so Taylor, verlieh der Arbeit zwar eine gewisse Individualität, aber es führte zu geringer Produktivität und schlechter Qualität. Statt dessen wollte Taylor die Hilfsmittel und Arbeitsabläufe vollständig standardisieren. Er war sogar der Ansicht, schlechte Standards seien immer noch besser als gar keine, weil sie zumindest zu einem gewissen Anstieg von Produktivität und Qualität führten. Natürlich befürwortete Taylor die Entwicklung eindeutiger, detaillierter Standards, die gewährleisteten, daß alle Beschäftigten eine bestimmte Aufgabe genau auf dieselbe Weise erledigten. Er glaubte, diese höchst vorhersagbare Arbeitsweise werde unabhängig vom einzelnen Angestellten und von einem Tag zum nächsten zu einer ebenso vorhersagbaren Qualität führen. Außerdem erlaubten standardisierte Hilfsmittel und Verfahren die Herstellung stärker standardisierter Produkte.

Das Fließband war ebenfalls eine sehr vorhersagbare Struktur, welche die Wahrscheinlichkeit vorhersagbarer Arbeitsabläufe und vorhersagbarer Produkte steigerte. Die Alternative waren mehrere hochqualifizierte Handwerker, die gemeinsam ein Auto zusammenbauten. Dabei ergab sich das Problem, daß manche Tätigkeiten der einzelnen Mitarbeiter nicht vorhersagbar waren, sondern von Mensch zu Mensch und von Zeitpunkt zu Zeitpunkt ein wenig voneinander abwichen. Entsprechend gab es auch in den Produkten deutliche Unterschiede – jedes Auto würde in einigen Eigenschaften vom nächsten abweichen. Und das wiederum würde Unwägbarkeiten in Betrieb und Qualität der Autos mit sich bringen: Das eine Auto wäre vielleicht schneller oder weniger reparaturanfällig als das nächste.

Das Fließband beseitigte einen großen Teil dieser Unvorhersagbarkeiten. Hochspezialisierte Arbeitskräfte führten wenige Tätigkeiten in sehr vorhersagbarer Weise aus. Wenn ihre Leistung nicht den Erwartungen entsprach, zeigte sich das an den nächsten Stationen des Fließbandes oder spätestens am Ende bei der Qualitätskontrolle. Deshalb war das fertige Auto auf diese Weise viel vorhersagbarer, als wenn wenige gut ausgebildete Mechaniker es zusammengebaut hätten. Alle Autos waren praktisch identisch, Unterschiede in Qualität und Leistung gab es kaum.

## Medizin: von der Subjektivität zur Objektivität

Historisch betrachtet, war die Medizin alles andere als vorhersagbar. Die Ärzte arbeiteten in Privatpraxen weitgehend selbständig, und jeder hatte mehr oder weniger eine eigene Methode der medizinischen Versorgung. Auch wenn sie zu einer Institution gehörten, beispielsweise zu einem Krankenhaus oder einer Gemeinschaftspraxis, waren sie im wesentlichen frei von den organisatorischen Beschränkungen, die ihre Tätigkeit vorhersagbarer gemacht hätten.

Heute drängen vielfältige Kräfte die Medizin in die Richtung von mehr Vorhersagbarkeit, das heißt, verschiedene medizinische Methoden sind unabhängig von Ort und Zeitpunkt immer die gleichen. Der wachsende Einfluß verschiedener bürokratischer Organisationen auf die Ärzte – insbesondere auf diejenigen, die bei diesen Organisationen angestellt sind – führt zu erheblich mehr Vorhersagbarkeit in der medizinischen Praxis. Solche Organisationen gründen

sich wie jede Bürokratie auf eine Reihe von Regeln, Richtlinien und formalisierten Kontrollen, welche die Ärzte einschränken und sie veranlassen, Medizin in mehr oder weniger
vorhersagbarer Weise auszuüben.

Die Tätigkeit des einen Arztes unterscheidet sich also
nicht mehr erheblich von der eines anderen; medizinische
Entscheidungen werden an einem Ort und zu einem Zeitpunkt ähnlich ausfallen wie an einem anderen Ort zu anderer
Zeit. Diesen Druck in Richtung auf mehr Vorhersagbarkeit in
der Medizin gibt es bei allen Organisationen, besonders stark
ist er aber bei solchen, die auf Gewinn aus sind. Solche Organisationen haben das Ziel, sowohl den Gewinn als auch seinen
Anstieg von Jahr zu Jahr sicherzustellen. Derartige Anforderungen führen dazu, daß sie von der Tätigkeit ihrer angestellten Ärzte immer mehr Vorhersagbarkeit verlangen. Vorhersagbare Tätigkeit führt zu sichereren Gewinnen. Je größer die
Organisation ist, desto stärker wird der Druck in Richtung
größerer Vorhersagbarkeit, und diese Entwicklung wird durch
den Trend zu umfangreicheren Medizinunternehmen eindeutig gefördert. Außerdem gründen sich die »McDoctors«,
die nach dem Vorbild des Fast-food-Restaurants gestaltet wurden, auf Regeln, Richtlinien und Kontrollen, so daß die
Handlungen der Ärzte dort in hohem Maße vorhersagbar
sind.

In ähnlicher Weise führt auch der Druck äußerer Geldgeber, die ihre Kosten dämpfen wollen, zu mehr Vorhersagbarkeit
in der Medizin. Der Arzt entscheidet nicht mehr unabhängig
und subjektiv über Fragen wie die Länge eines Klinikaufent-
haltes oder die erforderlichen Untersuchungen, sondern solche
Dinge werden durch staatliche Richtlinien und private Geldgeber vorgeschrieben.

Ein weiterer Faktor, der in der Medizin zu mehr Vorhersagbarkeit führt, ist die Verbreitung der hochentwickelten

Medizintechnik. Grundsätzlich geht der Trend von den unvorhersagbaren, subjektiven Entscheidungen des Arztes zur eher objektiven Beurteilung, die durch verschiedene hochkarätige technische Entwicklungen vorgegeben werden. Heute braucht der Arzt nicht mehr aus einer Reihe diagnostischer Indizien den Schluß zu ziehen, daß ein Herzkranzgefäß verstopft ist: Statt dessen ordnet er ein Arteriogramm an, das objektiv zeigt, ob ein solcher Gefäßverschluß vorliegt. Ein Beobachter formulierte es so: »Die Entwicklung der Medizin ist an einem Punkt angelangt, wo diagnostische Beurteilungen sich nicht mehr auf ›subjektive‹ Hinweise wie die Empfindungen des Patienten und die Beobachtungen des Arztes stützen, sondern auf ›objektive‹ Befunde, die von Laboruntersuchungen sowie von mechanischen und elektronischen Geräten stammen.«[17]

### ET besucht die »kleinen Schachteln auf dem Hügel«

Wir können die Betrachtung der Vorhersagbarkeit in einer McDonaldisierten Gesellschaft mit einem Beispiel für modernen Wohnsiedlungsbau abschließen. In einem berühmten Volkslied heißt es:

Little boxes on the hillside,
Little boxes made of ticky-tacky,
Little boxes, little boxes, little boxes,
Little boxes all the same.[18]

Im Bauboom nach dem Zweiten Weltkrieg versuchte man, Häuser und das Bauen vorhersagbarer zu gestalten. Das führte zur Entstehung von Wohnsiedlungen, in denen sich die einzelnen Häuser innen und außen kaum unterschieden. Man konnte unter Umständen in ein fremdes Haus gehen und erst einmal gar nicht bemerken, daß es nicht das eigene war. In teureren Wohngegenden gibt es ein wenig mehr Vielfalt, aber viele Vorstadtbewohner leben in Häusern, die denen der Nachbarn fast aufs Haar gleichen.

Außerdem sehen auch die Siedlungen als ganzes sehr ähnlich aus. Den alten Baumbestand holzte man ab, um effizienter bauen zu können, und statt dessen wurden Setzlinge gepflanzt, die man mit Pfosten und Draht aufrecht hielt. In ähnlicher Weise ebnete man auch Hügel mit dem Bulldozer ein, um waagerechte Flächen zu schaffen. Die Straßen wurden gerade und in einem symmetrischen Muster angelegt. Bei solchen vorhersagbaren Eigenschaften kann ein Vorstadtbewohner leicht in die falsche Wohnsiedlung geraten oder sich in der eigenen verirren.

Viele Filme von Steven Spielberg spielen in solchen rationalisierten und höchst vorhersagbaren Wohnsiedlungen. Spielberg verfolgt dabei die Strategie, den Zuschauer in eine vorhersagbare Welt zu locken, in der dann etwas höchst Unvorhersagbares geschieht. In dem Film *ET* gerät der Außerirdische zum Beispiel in eine Reihenhaussiedlung; dort entdeckt ihn ein Kind, das bis dahin im höchst vorhersagbaren Umfeld einer Wohnsiedlung gelebt hat. Schließlich bringt der unvorhersagbare ET nicht nur das Leben des Kindes und seiner Familie durcheinander, sondern auch das der ganzen Siedlung. Auch *Poltergeist* spielt in einer Wohnsiedlung, deren vorhersagbare Ruhe die bösen Geister schließlich zunichte machen. (Anfangs machen sich die Geister durch ein anderes Schlüsselelement der McDonaldisierten Gesellschaft bemerkbar: den Fernseher.) Der große Erfolg der Spielberg-Filme erklärt sich wahrscheinlich durch unsere Sehnsucht nach einer gewissen Unvorhersagbarkeit in einem immer stärker vorhersagbaren Leben, auch wenn sie beängstigend und bedrohlich ist.

## Schlußfolgerung

Das dritte Element der McDonaldisierung ist die Vorhersagbarkeit, der Versuch, die Menschen vorher wissen zu lassen, womit sie zu jedem Zeitpunkt und an allen Orten zu rechnen haben. Das Ziel ist die Herstellung einer Welt ohne Überraschungen. Als erste versuchten Motelketten wie »Holiday Inn«, dem Verbraucher eine vorhersagbare Welt anzubieten, aber die Nahrungsmittelindustrie folgte ihnen auf dem Fuß: Lebensmittel, Umfeld und Personal wurden vorhersagbar. In die häusliche Umgebung gelangten die vorhersagbaren Lebensmittel in Form des tiefgefrorenen Fertiggerichts, das inzwischen von den noch stärker vorhersagbaren Mikrowellengerichten und Trockenprodukten verdrängt wird. Im Freizeitbereich findet man Vorhersagbarkeit in den immer häufigeren Fortsetzungsfilmen, den Wohnmobilen und komfortablen Campingplätzen und sogar in standardisierten Pferde-Rennställen. In der Arbeitswelt tragen bürokratische Strukturen, die Standardisierung durch den Taylorismus und die Fließbandproduktion identischer Autos dazu bei, die Vorhersagbarkeit zu ermöglichen und auszuweiten.

# 6.
# Kontrolle
Menschliche und nichtmenschliche Roboter

Dieses Kapitel beschreibt die vierte Dimension der McDonaldisierung: stärkere Kontrolle und den Ersatz menschlicher Arbeitskraft durch nichtmenschliche Technologie.[1] Wenn menschliche Arbeit gegen nichtmenschliche Technik ausgetauscht wird, ist das Streben nach mehr Kontrolle sogar häufig der Beweggrund. Die große Quelle von Unsicherheit und Unvorhersagbarkeit bei der Rationalisierung eines Systems sind die Menschen – entweder diejenigen, die in dem System arbeiten, oder aber die, denen es dient. Bemühungen um stärkere Kontrolle richten sich deshalb meist auf die Menschen.

Zur McDonaldisierung gehört die Suche nach Mitteln, mit denen man sowohl über die Angestellten als auch über die Kunden mehr Kontrolle ausüben kann. Im Laufe der Jahre wurde eine Reihe von Methoden entwickelt und eingesetzt, die den Zweck haben, Menschen zu kontrollieren. Außerdem – und in viel stärkerem Maße – wurden die Menschen, die in einem rationalisierten Umfeld arbeiteten, durch nichtmenschliche Technik ersetzt. Schließlich sind Roboter und Computer viel leichter zu kontrollieren als Menschen (abgesehen vielleicht von Phantasieprodukten wie dem Computer HAL in dem Film *2001 – Odyssee im Weltraum*.)

Der Begriff »Technologie« wird hier sehr weit gefaßt: Er beinhaltet nicht nur Maschinen und Werkzeuge, sondern auch Material, Fähigkeiten, Kenntnisse, Regeln, Richtlinien, Verfahren und Abläufe. Auf diese Weise können wir nicht nur so offenkundige Dinge wie Roboter, Computer und das Fließband als »Technologie« begreifen, sondern auch bürokratische Regeln, Vorschriften und Handbücher, in denen die erlaubten Methoden und Handlungsweisen festgelegt werden.

Historisch gesehen bestand die Grundidee darin, nach und nach immer mehr Kontrolle über Menschen auszuüben, indem man eine vielfältige und immer effektivere Technologie entwickelte. Wenn man die Menschen unter Kontrolle hat, kann man ihre Handlungen auf eine Reihe maschinenähnlicher Tätigkeiten reduzieren. Und wenn sich die Menschen wie Maschinen verhalten, lassen sie sich durch wirkliche Maschinen ersetzen, in jüngster Zeit am offenkundigsten durch mechanische Roboter. Mit dem Ersatz der Menschen durch Maschinen haben wir den höchsten Zustand der Kontrolle über Menschen erreicht – sie können keine Unsicherheit und Unvorhersagbarkeit mehr verursachen, weil sie nicht mehr an dem Vorgang beteiligt sind – zumindest nicht unmittelbar.

Vor dem Zeitalter der hochentwickelten nichtmenschlichen Technik wurden Menschen vorwiegend durch andere Menschen kontrolliert. Am Arbeitsplatz fand diese Kontrolle der Untergebenen von Angesicht zu Angesicht durch den Firmenbesitzer oder einen Vorgesetzten statt. Aber diese direkte, persönliche Art der Kontrolle ist schwierig, kostspielig und dazu angetan, persönliche Feindseligkeiten zwischen den Kontrollierten zu verursachen. Untergebene widersetzen sich häufig einem unmittelbaren Vorgesetzten oder einem Firmeneigner, der ihre Tätigkeiten unter eine zu scharfe Kontrolle bringen will. Kontrolle, die mit technischen Mitteln ausgeübt wird, ist einfacher, langfristig billiger und weniger geeignet, Auflehnung gegen Vorgesetzte und Eigentümer hervorzurufen. Auf lange Sicht beobachtet man deshalb eine Verschiebung von der Kontrolle durch Menschen zur Kontrolle durch Technologie.

Natürlich ist Kontrolle nicht das einzige Ziel nichtmenschlicher Technologie. Sie wird aus vielfältigen Gründen geschaffen und eingesetzt, zum Beispiel zur Steigerung von Produktivität und Qualität sowie zur Kostensenkung. Obwohl also zwischen Kontrolle und zunehmender Verwendung nichtmenschlicher Technologie keine völlige Übereinstimmung besteht, geht es in diesem Kapitel vor allem darum, wie nichtmenschliche Technologie die Menschen – Angestellte und Kunden – in einer McDonaldisierten Gesellschaft immer stärker kontrolliert.

## Brotfabriken, Fischfarmen und Batteriehühner

Zu Beginn soll diesmal nicht von Herstellung und Verbrauch der Lebensmittel im Fast-food-Restaurant die Rede sein, sondern von der Produktion einiger Rohmaterialien, die solche Restaurants benötigen: Brot, Fisch, Fleisch und Eier.

Überall in der Lebensmittelherstellung findet man eine Technologie, die darauf angelegt ist, Menschen zu kontrollieren und die von ihnen ausgehende Unsicherheit zu vermindern. So sind für die Brotherstellung keine ausgebildeten Bäcker mehr zuständig, die mit Liebe und Aufmerksamkeit jeweils nur wenige Brotlaibe herstellen. (In Kapitel 9 werden einige Alternativen zur McDonaldisierten Bäckerei beschrieben.) Solche qualifizierten Bäcker können für eine Gesellschaft des Massenkonsums nicht genügend Brot herstellen, und außerdem ist ihr Produkt mit den Unsicherheiten behaftet, die aus der Arbeit der Menschen erwachsen. Das Brot könnte zum Beispiel zu braun oder zu kurz gebacken sein. Um die Produktivität zu steigern und solche Unvorhersagbar-

keiten zu beseitigen, haben die Großproduzenten für Brot ein
automatisiertes System entwickelt, in dem Menschen wie in
allen derartigen Systemen nur eine untergeordnete Rolle spielen, und wenn sie mitwirken, dann tun sie das unter strikter
Kontrolle der Technologie:

»Die fortschrittlichsten Bäckereien ähneln heute Ölraffine-
rien. Mehl, Wasser, zahlreiche Zusatzstoffe und eine gewaltige Menge Hefe und Zucker werden zu einer Brühe ver-
mengt, die man eine Stunde lang gären läßt. Dann kommt
weiteres Mehl hinzu, und der Teig wird in Formen gepreßt,
quillt eine Stunde lang auf und läuft anschließend durch eine
Backstraße. Nach 18 Minuten kommen die fertigen Laibe
heraus, die dann abgekühlt, geschnitten und verpackt werden.«[2]

In einem Bereich der Lebensmittelindustrie nach dem anderen trat eine Technik, bei der Menschen für kaum etwas anderes als Planung und Wartung zuständig sind, an die Stelle der
Herstellungsverfahren, bei denen ausgebildete Handwerker
die Hauptrolle spielten. Ähnlich automatisiert wurden auch
Lagerung und Transport der Lebensmittel.

Einige ziemlich verblüffende Entwicklungen gab es bei
den Verfahren, mit denen Fische und andere Tiere als Lebensmittel gezüchtet werden. Hier sind nicht nur die menschlichen Arbeitskräfte, sondern auch die Tiere eine Quelle der
Unvorhersagbarkeit. Deshalb hat man rationelle Methoden
entwickelt, um beide Arten der Unsicherheit in den Griff zu
bekommen.

Für Fische gibt es zu diesem Zweck die »Aquakultur«,
eine Branche mit einem Volumen von derzeit acht Milliarden
DM, die weiterhin drastisch anwächst – eine Folge der steigenden Nachfrage nach Meeresprodukten in einer immer

cholesterinbewußteren Bevölkerung. Statt des einsamen Anglers, der ineffizient und mit unvorhersagbarem Ergebnis seine Leine auswirft, aber auch anstelle großer Schiffe, die mit riesigen Netzen viele Tonnen Fisch auf einmal fangen, erleben wir immer stärker, wie Meeresfrüchte vorhersagbar und effizient in »Farmen« hergestellt werden. Der frische Lachs in den Restaurants stammt zum Beispiel zu mehr als 50 Prozent aus riesigen Käfigen, die vor der Küste Norwegens im Meer verankert sind.[3]

Solche Meeresfarmen bieten eine Reihe rationeller Vorteile. Ganz allgemein ist die Aquakultur eine Technologie, mit der die Menschen viel mehr Kontrolle über die Unvorhersagbarkeiten der Meereslebewesen in ihrem natürlichen Lebensraum ausüben können. Die Zucht der Meerestiere ermöglicht eine besser vorhersagbare Versorgung, und mit verschiedenen Medikamenten und Chemikalien kann man für mehr Vorhersagbarkeit in Menge und Qualität der Tiere sorgen. Auch die Ernte wird durch die Aquakultur vorhersagbarer und effizienter, weil sich die Tiere auf engerem Raum befinden. Außerdem können Genetiker die Produktion durch entsprechende Manipulationen effizienter gestalten. Normalerweise dauert es zum Beispiel zehn Jahre, bis ein Heilbutt zu marktfähiger Größe herangewachsen ist, aber eine neue Zwergrasse erreicht die erforderliche Größe schon nach drei Jahren. Meeresfarmen ermöglichen auch mehr Berechenbarkeit – sie erzeugen die größtmögliche Zahl an Fischen mit dem geringstmöglichen Aufwand an Zeit, Geld und Energie.

Im Bereich der Viehzucht zur Nahrungsmittelproduktion werden die relativ kleinen bäuerlichen Familienbetriebe immer stärker durch »Tierfabriken« verdrängt. Die ersten Tiere, die in dieser Weise in die Massenhaltung gerieten, waren Hühner. Ein Beobachter beschrieb eine »Hühnerfabrik« so:

»Ein Hähnchenerzeuger bekommt heute eine Ladung von 50000, 100000 oder mehr eintägigen Küken aus einem Brutbetrieb und bringt sie sofort in einen langen, fensterlosen Stall.... Dort wird die Umwelt der Vögel in jeder Hinsicht so kontrolliert, daß sie mit möglichst wenig Futter möglichst schnell wachsen. Futter und Wasser kommen automatisch aus Behältern an der Decke. Das Licht wird genau reguliert ... Die ersten ein bis zwei Wochen scheint es vielleicht besonders hell, damit die Hühner schneller an Gewicht zunehmen ...
Gegen Ende des acht- bis neunwöchigen Hühnerlebens hat jedes Tier vielleicht nur 450 Quadratzentimeter zur Verfügung – noch nicht einmal die Fläche eines Schreibmaschinenbogens für einen Vogel von eineinhalb Kilo.«[4]

Solche Hühnerfarmen haben unter anderem den Vorteil, daß ein Mensch die Aufzucht von über 50000 Hühnern überwachen kann. Die Produktion besteht dabei aus einer Reihe vorhersagbarer Schritte. Das ermöglicht nicht nur mehr Kontrolle über die einzelnen »Züchter«, sondern die Züchter haben ihrerseits auch mehr Kontrolle über die Tiere. Deshalb lassen sich Größe und Gewicht der Hühner besser vorhersagen als bei freilaufendem Geflügel. Außerdem kann man Hühner, die in dieser Weise eingesperrt sind, effizienter »ernten«, als wenn man sie auf einer großen Fläche einfangen muß.
    Andererseits entstehen durch die Massentierhaltung aber auch unvorhersagbare Erscheinungen wie Gewalt und sogar Kannibalismus. Solche unrationellen »Auswüchse« (deren Ursache die unnatürlich beengten, erzwungenen Lebensbedingungen der Hühner sind) versucht man mit verschiedenen Methoden in den Griff zu bekommen, zum Beispiel indem man das Licht dämpft, wenn die Hühner sich der endgültigen Größe nähern, oder indem man sie »entschnäbelt«, so daß sie sich nicht mehr gegenseitig verletzen können.

Weibliche Hühner dienen einem anderen Zweck: Sie produzieren Eier. In der modernen Welt der Massentierhaltung betrachtet man Hennen eigentlich nur als »Umformungsmaschinen«: Sie machen aus einem Rohstoff (dem Futter) ein Produkt (das Ei). Die Technologie zur Rationalisierung der Eierproduktion beschreibt Peter Singer so:

»Die Käfige stehen in Reihen übereinander, Futter und Wasser laufen an jeder Reihe vorbei, nachgefüllt von einer automatischen Zentralversorgung. Sie stehen auf einem abschüssigen Drahtgeflecht. Wegen der Schräge ... können die Vögel kaum bequem stehen, aber die Eier rollen an den vorderen Rand des Käfigs, wo man sie leicht einsammeln kann ... in moderneren Fabriken werden sie von einem Förderband zur Verpackungsanlage befördert ... Die Exkremente tropfen durch den Gitterboden und können sich monatelang ansammeln, bevor man sie auf einmal entfernt.«[5]

Mit solchen Methoden hat man die Hennen natürlich in großem Umfang unter Kontrolle, und die Eierproduktion ist höchst effektiv; außerdem führen sie zu einer besser vorhersagbaren Eierzahl und zu einheitlicherer Qualität.

In fabrikähnlichen Einrichtungen werden auch Schweine, Lämmer, Ochsen und vor allem Kälber herangezüchtet. Kalbfleisch soll möglichst weiß sein und wenig Muskelfasern enthalten. Muskelfasern machen das Fleisch zäh, und um ihre Entwicklung zu verhindern, sperrt man die jungen Kälber sofort in winzige Ställe, wo ihnen der Auslauf fehlt, und wenn sie größer werden, können sie sich oft nicht einmal mehr herumdrehen. Durch die Stallhaltung verhindert man auch, daß die Kälber Gras fressen, denn das würde eine rötlichere Färbung des Fleisches entstehen lassen. Stroh gibt es in den Ställen nicht, denn es würde ebenfalls zu dunklerem Fleisch führen, wenn die Kälber es fressen. »Sie werden vollständig mit Kunstprodukten ernährt, vor allem mit Magermilchpulver, dem Vitamine, Mineralstoffe und wachstumsfördernde Chemikalien zugesetzt werden«, schreibt Peter Singer in seinem Buch *Animal Liberation.*[6] Um zu gewährleisten, daß die Kälber möglichst viel Futter zu sich nehmen, gibt man ihnen kein Wasser: Sie sind gezwungen, die Flüssignahrung zu verzehren. Durch strikte Kontrolle von Stall und Futter können die Kälbermäster zwei quantitativ erfaßbare Größen maximieren: die Produktion der größtmöglichen Fleischmenge in der kürzestmöglichen Zeit *und* die Erzeugung des zartesten, weißesten und deshalb wünschenswertesten Fleisches. Läßt man junge Rinder auf der Weide herumlaufen, ist ihr Fleisch zäher und weniger beliebt.

In der Produktion von Hühnern, Eiern und Fleisch hat sich also ein Wandel vollzogen: vom eher menschlichen kleinen Bauernhof zur technisierten Produktion. Die Technik führt ganz offenkundig zu größerer Kontrolle über die Tiere, die das Fleisch produzieren, und damit steigt die Effizienz, Berechenbarkeit und Vorhersagbarkeit der Fleischerzeugung. Außerdem stehen die beteiligten Arbeitskräfte unter stärkerer Kontrolle. Überläßt man die Bauern zum Beispiel ihren eigenen Hilfsmitteln, geben sie einem jungen Ochsen vielleicht zuwenig oder falsches Futter, oder sie gestatten ihm zuviel Bewegung. In der strikt kontrollierten Tierfabrik gibt es solche Möglichkeiten nicht. Je mehr eine solche Fabrik automatisiert ist, desto überflüssiger wird die Arbeit des Bauern mit ihren Unwägbarkeiten.

### Getränkeautomaten und Scannerkassen

Betrachten wir als nächstes einmal den Lebensmittelverbrauch. Eine Hauptursache für Unsicherheit ist in einem herkömmlichen Restaurant der Küchenchef oder Koch. Seine

Stimmungslage kann zu großen Unterschieden bei den Gerichten führen. Und wenn der Koch nicht zur Arbeit erscheint, ist das für das Restaurant unter Umständen eine Katastrophe. Um solche Probleme zu bewältigen, haben die Fast-food-Restaurants den Koch – zumindest im üblichen Sinne des Wortes – abgeschafft. Das Kochen, das heißt das Braten der Hamburger, ist so einfach, daß jede angelernte Kraft dazu in der Lage ist. Und wenn ein wenig mehr Kochkunst erforderlich ist (zum Beispiel für das in Kapitel 3 beschriebene Roastbeef bei Arby's), dann entwickelt das Fast-food-Restaurant eine Standardmethode mit einigen einfachen Handgriffen und Vorgehensweisen, die ebenfalls fast jeder nachvollziehen kann. Das Kochen im Fast-food-Restaurant gleicht im Prinzip dem Verbinden vorgegebener Punkte zu einem Bild oder dem Malen nach Zahlen: Man führt vorgeschriebene Schritte aus, und damit beseitigt man die meisten Unsicherheiten und Unwägbarkeiten, die normalerweise mit dem Kochen verbunden sind.

Wie das Militär, so stellten auch die Fast-food-Restaurants zumindest bis vor kurzem hauptsächlich Teenager ein, weil sie sich leichter als Erwachsene damit abfinden, daß sie sich mit ihrer Selbständigkeit den Maschinen, Richtlinien und Vorgehensweisen unterwerfen müssen. In den letzten Jahren gab es nicht mehr genügend Teenager, die den Personalbestand der Fast-food-Restaurants mit ihrer starken Fluktuation der Angestellten aufrechterhalten konnten, und das führte zu einer Erweiterung des traditionellen Arbeitskräftereservoirs in der Branche. Wie in Kapitel 5 beschrieben wurde, versucht das Fast-food-Restaurant sogar bei Erwachsenen, die Kontrolle des Arbeitsverhaltens auf ein Maximum zu steigern.

Die Lebensmittel, die McDonald's verarbeitet, werden zum größten Teil vorgeformt, vorgeschnitten und anderweitig vorbereitet angeliefert und stammen häufig aus maschineller Produktion. Die Angestellten brauchen deshalb nur sehr begrenzte Tätigkeiten auszuführen – meist ist es nicht erforderlich, daß sie die Frikadellen formen, die Kartoffeln schneiden, die Brötchen halbieren oder den Apfelkuchen zubereiten. Sie brauchen nur noch – soweit nötig – die Lebensmittel zu garen oder einfach zu erhitzen und dem Kunden auszuhändigen. Je weiter die Lebensmittel vor der Anlieferung im Restaurant durch nichtmenschliche Technologie vorgefertigt sind, desto weniger müssen die Angestellten tun und desto weniger Raum bleibt ihnen, um ihre eigenen Beurteilungen und Fähigkeiten zu üben.

Bei »Taco Bell« waren die Angestellten früher stundenlang damit beschäftigt, Fleisch zu garen und Gemüse zu zerkleinern. Heute wird das fertig gegarte Rindfleisch in Plastiktüten angeliefert, die nur noch in kochendes Wasser gelegt werden müssen. Schon seit einiger Zeit verwendet man vorgeschnittenen Salat, und neuerdings tauchen auch fertig geraspelter Käse und gewürfelte Tomaten auf. Den menschlichen Arbeitskräften bleibt bei »Taco Bell« immer weniger zu tun.[7]

McDonald's hat eine breite Palette von Maschinen entwickelt, um die Beschäftigten zu kontrollieren. Wenn ein Angestellter entscheiden muß, wann ein Glas voll ist und wann er den Zapfhahn zudrehen muß, besteht immer die Gefahr der Ablenkung, so daß das Glas überläuft. Deshalb entwickelte man einen Sensor, der den Getränkeautomaten selbsttätig abschaltet, wenn das Glas voll ist. Muß das Personal die Friteuse im Auge behalten, kann es vorkommen, daß eine falsche Einschätzung zu schlecht gegarten, vertrockneten oder sogar verbrannten Pommes frites führt. Ray Kroc ärgerte sich über das Problem der Beurteilung durch Menschen beim Garen von Pommes frites: »Es war erstaunlich, daß wir sie so gleichmäßig

hinkriegten, denn von den jungen Leuten an der Fritten-
pfanne hatte jeder seine eigene Ansicht über die richtige Farbe
und so weiter.«[8] Krocs Unzufriedenheit mit der Unsicherheit
menschlicher Urteile führte dazu, daß sie ausgeschaltet wurden: Man entwickelte Pommes-frites-Maschinen, die klingeln oder summen, wenn die Kartoffelstäbchen gar sind, oder
die Maschine schaltet sich selbsttätig ab und hebt den Korb
mit den Pommes frites aus dem heißen Öl. Wenn ein Arbeiter
an der Kasse auf die gekaufte Ware und dann auf die Preisliste
sehen muß, besteht die Möglichkeit, daß er einen falschen
und vielleicht sogar zu niedrigen Betrag eintippt. Die Com-
puterkasse beseitigt diese Gefahr. Der Angestellte muß nur
noch auf das Bild drücken, das zu dem gekauften Artikel paßt;
den richtigen Preis berechnet die Maschine. Mit allen diesen
Methoden hat man Arbeiten, die herkömmlicherweise von
Menschen ausgeführt werden, auf Maschinen übertragen.

Man kann mit gutem Grund argumentieren, es sei das
Ziel der Fast-food-Restaurants, die Angestellten auf die
Ebene gut funktionierender Roboter zu reduzieren. Es gab
sogar vereinzelte Berichte über jahrelange Versuche mit Robotern, welche die Gerichte verkaufen. Die *University of Wis-
consin* in Stout baute zum Beispiel eine solche Maschine, die in
der Universitätskantine die Hamburger liefert.

»Der Roboter sieht aus wie ein niedriger Backofen mit durch-
laufenden Förderbändern und einem Greifarm am Ende. Ein
rotes Licht zeigt an, wann ein Angestellter eine Frikadelle und
ein Brötchen einlegen soll, die dann eine Minute und 52 Sekunden lang durch den heißen Bereich laufen. Wenn sie am
anderen Ende der Maschine ankommen, zeigen Fotosensoren
an, daß man sie zusammensetzen kann.
Der Computer, der das Gehirn des Roboters bildet, stellt fest,
wann Brötchen und Frikadelle an der richtigen Stelle sind.

Kommt das Brötchen zu spät, läßt er das Band mit der Frikadelle langsamer laufen. Verzögert sich die Frikadelle, ver-
langsamt er die Brötchenherstellung. Außerdem registriert er
die Zahl der Brötchen und Frikadellen im Ofen, und er legt
fest, wie schnell sie eingelegt werden müssen, damit die Pro-
duktionsgeschwindigkeit aufrechterhalten wird.«[9]

Diese Roboter haben nach allgemeiner Ansicht mehrere Vorteile: niedrigere Kosten, bessere Effizienz, weniger Arbeitskräfte, keine Fehlzeiten und Ausgleich für den geringeren
Nachschub an Teenagern, die man in den Fast-food-Restaurants als Angestellte braucht. Der Professor, dem die Idee für
einen solchen Roboter kam, sagte: »Man hat Küchen bisher
nicht als Fabriken betrachtet, aber das sind sie … Die Fast-
food-Restaurants haben das als erste erkannt. Wir stehen noch
ganz am Anfang.« Bisher kostet ein solcher Roboter aber viel
Geld, und er kann nur Hamburger herstellen, ist relativ langsam und versagt oft.

Bei »Taco Bell« beschäftigt man sich derzeit mit der Entwicklung einer »computergesteuerten Maschine von der Größe eines Eßtisches, die … einen vollständigen heißen Taco
herstellen und in eine Plastiktüte verpacken kann.«[10] Der Konzern »Pepsico« (dem »Kentucky Fried Chicken«, »Pizza Hut«
und »Taco Bell« gehören) besitzt den Prototyp eines Ge-
tränkezapfautomaten, der in 15 Sekunden ein alkoholfreies
Getränk herstellt. »An der Kasse tippt ein Angestellter die Bestellungen ein. Der Computer schickt die Bestellung an den
Automaten, der daraufhin einen Becher herunterfallen läßt, mit
Eis und der richtigen Limonade füllt und einen Deckel aufsetzt.
Anschließend gelangt der Becher über ein Förderband zum
Kunden.«[11] Sobald die Technik ausgereift und kostengünstig ist,
werden wir den verbreiteten Einsatz solcher mechanischen
Roboter in den Fast-food-Restaurants miterleben.

Eine ähnliche Entwicklung hat in den Supermärkten stattgefunden. Früher waren die Preise auf den Waren angegeben; die Kassiererin mußte die Zahlen ablesen und in die Kasse eintippen. Wie alle menschlichen Tätigkeiten ging dieser Vorgang langsam, und es bestand die Möglichkeit von Irrtümern. Um solchen Problemen zu begegnen, haben viele Supermärkte in den letzten Jahren Scannerkassen installiert. Die Kassiererin tippt keinen Preis mehr ein, sondern ein Scanner »liest« den Strichcode, und der zugehörige Preis ist in dem Computer gespeichert, der das Herzstück einer solchen modernen Registrierkasse darstellt. Diese nichtmenschliche Technologie hat der Tätigkeit der Supermarktkassiererin einen Teil der menschlichen Unwägbarkeiten genommen. Außerdem ließ sie Zahl und Schwierigkeitsgrad der Einzeltätigkeiten an der Kasse zurückgehen. Die Kassiererin braucht keine Zahlen mehr abzulesen und einzutippen. Geblieben sind nur einfache Aufgaben wie das Scannen der Waren und das Verpacken in Tüten. Mit anderen Worten: Die Tätigkeit der Supermarktkassiererin ist anspruchsloser geworden.

Der nächste Schritt an der Kasse der Supermärkte besteht darin, daß der Kunde selbst den Scanner betätigt, so daß kein Kassenpersonal mehr benötigt wird. Eine Filiale von »Maryland Safeway« hat kürzlich ein solches System installiert. Um die Angelegenheit zu vereinfachen, gibt man dem Kunden eine Broschüre mit dem Titel »Allein durch die Kasse – so einfach ist es« (man fragt sich natürlich: einfach für wen?). Der Kunde muß die folgenden drei »einfachen« Schritte ausführen:

1. Ziehen Sie den Strichcode der Ware über den Scanner. Warten Sie den Piepton ab. Legen Sie die Ware auf das Förderband.

2. Wenn Sie alle Artikel gescannt haben, berühren Sie auf dem Bildschirm das Wort ENDE.

**3.** Entnehmen Sie am Ende des Förderbandes den Kassenzettel. Gehen Sie zum Zahlschalter.[12]

Mit solchen militärischen Befehlen wird über den Kunden starke Kontrolle ausgeübt, und sie ermöglichen es, die Kassiererin einzusparen. Außerdem gehört das Selbst-Scannen zu dem in Kapitel 3 beschriebenen Trend, dem Kunden immer mehr Arbeit aufzubürden. Nach dem Scannen muß der Kunde seine Einkäufe sogar selbst in Tüten verpacken (was in den USA sonst üblicherweise vom Personal besorgt wird; Anm. d. Übers.). Eine Firma, die solche Systeme entwickelt hat, sagte voraus: »In fünf Jahren wird die Selbstbedienungstechnik sich beim Einkaufen ebenso durchgesetzt haben wie die Geldautomaten bei den Bankkunden.« Ein Kunde, offenbar ein überzeugter Anhänger der McDonaldisierung, sagte über das System: »Es ist schnell, leicht und effizient ... man kommt schnell hinein und wieder hinaus.« Der nächste »Fortschritt« wird darin bestehen, daß der Käufer seine Kreditkarte einschiebt, so daß er nicht mehr zum Kassierer gehen und dort seine Lebensmittel bezahlen muß. (Wie wir gesehen haben, gibt es solche Anlagen an manchen Tankstellen bereits.)

Die Scannerkasse im Supermarkt ermöglicht auch auf andere Weise eine Kontrolle des Kunden. Bevor es sie gab, konnten die Käufer an jedem Artikel sehen, wieviel er kostet, und an der Kasse konnten sie überprüfen, ob man ihnen nicht zuviel abverlangte. In Läden mit Scannerkassen befinden sich an den Waren keine Preise mehr, sondern nur noch Strichcodes. Durch diese Veränderung hat der Supermarkt den Kunden stärker unter Kontrolle – in immer mehr Fällen ist es für den Verbraucher fast unmöglich, an der Kasse nachzurechnen.[13]

Eine weitere Art der Kontrolle der Supermärkte über ihre Kunden hat mit der Plazierung der Waren zu tun. Sie ist entscheidend für das Kaufverhalten. Die Läden achten beispielsweise genau darauf, daß Artikel, die für Kinder anziehend sind, in Reichweite der Kleinen untergebracht sind (zum Beispiel in den unteren Regalfächern). Und die Verkaufsförderung durch Sonderangebote und strategisch günstige Plazierung der Waren im Laden wirkt sich erheblich darauf aus, welche Artikel gekauft werden. Deshalb kämpfen Hersteller und Großhändler erbittert um die attraktivsten Verkaufspositionen, beispielsweise im vorderen Bereich des Ladens. Lebensmittel, die dort aufgebaut werden, verkaufen sich fast immer weit besser als solche, die an der üblichen Stelle im Regal stehen.

Die Fast-food-Restaurants haben die Kontrolle des Kunden natürlich stark weiterentwickelt. Wenn ein Gast in das Restaurant geht oder sich des Autoschalters bedient, begibt er sich in eine Art Förderbandsystem, das ihn so durch das Restaurant schleust, wie dessen Leitung es wünscht. Am deutlichsten zeigt sich das Prinzip am Autoschalter (wo die Energie des Förderbandes vom eigenen Auto stammt), aber es gilt ebenso, wenn man das eigentliche Restaurant betritt. Der Verbraucher weiß, was er zu tun hat: anstellen, zur Theke gehen, Essen bestellen, bezahlen, das Essen zu einem freien Tisch tragen, essen, den Abfall einsammeln und in den Müllbehälter werfen und wieder ins Auto steigen. Durch dieses System werden die Menschen zwar nicht auf einem wirklichen Förderband geschleust, aber die gleiche Wirkung ergibt sich durch die ungeschriebenen, allgemein bekannten Regeln für das Essen in einem Fast-food-Restaurant.

Eine strengere Kontrolle über den Kunden üben die Fast-food-Restaurants unter anderem aus, indem sie ihn so beeinflussen, daß er das Lokal möglichst schnell wieder verläßt. Dahinter steckt die Tatsache, daß das Restaurant freie Tische braucht, an denen die nächsten Kunden ihre Mahlzeit einneh-

185

men können. Vielleicht haben die heutigen Eigentümer von Fast-food-Restaurants Angst, ihre Filialen könne das gleiche Schicksal ereilen wie die früher berühmte Cafeteria-Kette »Automat«: Sie wurde zumindest zum Teil dadurch ruiniert, daß die Kunden dort stundenlang die Tische blockierten. Die Lokale wurden zu einer Art Treffpunkt, so daß immer weniger Platz für diejenigen zur Verfügung stand, die einfach nur essen wollten. Den Todesstoß erhielt die Kette, als Straßenbanden anfingen, Tische bei »Automat« als ihre ausschließliche Domäne zu betrachten.

Damit die Kunden im Fast-food-Restaurant in Bewegung bleiben, werden manchmal Sicherheitskräfte eingesetzt, die dafür sorgen, daß die Leute sich nicht zu lange an den Tischen aufhalten oder in der Umgebung des Restaurants herumlungern. In den Großstädten will man damit erreichen, daß Obdachlose sich nicht festsetzen, in Wohnsiedlungen hat es eher den Zweck, daß Rowdies im Teenageralter nicht Tische oder Parkplätze als ihr angestammtes Terrain betrachten. Bei »Seven-Eleven« ging man das Problem der vor den Läden herumlungernden Jugendlichen an, indem man süßliche Musik wie *Some Enchanted Evening* spielte. Ein Sprecher des Unternehmens sagte: »Sie wollen nicht herumlungern und mit den Füßen den Takt von Mantovani schlagen.«[14]

Manche Fast-food-Restaurants haben sogar Schilder aufgestellt, die den Aufenthalt im Restaurant auf etwa 20 Minuten begrenzen.[15] Ganz allgemein haben die Fast-food-Restaurants ihre Struktur darauf ausgerichtet, daß die Kunden sich beim Essen nicht aufhalten wollen. Da die Mahlzeiten im wesentlichen leicht und schnell aus der Hand zu essen sind, geht der Kunde auch schnell wieder. Um diesen Effekt zu verstärken, haben manche Fast-food-Restaurants sogar Stühle entwickelt, die spätestens nach zwanzigminütigem Sitzen unbequem werden.[16]

## Selbstkochende Suppen, sprechende Automaten, Zombies der Ladenpassagen und Briefe für den Papierkorb

Den Ersatz menschlicher Arbeitskraft durch nichtmenschliche Technologie und die stärkere Kontrolle, die sich daraus ergibt, findet man nicht nur im Fast-food-Restaurant, sondern auch beim Kochen zu Hause. Geräte wie der Mikrowellenherd oder der herkömmliche Backofen mit Temperaturfühler »entscheiden«, wann ein Gericht fertig ist, statt dieses Urteil dem Kochenden zu überlassen. Backöfen, Kaffeemaschinen und andere Geräte können sich heute selbsttätig ein- und ausschalten. Die Anweisungen auf allen verpackten Lebensmitteln schreiben genau vor, wie ein Gericht vorzubereiten und zu garen ist. Fertigmischungen enthalten verschiedene Gewürze, so daß keine Notwendigkeit mehr besteht, Kräuter und ähnliches selbst kreativ zu kombinieren. Sogar das heute schon altmodische Kochbuch wurde so gestaltet, daß beim Kochen keine Kreativität mehr erforderlich ist: Wer vielleicht dazu neigt, nach Geschmack zu würzen, richtet sich heute nach den strengen Richtlinien, die das Rezept vorgibt.

Eine der letzten Neuerungen auf diesem Gebiet ist die »Super Boil Soup« von »Nissin Foods«, eine Suppe, die sich selbst kocht! Am Boden der Suppendose befindet sich ein zusätzlicher Hohlraum, und wenn man einen Schlüssel umdreht, beginnt dort eine chemische Reaktion, welche die Suppe in der Dose darüber schließlich zum Kochen bringt. Bisher ist die »Super Boil Soup« nur in Japan auf dem Markt, aber es dürfte nur eine Frage der Zeit sein, bis sie auch in anderen Ländern zur Verfügung steht. [17]

Ein anderes technisches Wunderwerk, das seine Angestellten ebenso kontrolliert wie seine Besucher, ist der moderne Freizeitpark. Die jungen Leute, die dort arbeiten, sollen im Idealfall aussehen und handeln wie Maschinen und mechanische Roboter. Nachdem der Kolumnist Charles Krauthammer mit seinen Kindern die »Walt Disney World« besucht hatte, beschrieb er die »erzwungene Fröhlichkeit« der Angestellten und bemerkte dazu, er habe »einen Augenblick lang das Gefühl gehabt, durch ein chinesisches Umerziehungslager zu wandern, wo jeder, die Wächter eingeschlossen, unter Thorazin stand«.

Ein interessantes Beispiel für diese Art der Kontrolle über die Angestellten ereignete sich vor der Eröffnung des »Euro Disney Land« bei Paris im Jahr 1992. Den neuen Angestellten erklärte man folgendes:

»Die Angestellten sind verpflichtet, ein Körpergewicht im Einklang mit ihrer Größe zu halten. Den Männern ist es verboten, Bärte, Schnauzbärte, lange Haare oder Schmuck zu tragen. Frauen dürfen keine Miniröcke tragen und keine Wimperntusche benutzen. Erlaubt sind nur ein Ring an jeder Hand und ein Ohrring an jedem Ohr, und unter der Uniform sollte nur geeignete Wäsche in natürlichen ... Farben getragen werden.«

Die zukünftigen Angestellten schienen willens zu sein, sich diesen Regeln und der Kontrolle über ihr Aussehen zu unterwerfen, aber eine führende französische Gewerkschaft verklagte Disney wegen Beschneidung der persönlichen Freiheit.

In manchen Freizeitparks stehen zwar Menschen auf der Bühne, aber ihre Songs, Tänze und Dialoge sind strikt vorprogrammiert. Und auch hier gilt: Wenn man menschliche Leistung auf diese Ebene zurückgeschraubt hat, ist es nur noch ein kleiner Schritt zum Ersatz der menschlichen Roboter durch nichtmenschliche Maschinen, wenn es technisch machbar und wirtschaftlich sinnvoll ist. Tatsächlich bedienen sich viele Schausteller bereits lebensechter, sprechender Automaten. Einer ähnlichen Kontrolle unterliegen auch die Besucher des Parks, allerdings nicht ganz so offenkundig. Verkehrslenkung, Fußwege, Wegweiser, Fremdenführer, Monorails und vielfältige weitere Beförderungseinrichtungen – all das ist nichtmenschliche Technologie mit dem Ziel, das Verhalten der Besucher zu kontrollieren und sie in dem Park in Bewegung zu halten.

Einkaufspassagen üben auch über Läden und Ladeninhaber große Kontrolle aus. Bevor ein Geschäft eröffnen darf, müssen Gestaltung, Firmenzeichen, Farben und sogar Namen oft von der Betreiberfirma der Passage genehmigt werden. Und wenn der Laden geöffnet ist, stellt die Leitung der Passage unzählige Richtlinien und Vorschriften auf, die den Geschäften aufgezwungen werden. Wachleute inspizieren die Läden und vermerken, wer die Regeln verletzt (zum Beispiel wenn jemand ein paar Minuten zu früh oder zu spät öffnet). Wer ständig auffällt, dem kann der Mietvertrag gekündigt werden. Und man gibt sich alle Mühe, Gegensätzliches und Umstrittenes aus der Ladenpassage fernzuhalten.

Ebenso üben die Einkaufspassagen Kontrolle über die Kunden aus, insbesondere über Kinder und Jugendliche. Von den Massenmedien zu eifrigen Verbrauchern erzogen, kommen die Leute in eine Ladenpassage, die so arbeitet, daß ihre Kunden lebenslang zu Stammkunden der Läden in derartigen Einrichtungen werden. Den Eltern bringt man bei, diese Funktion der Ladenpassagen hinzunehmen, weil sie eine ungefährliche, kontrollierte Umgebung bieten. Die Eltern glauben, ihre Kinder seien in den Passagen sicherer als auf den Straßen unserer Städte. Aber die Passagen verführen und manipulieren auch Erwachsene, so daß sie sich bald fast wie jene Wesen fühlen, die Kowinski »Zombies« nannte und die

Stunde um Stunde, Wochenende für Wochenende durch die Ladenpassagen wandern.[18]

Eine Verkaufsmethode, die sich zunehmender Beliebtheit erfreut, ist das Telefonmarketing. Viele von uns werden mehrmals täglich angerufen, weil man uns irgend etwas verkaufen will (in Deutschland bei Privathaushalten verboten; Anm. d. Übers.). Die Leute, die in solchen Telefonmarketing-«Fabriken« arbeiten, werden streng kontrolliert. Gewöhnlich bekommen sie schriftliche Richtlinien, die sie unbedingt einzuhalten haben. Diese »Drehbücher« sind so gestaltet, daß darin die meisten vorhersehbaren Gesprächssituationen vorkommen. Oft hören Vorgesetzte die Unterhaltung mit, um die Einhaltung der Richtlinien zu überwachen. Es gibt Vorschriften für die Zahl der Anrufe oder der Verkaufsabschlüsse pro Zeiteinheit. Wenn ein Angestellter die Standards nicht erfüllt, wird er meist schnell entlassen.

Wer einen solchen Anruf erhält und nicht sofort auflegt, hat es mit einem roboterähnlichen Menschen zu tun. Auch hier gibt es die übliche Weiterentwicklung: Manche Firmen belästigen uns telefonisch nicht mehr mit Menschen, sondern mit Computern. Eine Computerstimme ist viel vorhersagbarer und leichter zu kontrollieren als ein auch noch so streng kontrollierter Mensch. Einige besonders interessante Unterhaltungen habe ich in unserer zunehmend McDonaldisierten Welt tatsächlich mit solchen Computerstimmen geführt.

Es gibt nicht nur Computerstimmen, sondern wir treffen zunehmend auch auf Computer, die über Spracherkennungssysteme auf menschliche Stimmen antworten. Wer ein R-Gespräch erhält, wird unter Umständen von einem Computer gefragt, ob er die Gebühr zahlen will. Die Maschine fordert ihn auf: »Sagen Sie ja oder nein.« Ein solches System ist effizient und kostensparend, aber auch anonym und entmenschlichend. »Der Betreffende spürt, daß er seiner Sprache keinen freien Lauf lassen kann. Er ist eingeschränkt. Der Computer kontrolliert ihn. Es kann schlicht und einfach frustrierend sein ... Die Leute gewöhnen sich daran, aber nur weil sie es unbewußt als eine weitere Unannehmlichkeit des Lebens in unserer technisierten Welt abbuchen.«[19]

Zusätzlich werden wir täglich mit Bergen von Computerbriefen bombardiert, Briefen für den Papierkorb.[20] In manchen Fällen gibt man sich große Mühe, damit ein solcher Brief aussieht, als sei er an den Empfänger persönlich gerichtet, aber meist erkennt man sofort, daß der Name nur auf irgendeiner Computerliste stand und daß der Computer den Brief geschrieben hat. Diese Briefe sind voller falscher Kumpelhaftigkeit, wie sie zuvor schon am Beispiel der Angestellten von »Roy Rogers« beschrieben wurde. Sie sind zum Beispiel vielfach in einem freundlichen, persönlichen Ton abgefaßt, der uns glauben machen soll, die Führungskräfte unserer größten Firmen seien persönlich gekränkt, weil wir in den letzten Monaten ihr Kaufhaus nicht besucht oder ihre Kreditkarte nicht benutzt haben. Einer meiner Freunde erhielt zum Beispiel kürzlich einen Brief von dem Filialunternehmen »The Lube Center«, wo er ein paar Tage zuvor sein Auto zum Ölwechsel hatte (man beachte den Vornamen und die »tiefe persönliche Sorge«):

»Lieber Ken!
Wir möchten IHNEN DANKEN, daß sie sich wegen aller Flüssigkeiten, die Ihr Auto braucht, an The Lube Center gewandt haben ...
Wir empfehlen Ihnen sehr, das Öl regelmäßig wechseln zu lassen ... wir werden ihnen eine kleine Erinnerungskarte schicken ... *die Sie darauf aufmerksam macht*, wann Ihr Wagen wieder gewartet werden muß ...

Wir setzen unsere ganze Zeit und Mühe ein, damit unsere Angestellten gut ausgebildet sind und Ihnen den Service bieten, den *Sie zu Recht erwarten können* ...

Sandy Grindstaff/Randall S. Simpson
The Lube Center Management«

Ich selbst erhielt kürzlich, obwohl ich in Maryland wohne, den folgenden Brief von einem Kongreßabgeordneten aus Long Island. Ich hatte den Abgeordneten Downey nie kennengelernt und wußte nichts über ihn, aber das hielt ihn nicht davon ab, mir einen »persönlichen« Brief zu schreiben:

»Lieber George!
Es ist kaum zu glauben, aber ich bewerbe mich schon zum NEUNTEN Mal um einen Sitz im Kongreß ...
Wenn ich an die 8660 Abstimmungen zurückdenke, an denen ich teilgenommen habe ... dann wird mir klar, wie viele Kämpfe *wir gemeinsam ausgefochten haben.*
Bitte lassen Sie mich wissen, daß ich auf Sie zählen kann.

Mit herzlichen Grüßen
Tom Downey«

Ein Korrespondent der *Washington Post* kritisiert die falsche Freundlichkeit dieser »Schrott-Briefe« so: »Diese Marketingfirmen setzen den Namen sowie hier und da ein paar Kleinigkeiten aus Datenbanken ein, und damit wollen sie die Illusion von Vertrautheit schaffen. In Wirklichkeit tragen diese technischen Mittel insgeheim dazu bei, *die Vertrautheit zu zerstören und herabzuwürdigen.* Sie betrügen, indem sie austauschbare Tatsachen an die Stelle echter Kenntnisse setzen. Am Ende solcher Angebote steht der eigene synthetische Ersatz anstelle der wirklichen Sache.«[21]

Wie in allen rationalen Systemen, so gibt es auch in der Medizin einen Trend weg von menschlicher Arbeitskraft und hin zu nichtmenschlicher Technologie. Die beiden wichtigsten Beispiele für diese Entwicklung sind erstens die zunehmende Bedeutung bürokratischer Regeln, Vorschriften und Kontrollen und zweitens das Wachstum der modernen Medizintechnik. Der Arzt stellt keine unabhängige, subjektive Beurteilung mehr an, sondern seine Beurteilungen werden häufig von bürokratischen Regeln und Vorschriften bestimmt. Zum Beispiel bestimmen zunehmend nicht mehr Ärzte und ihre medizinische Beurteilung, sondern die Finanzierungssysteme von »pospective payment« und DRG (*diagnostic related groups*) darüber, wie lange ein Patient im Krankenhaus bleibt. Und auch der Arzt, der mit einer schwarzen Tasche und ein paar einfachen Instrumenten arbeitete, ist praktisch ein Bild aus früheren Tagen. Heute ist der Arzt ein Verteiler, der die Patienten zu verschiedenen Maschinen und Spezialisten schickt. Die ärztliche Beurteilung wurde zumindest teilweise durch technische Befunde ersetzt. Es gibt schon die ersten Computerprogramme zur Diagnose von Krankheiten.[22] Daß der Computer eines Tages den Arzt völlig ersetzt, ist zwar unwahrscheinlich, aber er kann durchaus zum ersten und sogar wichtigsten Diagnosehilfsmittel werden. Außerdem gibt es einen Trend zur medizinischen Selbstuntersuchung (auf Schwangerschaft, Zuckerkrankheit, hohen Blutdruck und anderes); damit wird dem Arzt die Kontrolle völlig entzogen, und außerdem ist es ein weiteres Beispiel, wie man den Betroffenen arbeiten läßt.

Diese modernen medizinischen Entwicklungen führen ebenso wie viele in den vorigen Kapiteln beschriebene Phänomene dazu, daß der Medizinerberuf immer starker von

außen gelenkt wird. Auch in seiner Blütezeit war der Berufsstand der Ärzte nicht frei von äußerer Kontrolle, aber heute
wandelt sich die Art der Kontrolle, und ihr Umfang nimmt
ständig zu. Die Handlungsweise der Ärzte wird immer stärker von äußeren Organisationen bestimmt, beispielsweise
von Krankenversicherungen, berufsständischen Vereinigun-
gen, gewinnorientierten Krankenhäusern, Gesundheitsver-
bänden, Regierungen und Institutionen nach Art der »Mc-
Doctors«. Statt des niedergelassenen Arztes mit seinen eher
selbständigen Entscheidungen gibt es eine Vielzahl solcher Institutionen, die den Entscheidungsprozeß beeinflussen und in
manchen Fällen sogar bestimmen. Alle diese Institutionen haben Regeln und Vorschriften, von denen der Arzt immer stärker gelenkt wird. Bürokratie gründet sich auf die Vorstellung
der Kontrolle von oben, und das bedeutet, daß angestellte
Ärzte von ihren Vorgesetzten in der Institution gelenkt werden. Und diese Vorgesetzten sind immer öfter keine Ärztekol-
legen, sondern professionelle Manager. Das führt dazu, daß
eine stärker einschränkende, von oben nach unten gerichtete
Hierarchie an die Stelle der kollegialen Aufsicht tritt. Eine
weitere charakteristische Eigenschaft der Bürokratie sind for-
malisierte, festgeschriebene technische Standards. Und diese
Vorschriften bestimmen in den meisten Fällen darüber, was
der Arzt in einer solchen Institution tut. Wenn höchst kost-
spielige medizinische Geräte vorhanden sind, dann besteht für
die Ärzte oft auch die Verpflichtung, sie einzusetzen, und je
komplizierter solche Maschinen werden, desto weniger sind
die Ärzte in der Lage, sie zu verstehen und zu kontrollieren.
Die Kontrolle verlagert sich zu der Technik selbst und zu den
Fachleuten, die sie schaffen und bedienen.

Aus der Sicht des Patienten verlagert sich die Kontrolle
vom Allgemeinarzt zu diesen verschiedenen Strukturen und
technischen Einrichtungen. Damit ist zumindest eine qualita-

tive Veränderung der Kontrolle über den Patienten verbunden; im äußersten Fall bedeutet es, daß die Patienten in weit stärkerem Maße einem großen, unpersönlichen System ausgeliefert sind.

## »Erziehung zur Anpassung«, Fernsehgottesdienste und automatisches Einchecken

Die Schulen, vor allem die der unteren Stufen, haben vielfältige Methoden entwickelt, um Kontrolle über die Schüler auszuüben. Viele Schulen verfolgen von Anfang an das Ziel, daß die Schüler sich ihren Regeln und Vorschriften unterwerfen. Das ist sogar schon im Kindergarten zu bemerken, den jemand einmal als pädagogisches »Ausbildungslager« bezeichnet hat.[23] Wer sich an die Regeln hält, gilt als guter Schüler, alle anderen sind »schlecht«. Die Schüler sollen dabei nicht nur gehorsam gegenüber den Autoritätspersonen sein, sondern auch aufnahmebereit für die rationalisierten Methoden des Auswendiglernens und der objektiven Prüfungen, mit denen gewährleistet werden soll, daß sie ihr Pensum gelernt haben. Und, was noch wichtiger ist: Spontaneität und Kreativität werden meist nicht belohnt, sondern unter Umständen sogar behindert, und das führt zu einem Phänomen, das ein Experte »Erziehung zur Anpassung« nennt.[24]

Zu den Methoden, mit denen man die Schüler kontrolliert, gehören Uhr und Lehrplan. Die »Tyrannei der Uhr« zieht sich durch das gesamte Schulsystem (wie auch durch viele andere gesellschaftliche Systeme). Die Unterrichtsstunde muß bis zum Klingeln dauern, nicht länger und nicht kürzer, obwohl das Lernen sich oft nicht nach der Uhr vollzieht. Auch wenn die Schüler also gerade dabei sind, etwas zu begreifen, muß die Stunde beendet werden, und die Klasse muß sich mit einem anderen Fach beschäftigen. Ein weiteres Beispiel für Kontrolle in der Ausbildung ist die »Tyrannei der Lehrpläne«.

Die Klasse muß sich auf die Themen konzentrieren, die der Lehrplan für den betreffenden Tag vorschreibt, gleichgültig, wofür sich die Schüler (und vielleicht auch der Lehrer) an einem bestimmten Punkt gerade interessieren. Es gibt die Geschichte von dem Lehrer, »der bemerkt, wie ein Haufen Kinder höchst gefesselt und konzentriert einer Schildkröte zusieht. So, Kinder, nun mal beiseite mit der Schildkröte, beharrt der Lehrer. Jetzt ist Naturkunde dran. Wir müssen die Krebse durchnehmen.«[25] Insgesamt liegt das Schwergewicht meist auf der Produktion gefügiger, formbarer Schüler; kreative, selbständig denkende Persönlichkeiten sind aus der Sicht des Bildungssystems oft »unordentlich, teuer und zeitaufwendig.«[26]

In noch extremerer Form zeigt sich dieses Prinzip bei Kinder-Care, der Fast-food-Form der Kindertagesstätte. Kinder-Care stellt im allgemeinen Saisonarbeitskräfte ein, die kaum oder gar nicht in der Kinderfürsorge ausgebildet sind. Was sie in der »Klasse« tun, wird im wesentlichen durch ein einheitliches »Vorschriftenbuch« bestimmt, das einen vorgefertigten Lehrplan enthält. Die Angestellten brauchen dieses Handbuch nur noch an der richtigen Stelle aufzuschlagen, dann finden sie dort eine genaue Beschreibung aller Tätigkeiten für jeden einzelnen Tag. Die qualifizierte, erfahrene und kreative Lehrkraft ist natürlich nicht die Person, die eine solche »McKinder«-Institution einstellen will. Relativ unqualifizierte Angestellte lassen sich durch die nichtmenschliche Technologie des allgegenwärtigen »Anleitungsbuches« viel leichter kontrollieren.

Ein weiteres Beispiel ist die Kette »Sylvan Learning Center«, die auch »McDonald's der Ausbildung« genannt wird. Die Filialen sind Einrichtungen für schulbegleitenden Nachhilfeunterricht. Die Firma »schult das Personal und strebt eine Einheitlichkeit nach Art von McDonald's an, bis hin zu den U-förmigen Tischen, an denen die Lehrkräfte mit ihren Schützlingen arbeiten.«[27]

Stärkere Kontrolle, die sich aus dem Ersatz menschlicher Arbeitskraft durch nichtmenschliche Technologie ergibt, findet man auch im religiösen Bereich mit der Zunahme der Fernsehgottesdienste.[28] Sogar der Vatikan ist daran mit einem eigenen Fernsehzentrum beteiligt. Statt mit einem Geistlichen aus Fleisch und Blut zu kommunizieren, haben es jetzt Millionen von Gläubigen mit einem Bild auf einem Fernsehschirm zu tun. Über das Fernsehen können Prediger viel mehr Menschen erreichen als in einer herkömmlichen Kirche, und damit – so hoffen sie zumindest – können sie eine weit stärkere Kontrolle darüber ausüben, was die Menschen glauben und tun. Fernsehgottesdienste bedienen sich der ganzen Palette von Methoden, die Medienfachleute entwickelt haben, um die Zuschauer zu steuern. Manche derartigen Veranstaltungen bedienen sich eines ähnlichen Rahmens wie die Unterhaltungs-Talkshows von Johnny Carson oder David Letterman. Witze, Orchester, Sänger und Gäste werden eingespannt, um den Zuschauer zu unterhalten und die Botschaft des Geistlichen besser zu vermitteln und – was nicht unwichtig ist – gewaltige Spenden einzusammeln. Ihre wichtigste Wirkung im Zusammenhang dieses Kapitels ist aber die größere Kontrolle über die Menschen. Ein Beobachter beschrieb das Vatikan-Fernsehen so: »Dem Vatikan verschafft die eigene Fernsehfirma vor allem den Vorteil, daß er allen Produktionen seinen eigenen Dreh verleihen kann. Wenn man ihnen die Kameras gibt und Zutritt verschafft, haben sie das Sagen.«[29]

Auch die Politik wurde durch nichtmenschliche Technologie tiefgreifend beeinflußt. Das offenkundigste Beispiel ist auch hier der Einsatz des Fernsehens zur Manipulation der Wähler. Die meisten Menschen sehen Politiker tatsächlich nie persönlich, sondern nur auf dem Bildschirm. Und wenn Politiker im Fernsehen auftreten, dann geschieht das meist unter genau festgelegten Bedingungen, die so gestaltet werden, daß sie nur die Inhalte und das Image vermitteln, das der Politiker und seine Medienberater wünschen. Präsident Ronald Reagan machte dies in den achtziger Jahren zu einer hohen Kunst. Bei vielen Gelegenheiten wurden Besuche und Fernsehbilder genau so gestaltet, daß Zuschauer und potentielle Wähler ausschließlich die von Reagans PR-Beratern beabsichtigten visuellen Eindrücke erhielten. Reagans Fernsehauftritte waren in den meisten Fällen sorgfältig inszeniert, damit sichergestellt war, daß nur die richtigen Inhalte weitergegeben wurden. Umgekehrt beschränkte man weniger genau kontrollierte Pressekonferenzen auf ein Minimum, denn die Fragen, die an den Präsidenten gestellt wurden, und in vielen Fällen auch seine Antworten ließen sich nicht vorherbestimmen.

Eine neue Entwicklung in Hotels ist das automatische Einchecken. Statt mit einem menschlichen Portier zu sprechen, kann der Gast sich eines Computerbildschirms bedienen und automatisch Schlüssel und Quittung in Empfang nehmen. Der Gast wählt Art und Preis des Zimmers, und die Maschine heißt ihn sogar höflich willkommen, was manche Portiers bekanntermaßen verlernt haben. Im Endeffekt aber beschränkt und kontrolliert die Maschine natürlich den Gast. Fragen, die man an einen Portier richten kann, sind bei dem automatischen Einchecken unmöglich.[30]

### Bürokratische Beschränkungen, der eine beste Weg und mechanisches Arbeiten

Eigentlich kann man jede Bürokratie als große nichtmenschliche Technologie betrachten. Bürokratien sind riesige, nichtmenschliche Strukturen mit unzähligen Regeln, Vorschriften, Richtlinien, Positionen, Befehlswegen und hierarchischen Ebenen, und alles ist so gestaltet, daß so weit wie möglich festgelegt wird, was die Menschen in dem System tun und wie sie es tun. Der perfekte Bürokrat denkt kaum darüber nach, was zu tun ist; er befolgt einfach die Regeln, erledigt die anfallende Arbeit und leitet sie an die nächste Stelle in der Hierarchie weiter. Um Wahl- und Irrtumsmöglichkeiten der Menschen weiter einzuschränken, entwickelt man Formulare, und die Beschäftigten brauchen kaum etwas anderes zu tun, als jeweils das erforderliche Formblatt auszufüllen und in der bürokratischen Hierarchie nach oben, nach unten oder quer weiterzugeben.

Bürokratien kontrollieren nicht nur die Menschen, die in ihnen arbeiten, sondern auch die, denen sie dienen. Regeln, Vorschriften, Papierkrieg und viele andere Gesichtspunkte des bürokratischen Lebens sind so gestaltet, daß die »Kunden« sich in der vorgeschriebenen Weise verhalten.

Die wissenschaftliche Betriebsführung hat unter anderem eindeutig das Ziel, nichtmenschliche Technologie zu schaffen und damit die menschliche Arbeitskraft einzuschränken oder zu ersetzen. Der eine beste Weg war eine Reihe von Handgriffen, die alle Arbeiter lernen und geistlos befolgen mußten. Allgemeiner gesagt, war der wichtigste Bestandteil bei der Arbeit nicht der Arbeiter und noch nicht einmal der Manager, sondern die Organisation, die so aufgebaut sein mußte, daß sie die Arbeit der Beschäftigten plante, überblickte und kontrollierte.

Taylor wollte zwar, daß die Organisation alle Beschäftigten kontrollierte, aber den Managern gestand er wesentlich mehr Freiraum zu als den Arbeitern. Die Betriebsleitung hatte nach seiner Ansicht die Aufgabe, Kenntnisse und Fähigkeiten der Arbeiter zu ermitteln, aufzuzeichnen und zahlenmäßig zu erfassen, um sie dann letztlich auf Vorschriften, Regeln und sogar mathematische Formeln zu reduzieren. Oder, um es ein wenig anders zu formulieren: Die Manager sollten von einem Bestand an *menschlichen* Begabungen, Fähigkeiten und Kenntnissen ausgehen und sie zu einem System *unmenschlicher* Regeln, Vorschriften und Formeln umgestalten. Da die menschlichen Begabungen formelhaft niedergelegt wurden, brauchte man keine begabten Arbeitskräfte mehr einzustellen. Statt dessen nahm man ungelernte Kräfte, die von der Betriebsleitung gedrillt wurden, und beschäftigte sie dann in Übereinstimmung mit einem System strenger Richtlinien. Was Taylor entwickelte und ausführte, war eigentlich die Trennung von Kopf- und Handarbeit. Zuvor waren beide bei qualifizierten Arbeitern vereint gewesen. Taylor und seine Jünger untersuchten und ermittelten, was im Kopf dieser fähigen Arbeiter vorhanden war, und übersetzten diese Kenntnisse dann in Richtlinien, die praktisch jeder lernen und befolgen konnte. Für die Arbeiter blieb nur die »Handarbeit«. Dieses Prinzip ist bis heute in unserer McDonaldisierten Welt die Grundlage für den Trend, menschliche Arbeitskraft durch nichtmenschliche Technologie zu ersetzen.

Hinter Taylors wissenschaftlicher Betriebsführung und allen anderen Bemühungen, menschliche Fähigkeiten durch nichtmenschliche Technologie zu ersetzen, steht letztlich das Ziel, Menschen mit möglichst geringer Intelligenz und Begabung einzustellen. Taylor wollte eigentlich Arbeitskräfte, die niederen Tieren ähnelten, und das kann man als Vorstufe zu den heutigen Bestrebungen betrachten, die Tätigkeit der Menschen auf roboterhafte Handlungen zu reduzieren und die Menschen schließlich ganz durch Roboter zu ersetzen. Taylor hatte noch keine mechanischen Roboter, und deshalb konnte er nur eines tun: Menschen einstellen, die niederen Tieren ähnelten, und ihnen in allen Einzelheiten vorschreiben, was sie an ihrem Arbeitsplatz zu tun hatten. Bei diesem Thema lohnt es sich, Taylor mit einer längeren Passage zu zitieren:

»Eines der ersten Erfordernisse für einen Mann, der als Beruf regelmäßig mit Roheisen hantiert, besteht darin, daß er so dumm und so träge sein soll, daß er in seinem Geisteszustand einem Ochsen mehr ähnelt als jeder andere Typ. Der Mann, der geistig wach und intelligent ist, eignet sich aus diesem Grund nicht für etwas, das für ihn die zermürbende Monotonie solcher Arbeit wäre. Der Arbeiter, der sich am besten zum Umgang mit Roheisen eignet, ist deshalb unfähig, die wahre Wissenschaft beim Verrichten derartiger Arbeiten zu verstehen. Er ist so dumm, daß das Wort ›Prozentsatz‹ ihm nichts bedeutet, und infolgedessen muß er von jemandem, der intelligenter ist als er selbst, zu einer Arbeitsweise ausgebildet werden, die in Übereinstimmung mit den Gesetzen dieser Wissenschaft steht; nur dann kann er Erfolg haben.«[31]

Es ist kein Zufall, daß Henry Ford ähnliche Ansichten darüber hatte, was für Menschen an seinen Fließbändern arbeiten sollten:

»Mechanische Arbeit, bei der man das gleiche immer wieder auf dieselbe Weise tut, ist für bestimmte Charaktere eine entsetzliche Vorstellung. Sie ist entsetzlich für mich. Ich könnte vermutlich nicht tagein, tagaus immer dasselbe tun, aber für andere Charaktere, vielleicht könnte man sogar sagen für die Mehrheit, haben sich wiederholende Tätigkeiten nichts Erschreckendes. Für manche Menschen sind sie sogar absolut anziehend. Die ideale Tätigkeit ist für sie diejenige, bei der man keinen kreativen Instinkt ausdrücken muß. Für Berufe, bei denen man nicht nur Muskeln, sondern auch Geist einsetzen muß, gibt es nur wenige Anwärter – wir brauchen immer Leute, die eine Arbeit mögen, weil sie schwierig ist. Der durchschnittliche Arbeiter aber, ich muß es leider sagen, will eine Tätigkeit, bei der er nicht denken muß. Wer so etwas wie einen kreativen Geist besitzt und die Monotonie zutiefst verabscheut, neigt leicht zu der Vorstellung, alle anderen Geister seien ähnlich ruhelos, und deshalb gilt sein Mitgefühl ganz gegen dessen Willen dem Arbeiter, der tagein, tagaus fast dieselbe Tätigkeit ausführt.«[32]

Der gleiche Menschentyp, der Taylor vorschwebte, konnte nach Fords Ansicht auch gut am Fließband arbeiten. Solche Leute unterwarfen sich nach seiner Vorstellung leichter einer äußeren, technischen Kontrolle über ihre Arbeit, ja, möglicherweise sehnten sie sich sogar danach. Und diese Sichtweise steht auch hinter den Bemühungen in den Fast-food-Restaurants und vielen anderen Teilen einer McDonaldisierten Gesellschaft, Teenager einzustellen und wie menschliche Automaten arbeiten zu lassen.

## Schlußfolgerung

Dieses Kapitel beschäftigt sich mit dem vierten Aspekt der McDonaldisierung: mit der stärkeren Kontrolle durch den Ersatz menschlicher Fähigkeiten durch nichtmenschliche Technologie. In der Lebensmittelproduktion setzt sich nichtmenschliche Technologie immer mehr durch, insbesondere bei Aquakultur und Massentierhaltung. Der Lebensmitteleinzelhandel wird mehr und mehr von technischen Entwicklungen wie automatischen Zapfhähnen, Scannerkassen und sogar selbstkochenden Suppen beherrscht. In der Freizeitbranche werden Angestellte zu menschlichen Robotern, und Einkaufspassagen machen Menschen zu »Zombies«. Auch Ärzte werden immer stärker von nichtmenschlicher Technologie gelenkt. Lehrer und Erzieher werden ebenfalls immer stärker eingeschränkt, entweder durch vorgegebene Lehrpläne oder sogar durch die noch restriktiveren Anleitungsbücher der »McKinder«-Tagesstätten. In der Arbeitswelt sind bürokratische Beschränkungen, Taylors einziger bester Weg und das Fließband die Mittel, Menschen zu kontrollieren.

Natürlich wird die Zukunft immer mehr nichtmenschliche Technologie bringen, welche die Menschen noch stärker kontrollieren kann. Zum Beispiel gibt es bereits militärische Gerätschaften wie die »intelligente Bombe«, die sich ihre Flugbahn ohne Zutun des Menschen sucht und auf diese Weise ihr Ziel findet. In Zukunft kann man mit Geschossen rechnen, die mehrere Ziele durchmustern und dann »entscheiden«, welches sie anfliegen. Der nächste Schritt ist vielleicht die Ausweitung der künstlichen Intelligenz und die Weiterentwicklung der zugehörigen Computer.[33] Maschinen mit künstlicher Intelligenz sind scheinbar in der Lage, wie Menschen zu denken und Entscheidungen zu treffen, und sie versprechen vielfältigen Nutzen, zum Beispiel in der Medizin. Aber künstliche Intelligenz ist auch ein weiterer großer Schritt in dem Prozeß, den Menschen qualifizierte Tätigkeiten wegzunehmen. Letztlich werden immer mehr Menschen die Fähigkeit zum Denken verlieren, weil man sie auf die Maschinen verlagert hat, und das verspricht natürlich noch mehr Kontrolle der nichtmenschlichen Technologie über die Menschen. Vielleicht »entscheiden« sich Bomben der Zukunft, die mit künstlicher Intelligenz ausgestattet sind, für Ziele, die sich ihre Erfinder nicht hätten träumen lassen. Ob ein solches Szenario nun Wirklichkeit wird oder nicht – klar scheint zu sein, daß die zukünftige Ausweitung der künstlichen Intelligenz in einer McDonaldisierten Gesellschaft dazu dienen wird, die Menschen noch stärker zu kontrollieren.

# 7.
## Die Irrationalität des Rationalen
Verkehrsstau beim »guten Ritt«

In den vorangegangenen Kapiteln wurde an der McDonaldisierung viel Kritik geübt, aber dessenungeachtet ist sie über einen großen Teil der sozialen Landschaft hinweggefegt, denn sie bietet gesteigerte Effizienz, Vorhersagbarkeit, Berechenbarkeit und Kontrolle durch den Austausch menschlicher Arbeitskraft gegen nichtmenschliche Technologie. Außerdem finden sich viele weitere Vorteile auf den zahlreichen Feldern, welche die McDonaldisierung erschlossen haben oder gerade erschließen. Trotz dieser Vorteile wurde die McDonaldisierung in den bisherigen Kapiteln kritisiert. Dieses Kapitel beschäftigt sich unter der Überschrift »Die Irrationalität des Rationalen« systematischer mit dem hohen Preis der McDonaldisierung. Mit anderen Worten: In Übereinstimmung mit Weber wird auf den folgenden Seiten die These vertreten, daß rationale Systeme zwangsläufig eine Reihe irrationaler Dinge hervorbringen, die dazu beitragen, die Rationalität einzuschränken und sie letztlich zu gefährden oder sogar zunichte zu machen.[1]

Man kann die Irrationalität des Rationalen auf mehrere Arten begreifen. Ganz allgemein ist sie schlicht ein übergreifender Name für viele negative Seiten und Wirkungen der McDonaldisierung. Im einzelnen kann man sie als Gegenteil des Rationalen mit seinen verschiedenen Aspekten betrachten. Das heißt, man kann behaupten, die McDonaldisierung führe zu *In*effizienz, *Un*vorhersagbarkeit, *Un*berechenbarkeit und zum *Verlust* von Kontrolle. Genauer gesagt, bedeutet Irrationalität, daß rationale Systeme *vernunftwidrig* sind: Sie dienen dazu, das grundlegend Menschliche zu leugnen, die Vernunft der Menschen, die in ihnen arbeiten oder ihre Leistungen in Anspruch nehmen. Man könnte auch sagen: Rationale Systeme sind entmenschlichende Systeme. In anderem Zusammenhang bedeuten *rational* oder *vernünftig* das gleiche, aber hier bezeichnen sie gegensätzliche Phänomene.

Bevor wir zur Entmenschlichung kommen, dem Kernpunkt bei der Irrationalität des Rationalen, wollen wir uns mit einigen kleineren irrationalen Dingen beschäftigen, insbesondere mit der Ineffizienz.

## Lange Schlangen und der einfache Ölwechsel

Am Anfang steht die Beobachtung, daß rationale Systeme – ganz im Gegensatz zu ihren Versprechungen – oft völlig ineffizient sind. Der offenkundigste Ausdruck dieser Ineffizienz im Fast-food-Restaurant sind die langen Schlangen, die man oft vor der Theke findet, oder die Wagenkette, die sich am Autoschalter vorbeiwindet. Was angeblich eine effiziente Art zum Einnehmen einer Mahlzeit ist, erweist sich oft als völlig ineffizient.

Bei McDonalds hat man diese Ineffizienz erkannt, und jetzt überlegt man, ob man in den Filialen ein privates Fernsehnetz installieren soll. Dieser Sender würde ein Publikum von täglich schätzungsweise 15 Millionen Menschen mit Unterhaltung, Nachrichten und vor allem Werbung berieseln. (Eine ähnliche Entwicklung, der Checkout Channel für die Wartenden an den Kassen der Supermärkte, ist ebenfalls in der Entstehung.) Einerseits ist das ein weiterer Schritt der Rationalisierung, denn die Menschen können dabei zwei Dinge gleichzeitig tun – Schlange stehen und fernsehen. Andererseits – und das ist hier von zentraler Bedeutung – ist es ein stillschweigendes Eingeständnis, daß die Leute für ihr Fast food Schlange stehen, daß das Schnellrestaurant gar nicht so schnell ist und daß die Effizienz dieses effizienten Systems zu wünschen übrig läßt. Ein Manager der Firma, die das Fernsehnetz entwickelt, sagte dazu: »Eine der größten Sorgen bei den Kunden ist das Problem des Schlangestehens ... Alles, was ein Ladenbesitzer tun kann, um die wahrgenommene Wartezeit zu verkürzen, ist von Nutzen.«[2]

Das Fast-food-Restaurant (und der Supermarkt) ist bei weitem nicht der einzige Bereich unserer McDonaldisierten Gesellschaft, in dem sich Ineffizienz zeigt. Interessanterweise hat selbst die gepriesene japanische Industrie ihre ineffizienten Seiten. In einem früheren Kapitel wurde das System des »gerade rechtzeitig« als Beispiel für die rationale japanische Industrie genannt. Wie sich jedoch herausstellt, sind mit diesem System auch sehr ineffiziente Dinge verbunden. Da das »gerade rechtzeitig« häufig verlangt, daß Teile mehrmals täglich angeliefert werden, sind die Straßen und Autobahnen mit Lastwagen verstopft. Das hat zur Folge, daß die Leute häufig zu spät zur Abeit oder zu geschäftlichen Terminen kommen. Noch schlimmer wird das ganze, weil in Japan mittlerweile auch Möbelgeschäfte, Supermärkte und Kaufhäuser sich des »gerade rechtzeitig« bedienen. Das führt zu noch mehr Lieferwagen auf Japans Straßen. Aber die Irrationalität geht über den Verkehrsstau und verpaßte Termine hinaus. Alle diese Lastwagen verbrauchen Treibstoff, der in Japan sehr teuer ist, und sie tragen erheblich zur Luftverschmutzung bei.[3]

Der Kolumnist Richard Cohen beschäftigte sich mit der Ineffizienz der Bankautomaten und behandelt in diesem Zusammenhang auch ein Thema, von dem in diesem Buch schon mehrfach die Rede war – den Trend in der rationalen Gesellschaft, den Verbraucher als unbezahlte Arbeitskraft einzusetzen:

»O Gott, bei jedem Fortschritt des Computerzeitalters erzählte man mir, es werde mir nützen. Aber mit jedem Nutzen muß ich mich anstrengen und mehr arbeiten. Das ist die Bankautomaten-Lebensregel ... mir wurde erzählt – nein, sogar versprochen –, ich könne die Warteschlangen in der Bank vermeiden und zu jeder Tageszeit Einzahlungen oder Abhebungen tätigen. Jetzt stehen die Schlangen vor den Automaten, die Bank kassiert anscheinend einen gewissen Prozentsatz von jeder Einzahlung oder Abhebung, und natürlich tue ich das, was früher Aufgabe der Kassierer war (erinnern Sie sich noch daran?). Beim neuen Telefon muß ich vermutlich bei Schneestürmen in der Wohnsiedlung auf die Telefonmasten klettern.«[4]

Cohen weist hier auf mindestens drei irrationale Dinge hin: Rationale Systeme sind nicht weniger kostspielig, sie zwingen uns zur Verrichtung einer Reihe unbezahlter Arbeiten, und – was unter dem Gesichtspunkt dieser Beschreibung am wichtigsten ist – sie sind häufig ineffizient. In Wirklichkeit ist das rationale System oft *nicht* der effizienteste Weg zu einem Ziel, insbesondere nicht aus der Sicht des Kunden. An einem kalten Winterabend ist es unter Umständen besser, wenn man es in der Bank oder am Autoschalter mit einem menschlichen Kassierer zu tun hat, als wenn man in der Schlange vor einem Geldautomaten warten muß. In vielen Fällen wäre es weitaus praktischer, zu Hause eine Mahlzeit zuzubereiten, statt die Familie ins Auto zu laden, zu McDonald's zu fahren, kräftig zu essen und wieder nach Hause zurückzukehren. Das gilt vielleicht nicht für manche Gerichte, die zu Hause völlig neu gekocht werden, aber es stimmt mit Sicherheit für Fertiggerichte, Mikrowellenmahlzeiten oder fertige Menüs aus dem Supermarkt. Und doch bleiben viele Menschen bei dem Glauben, der von der Werbung der Fast-food-Restaurants angeheizt wird, daß das Essen dort effizienter ist als eine Mahlzeit zu Hause.

In Wirklichkeit sind solche und andere Elemente der rationalen Gesellschaft vielleicht aus der Sicht des Kunden ineffizient, aber für die Anbieter von Waren und Dienstleistungen sind sie von höchster Effizienz. Vom Standpunkt der Bank aus ist es wesentlich effizienter, wenn wir vor einem Geldautomaten Schlange stehen (der noch stärker zur Ineffizienz beitragen kann, wenn er versagt oder wenn das Geld ausgeht), als wenn man uns Dienstleistungen durch Menschen anbietet. Und für McDonald's ist es natürlich effizient, wenn wir die Familie ins Auto laden und ins Restaurant oder zum Autoschalter kommen.

Aus der Sicht eines Supermarkts ist es effizient, den Laden mit vielen verschiedenen Waren vollzustopfen. Ein Supermarkt der Kette »Giant« in Virginia bietet in 23 Regalreihen etwa 45000 verschiedene Produkte an. Außerdem gibt es im Haus »ein Blumengeschäft, einen Weinladen, einen Fanny-May-Süßigkeitenladen, ein Delikatessengeschäft, eine Suppen-und-Salat-Bar sowie Automaten für Limonade und Kaffee, für den Fall, daß den Käufer die Kräfte verlassen«.[5] Ist es für den Kunden praktisch, wenn er wegen eines Laibs Brot und eines Liters Milch durch dieses Labyrinth laufen muß? Natürlich nicht, und das ist zum Teil die Erklärung, warum Ketten wie »Seven-Eleven« so beliebt sind.

Die Befürworter der McDonaldisierung posaunen immer die größere Effizienz aus, aber sie sagen uns nie, für wen das System effizienter ist. Der größte Effizienzgewinn liegt auf seiten derer, die uns die Rationalisierung aufzwingen. Wir müssen fragen: effizient für wen? In den meisten Fällen werden wir feststellen, daß solche Systeme für uns *nicht* effizient sind. Ist es für uns effizient, wenn wir die Waren über den Scanner eines Supermarktes schieben und dann selbst in Tüten packen? Ist es für uns effizient, selbst Benzin zu zapfen? Ist es effizient für uns, wenn wir zahlreiche Kombinationen von

Telefonnummern eintippen müssen, nur damit wir vielleicht mit einer menschlichen Stimme sprechen können?

Die Fast-food-Restaurants und andere Bestandteile unserer immer stärker McDonaldisierten Gesellschaft leiden an geringer Produktivität, das heißt, die Arbeitskräfte produzieren in der Regel in einem solchen Umfeld pro Arbeitsstunde relativ wenig Güter oder Dienstleistungen. Meist handelt es sich dabei um personalintensive Bereiche, in denen die Firma eine große Zahl von Arbeitskräften braucht, um ihre Aufgabe zu erfüllen. Das beste Beispiel ist das Fast-food-Restaurant, in dem eine große Horde von Teenagern relativ unproduktiv tätig ist. Das Fast-food-Restaurant kann den niedrigen Produktivitätsstandard in Kauf nehmen, weil es den meisten Angestellten nur den Mindestlohn zahlt. Natürlich leiden manche Elemente der McDonaldisierten Gesellschaft, zum Beispiel die Banken mit ihren Geldautomaten, nicht unter diesem Problem. Außerdem wird es sich wahrscheinlich von selbst erledigen, weil rationale Einrichtungen immer stärker hochentwickelte Technik benutzen, um unproduktive Arbeitskräfte zu ersetzen oder ihre Produktivität zu steigern.

Auch was die Entwicklung neuer Produkte angeht, waren die McDonaldisierten Institutionen nicht besonders effektiv. Von Ray Krocs Mißerfolgen auf diesem Gebiet und insbesondere vom »Hulaburger« war bereits die Rede. Einer allgemeinen Regel zufolge gelingt es solchen Systemen hervorragend, bekannte Produkte und Dienstleistungen in einer schillernden neuen Umgebung oder Verpackung zu verkaufen. Das Fast-food-Restaurant vertreibt nur die allervertrautesten Gerichte, aber es wickelt einen schlichten Hamburger in eine leuchtende Verpackung und verkauft ihn in Restaurants mit Karnevalsatmosphäre. Das gleiche Prinzip gilt für viele andere Erscheinungsformen der McDonaldisierung. Zum Beispiel verkaufen uns »Jiffy Lube« und seine Nachahmer nichts anderes als den altbekannten Ölwechsel.

Zuvor haben wir im Zusammenhang mit der Beziehung zwischen dem Kunden und dem rationalen System gefragt: effizient für wen? Die gleiche Frage kann man stellen, wenn man innerhalb des rationalen Systems seine Beziehung zu den Angestellten betrachtet. Die Antwort lautet: Es ist höchst rationell auf den unteren Stufen des Systems, für den Fließbandarbeiter oder die Thekenbedienung bei McDonald's. Die Spitzenkräfte der Organisation – Eigentümer, Franchisenehmer oder Topmanager – wollen die Rationalisierung denjenigen aufzwingen, die in der Hierarchie unter ihnen stehen. Sie wollen ihre Untergebenen mit dem rationalen System kontrollieren. Die Rationalisierung der eigenen Stellung jedoch ist für diejenigen, die an der Spitze solcher Organisationen oder in ihrer Nähe stehen, ein Greuel. Sie wollen ihre Position soweit wie möglich frei von rationalen Beschränkungen – also möglichst unrational – halten. Sie brauchen diese Freiheit, damit sie kreativ sein können, aber bei den Untergebenen in der Organisation ist Kreativität nicht erwünscht. Die unteren Chargen sollen blindlings die Regeln, Vorschriften und Strukturen des rationalen Systems befolgen. Das Ziel besteht also darin, den Untergebenen Effizienz aufzuzwingen, während die Verantwortlichen so kreativ wie möglich bleiben.

### Eine teure Welt

Manche Bereiche der McDonaldisierten Gesellschaft bringen nicht nur keine Zeitersparnis, sie sparen in der Regel auch kein Geld. Ein Essen im Fast-food-Restaurant mit der ganzen Familie kostet heute leicht 20 Dollar, und mit dieser Summe könnte man wesentlich mehr ausrichten, wenn man sie für die Zutaten einer selbstgekochten Mahlzeit ausgibt.

In dem Zitat im vorangegangenen Abschnitt beklagt sich

Cohen über die volkswirtschaftlichen Kosten im Zusammenhang mit den Bankautomaten. In Wirklichkeit müssen wir zusätzlich dafür bezahlen, daß wir es mit der Unmenschlichkeit und Ineffizienz der vielfältigen Elemente einer McDonaldisierten Gesellschaft zu tun haben. Der große Erfolg und die Einträglichkeit der McDonaldisierten Systeme, das starke Bestreben, sie auf immer mehr gesellschaftliche Bereiche zu übertragen, und die Tatsache, daß so viele Leute hier ins Geschäft kommen wollen – all das sind Hinweise, daß diese Systeme eine Menge Geld schlucken.

Die Kosten der McDonaldisierten Tätigkeiten beschrieb Bob Garfield in einem Artikel der *Washington Post* über teure Ferien bei Disney. Garfield fuhr mit seiner vierköpfigen Familie zu »Walt Disney World« und stellte fest, daß man sie besser »teure Welt« genannt hätte: Der fünftägige Urlaub kostete 1700 Dollar, davon allein 553,30 Dollar Eintritt für »Disney World«. Nach seinen Berechnungen hatten sie in den fünf Tagen knapp sieben Stunden »echten Spaß. Das macht 261 DPSS (Dollar pro Spaß-Stunde)«.[6] Was als preisgünstiger Familienausflug gedacht war, erwies sich also als sehr kostspielig. Nebenbei übt Garfield auch Kritik an der angeblichen Effizienz des Disney-Unternehmens. Nach seinen Feststellungen verging der größte Teil der Zeit im »Magic Kingdom« mit Busfahrten, »Schlangestehen und dem Weg von einer Stelle zur anderen; die 17 Attraktionen, die wir besuchten, hielten uns alles in allem 44 Minuten lang in Atem.«

### »Spaß, Spaß, Spaß«

Effizient ist es eigentlich nicht, und billig ist es eigentlich auch nicht – was also bietet uns die Fast-food-Gesellschaft und insbesondere das Fast-food-Restaurant? Warum wurde es weltweit zu einem solchen Erfolg? Erstens erzeugt es die *Illusion*, es sei effizient und preiswert. Wie es wirklich ist, spielt kaum eine Rolle, solange wir *glauben*, Fast-food-Restaurants seien effizient und billig. Noch wichtiger ist vielleicht das, worauf Stan Luxenberg hingewiesen hat: Die Fast-food-Restaurants scheinen tatsächlich Spaß zu bieten (Garfields »echten Spaß«). Oder, wie ein anderer Beobachter es formulierte, »Restaurants sind zu einer Form der Unterhaltung geworden«.

Wer heute essen geht, sucht mehr das Theater als die Nahrung. Das gilt sogar für die Besucher besserer Restaurants. »Ich nehme lieber eine mittelmäßige Mahlzeit in einem tollen Raum zu mir, als irgendwo dumpf und langweilig zu sitzen und hervorragendes Essen zu bekommen ... Ich suche Schmuck, Vornehmheit, *Theatralik*, es muß eine Menge los sein.«[7] Fast-food-Restaurants (und auch viele Restaurants der höheren Kategorie) sind tatsächlich eine Art Freizeitpark mit Essen. Farben, grelle Firmenzeichen und Symbole erinnern an Karneval oder Disneyland. Bei McDonald's gibt es sogar den allgegenwärtigen Clown Ronald McDonald und eine ganze Reihe von Comicfiguren, die uns ständig daran erinnern, daß wir bei unserem nächsten Besuch bei McDonald's mit Spaß rechnen können.

Manche Filialen bieten sogar Spielplätze und Attraktionen für Kinder als Teil der Freizeitpark-Umgebung. Inzwischen geht McDonald's in dem ständigen Bemühen um neue Geschäftsbereiche noch weiter: Man bietet nicht nur Spielplätze zusammen mit dem Essen an, sondern engagiert sich auch im eigentlichen Spielplatzgeschäft. In einer Ladenpassage, die (natürlich) außerhalb von Chicago liegt, betreibt McDonald's ein Pilotprojekt namens »Leaps & Bounds«. Die Ausstattung wurde aus Spielgeräten entwickelt, die man in Verbindung mit etwa 4500 McDonald's-Restaurants findet. Ein Sprecher von McDonald's erklärte, die Idee sei aus dem Werbeslogan »foods, folk and fun« (»Essen, Leute, Spaß«) entstanden. »Wir haben es einfach umgedreht und den Spaß an die erste Stelle gesetzt.«[8] Manche meinen, bei McDonald's sei der Spaß *immer* wichtiger gewesen als das Essen.

Eine weitere Entwicklung beobachtet man in jüngster Zeit in Japan, wo es 850 McDonald's-Filialen gibt: Dort hat sich McDonald's mit »Toys R Us« zusammengetan (20 Prozent der japanischen Unternehmen von »Toys R Us« gehören McDonald's). Bei einer Reihe neuer Filialen des Spielzeugkonzerns werden McDonald's-Restaurants gleich mit eingebaut. Durch sein stärkeres Engagement im Bereich der Spielplätze und Spielzeuge macht McDonald's deutlich, daß man sich als Firma für »Spaß« versteht.[9]

Noch stärker wird die Ähnlichkeit mit den Freizeitparks durch die Art der Gerichte, die in den Fast-food-Restaurants verkauft werden. Es ist Essen »auf die Hand«, wie man es auch von den vielen Ständen kennt, die in einem Freizeitpark verteilt sind. Hier wird das Prinzip der Zuckerwatte auf andere Nahrungsmittel angewandt: Die Leute sind bereit, Essen im Wert von ein paar Pfennig zu kaufen und sogar einen relativ hohen Preis dafür zu zahlen, solange es einen kräftigen, charakteristischen, leicht erkennbaren Geschmack hat. Was Fast-food-Restaurants verkaufen, ist oft, wie Luxenberg zeigt, tatsächlich »salzig Süßes«. Eines der Geheimnisse bei den Pommes frites von McDonalds besteht darin, daß sie gesalzen *und* überraschenderweise auch gezuckert sind. Man schmeckt Salz und Zucker, aber kaum oder gar nicht das Kartoffelstück, das eigentlich nur als Alibi für den salzig-süßen Geschmack dient.[10]

Unter einem etwas anderen Gesichtspunkt kann man sich McDonald's als eine Art »öffentliches Theater« vorstellen. Statt einer privaten, buchähnlichen Speisekarte gibt es dort einen »Schaukasten«, der wie bei einem großen Kinokomplex die verschiedenen Wahlmöglichkeiten zeigt. Mit diesem und vielen anderen Mitteln wird das Essen von einem privaten und sehr persönlichen Erlebnis zu einer öffentlichen Vorstellung gemacht. Begrüßt durch die gleiche Art von Aushängen, können wir uns in einem öffentlichen Umfeld Spaß verschaffen – im Kino ebenso wie im Fast-food-Restaurant.[11]

Auch Supermärkte werden zunehmend zu Orten der Unterhaltung. Sie verkaufen immer mehr »Fun Foods« wie »Count Chocula« und in jüngerer Zeit die »Teenage-Mutant-Ninja-Turtles«-Getreideprodukte, »Snausage-in-a-Blanket«-Hundefutter und die »Funny-Feet«-Früchtehappen. Ein Beobachter formulierte es so:

»In früheren Zeiten sangen die Amerikaner ›There's no business like show business‹, aber heute singen sie das nicht mehr, vermutlich weil inzwischen jedes Geschäft wie das Showgeschäft ist. Supermärkte machen da sicher keine Ausnahme. Sie gleichen heutzutage Themenparks.«[12]

Der Besitzer großer Supermärkte in Connecticut investierte eine halbe Million Dollar in Comicfiguren für seine Läden und läßt dort Menschen herumlaufen, die als »Daisy Duck« verkleidet sind. Der Geschäftsinhaber meint dazu: »Das ist hier ein Geschäft mit Leuten. Die Kunden sind begeistert. Sie kommen mit ihren Freunden zum Einkaufen, weil es Spaß macht.«[13]

All das ist Teil unserer nationalen Vergnügungssucht. In seinem Buch mit dem zutreffenden Titel *Wir amüsieren uns zu Tode* bezeichnet Neil Postman Las Vegas als Symbol dieser Sucht, denn die Stadt sei völlig der Idee der Unterhaltung gewidmet und verkörpere den Geist einer Kultur, in der die gesamte öffentliche Kommunikation zunehmend Unterhaltungscharakter trägt.[14] Wenn Las Vegas – wo übrigens das Glücksspiel McDonaldisiert ist – zum Symbol der Unterhaltung wurde, dann symbolisiert die McDonaldisierung die Bedeutung der Unterhaltung im Fast-food-Restaurant.

Unterhaltung ist auch ein zentrales Element in den Ladenpassagen. Diese Gebäude sind als Phantasiewelten geplant.
Sie sind ein theaterartiges Umfeld, in dem das gespielt wird,
was Kowinski als »Drama des Einzelhandels« bezeichnet.[15]
In diesem Theaterstück sind die Kunden ebenso wichtige
Schauspieler wie die Angestellten. Immerhin ist das Einkaufen
für viele Amerikaner die wichtigste Form der Unterhaltung.
Die Ladenpassage selbst kann man als große Kulisse betrachten, angefüllt mit einer Menge Requisiten, und immer mit
süßlicher Hintergrundmusik, die den widerspenstigen Käufer
einlullen soll. Manche Requisiten sind das ganze Jahr über
vorhanden, andere (zum Beispiel die Weihnachtsdekoration)
werden nur zu bestimmten Gelegenheiten und bei manchen
Sonderangeboten aufgebaut. Und dann gibt es noch Restaurants, Bars, Kinos und Fitneß-Center, die ebenfalls zum Spaß
beitragen. An Wochenenden findet man vielfach Clowns,
Luftballons, Zauberer, Musikbands und ähnliches zur weiteren Unterhaltung der Kunden, die von einem Laden zum
nächsten gehen. Angesichts der verschiedenen Einkaufsmög-
lichkeiten von zu Hause aus sagte ein Experte: »Man muß in
den Einkaufszentren mehr Spaß veranstalten.« In Zukunft, so
kann man demnach erwarten, werden die Ladenpassagen
noch mehr zu einem Bestandteil des Showgeschäfts werden.

Diese Zukunft wird bereits Wirklichkeit, wenn in Bloomington (Minnesota) die neue »Mall of America« eröffnet. Zu
dem Einkaufszentrum gehört ein riesiger Freizeitpark mit
einer richtigen Achterbahn, Spielhallen und Schießbuden.
Außerdem gibt es ein Aquarium, durch das der Besucher in
durchsichtigen Kunststoffröhren hindurchgehen kann. Die
Firma »Golf Mountain« richtet einen kleinen Golfplatz mit
18 Löchern auf zwei Etagen ein. Das größte jemals gebaute
Gebäude aus Lego-Steinen wird in der Passage zu bewundern
sein, eine riesige Sportbar ist ebenso vorhanden wie ein Un-

terhaltungszentrum mit Michael Jackson als Thema. Und natürlich gibt es viele Kinos. Ein Kritiker sagte: »Die Mall of America ist keine Ladenpassage, sondern ein Zirkus.«[16]

Die Zeitung *Business Week* ist nicht nur (wie wir bereits gesehen haben) ein rationalisiertes Blatt, das man effizienter lesen kann als das *Wall Street Journal,* sondern sie will auch mehr Spaß machen als die Konkurrenzzeitung. In einer Werbeanzeige für *Business Week* heißt es: »Wir informieren nicht nur, wir unterhalten auch.« Über diese Reklame sagten zwei Kritiker: »Ist *Business Week* wirklich seriös? Haben wir mit folgendem zu rechnen: Ha, ha, ha, der Börsenkrach ist da! Eure Firma wird bald krachen, laßt uns doch darüber lachen!«[17] Die Fernsehnachrichten werden wegen ihrer Mischung aus Meldungen und Unterhaltung oft als »Infotainment« bezeichnet.

### Das Phantom der Oper und »Molly McButter«

Die zuvor beschriebenen Beispiele der vorgetäuschten Kumpelhaftigkeit bei »Roy Rogers« und »Nutri/System« kann man eigentlich als kleinen Teil dessen betrachten, was Daniel Boorstin die »Pseudoereignisse« nennt, die zunehmend die amerikanische Gesellschaft beherrschen.[18] Man kann auch viele andere Elemente der McDonaldisierten Gesellschaft als falsch oder vorgetäuscht ansehen, unter anderem die Pauschalreise, den modernen Campingplatz, die internationalen Dörfer in Freizeitparks wie »Busch Gardens«, Telefonanrufe von Computern, Computerbriefe und vieles andere.

Wenn man die Analyse noch einen Schritt weitertreibt, kann man das alles mit den Worten von Ian Mitroff und Warren Bennis auch als »Industrie der Unrealität« bezeichnen.[19] Damit meinen sie, daß heute ganze Industriezweige sich damit beschäftigen, Unrealität zu vermarkten. Ein großer Teil der McDonaldisierung ist mit der Produktion einer breiten Palette von Unrealitäten beschäftigt. McDonald's erzeugt zum

Beispiel die Illusion von Spaß, von einer großen Menge Pommes frites oder von einem guten Geschäft, das der Kunde beim Kauf einer Mahlzeit macht. Ein bemerkenswertes Beispiel für solche Unrealität war in jüngster Zeit die Entdeckung, daß die beiden »Sänger« der Gruppe »Milli Vanilli« auf ihren Schallplatten in Wirklichkeit gar nicht singen.[20] Es gibt eine große Auswahl von Unrealitäten, aber wir wollen hier nur einige Beispiele aus dem Supermarkt betrachten, wo immer weniger Dinge das sind, was sie zu sein scheinen:

- »Sizzlean« besteht aus Rind- und Putenfleisch, und koscherer Schinken enthält kein Schweinefleisch.
- »Molly McButter« und »Butter Buds« enthalten keine Butter.
- Der Putengeschmack in einem Puten-Tiefkühlgericht kann durchaus künstlich sein, denn der natürliche Geschmack wurde bei der Verarbeitung entfernt.
- Der Zitronenduft bei Waschmitteln stammt vermutlich nicht von Zitronen.

Solche Unrealitäten und die verschiedensten Pseudoereignisse sind zu einem unverzichtbaren Bestandteil unserer McDonaldisierten Gesellschaft geworden.

### Warnung: McDonaldisierung gefährdet die Gesundheit

Wir halten die McDonaldisierung vor allem deshalb für unrational und letztlich unvernünftig, weil sie zu einem entmenschlichenden System werden kann, das menschenfeindlich oder sogar menschenzerstörend wirkt. Die fortschreitende Rationalisierung hat die Gesundheit und unter Umständen sogar das Leben der Menschen auf vielerlei Weise gefährdet.[21] Ein Beispiel ist der hohe Kalorien-, Fett-, Cholesterin-, Salz- und Zuckergehalt der Mahlzeiten in den Fast-food-Restaurants. Solche Gerichte sind das letzte, was viele Amerikaner gebrauchen können, wenn sie ohnehin an Fettleibigkeit, hohem

Cholesterinspiegel, Bluthochdruck und vielleicht der Zuckerkrankheit leiden. Außerdem tragen Fast-food-Restaurants bei Kindern zur Entstehung von Eßgewohnheiten bei, die im weiteren Leben zu diesen und anderen Gesundheitsstörungen führen. Man kann argumentieren, daß die Fast-food-Restaurants mit ihrem Reiz für Kinder nicht nur lebenslange Anhänger des Fast food schaffen, sondern auch Süchtige einer salz-, zucker- und fettreichen Ernährung.

In den letzten Jahren häuften sich im Zusammenhang mit der Gesundheit die Angriffe auf die Fast-food-Industrie. Das zwang viele Ketten zu unterschiedlichen Reaktionen. Eine davon waren Salatbars oder Salate auf der Speisekarte – das Dressing dieser Salate enthält allerdings oft ebenfalls viel Salz und Fett. Manche Fast-food-Restaurants garen die Pommes frites nicht mehr in Rinderfett, sondern in cholesterinärmerem Pflanzenöl. Die Fast-food-Restaurants wurden also gezwungen, sich dem gestiegenen Gesundheitsbewußtsein der Bevölkerung anzupassen (siehe Kapitel 9), aber es bleibt die Tatsache, daß eine typische McDonald's-Mahlzeit mit einem »Big Mac«, einer großen Portion Pommes frites und einem Shake über 1000 Kalorien enthält und mit Salz, Zucker und Fett überfrachtet ist. Für die Bewohner von Entwicklungsländern wäre eine solche Kalorienzufuhr vielleicht wünschenswert, und sie dürfte höher liegen als die Menge, die Menschen in solchen Regionen an einem ganzen Tag zu sich nehmen, aber sie ist kaum das Richtige für die wohlgenährte oder sogar überfütterte Bevölkerung der Vereinigten Staaten.

Die McDonaldisierung stellt eine noch unmittelbarere Gesundheitsbedrohung dar. Regina Schrambling bringt verschiedene Krankheiten, insbesondere Salmonellenvergiftungen, mit der Rationalisierung der Lebensmittelproduktion in Verbindung. Sie stellt fest:

»Salmonellen vermehrten sich in der Geflügelindustrie erst, nachdem Rindfleisch nicht mehr salonfähig war und die Amerikaner zu der Ansicht gelangt waren, sie müßten jeden Abend ein Huhn im Topf haben. Aber Vögel sind keine Autos: Man kann bei steigender Nachfrage nicht einfach das Fließband in der Fabrik schneller laufenlassen. Irgend etwas muß man aufgeben – in diesem Fall war es die Sicherheit. Die Vögel, die schnell und in gewaltigen Mengen zu gefriergerechter Größe herangefüttert, geschlachtet, ausgenommen und verpackt werden, sind nicht gerade das sauberste Lebensmittel im Supermarkt.«[22]

Schrambling bringt Salmonellen auch mit der rationaleren Produktion von Eiern, Obst und Gemüse (zum Beispiel Melonen) in Verbindung. Ganz allgemein führt sie ein breites Spektrum von Krankheiten auf verschiedene rationalisierte Herstellungsverfahren zurück.

Der marxistische Gesellschaftskritiker Tim Luke griff kürzlich neben anderen Gesichtspunkten der McDonaldisierten Gesellschaft auch die Invasion Rußlands durch McDonald's an. Was dort entsteht, bezeichnet er als »Archipel Mc-Gulag«[23]. (»Archipel Gulag« war die gängige Bezeichnung für das Netz der Gefangenenlager in der früheren Sowjetunion.) Nach Lukes Ansicht entsteht durch die McDonaldisierung ein neues System, das die russischen Bürger einsperrt, mit anderen Worten ein neuer »eiserner Käfig«. Luke greift McDonald's auch aus verschiedenen anderen Gründen an, unter anderem wegen »fragwürdigen Ernährungswertes«, »Abfallintensität« und »Umweltzerstörung«.

Bleiben wir noch ein wenig bei dem letzten Vorwurf: Die Fast-food-Industrie ist nicht nur den Ernährungswissenschaftlern, sondern auch den Umweltschützern ein Dorn im Auge. Sie produziert gewaltige Abfallmengen, und ein Teil da-

220

von ist nicht biologisch abbaubar. Viele Menschen haben sich über den häßlichen Anblick beschwert, den die Überreste der Fast-food-Mahlzeiten auf den Landstraßen verursachen. Hunderte oder Tausende von Quadratkilometern Wald werden allein zur Produktion des Papierbedarfs von McDonald's gebraucht.[24] Die Fast-food-Industrie verschlingt ganze Wälder, obwohl manche Pappbehälter durch Styropor und andere Produkte ersetzt wurden (derzeit geht der Trend allerdings wieder mehr zu Papierprodukten). Noch schärfere Kritik erntete die Fast-food-Industrie für den verbreiteten Einsatz des praktisch nicht abbaubaren Styropors. Der Kunststoff türmt sich auf den Müllhalden und läßt Abfallberge entstehen, die dort jahrelang oder vielleicht sogar ewig erhalten bleiben.

### Fluktuation und »Through and Brew«

Das Fast-food-Restaurant bietet seinen Angestellten ein entmenschlichendes Arbeitsumfeld. Für die Tätigkeit sind nur wenig Fähigkeiten erforderlich. Die Arbeitskräfte bei Burger King sagen: »Diesen Job kann jeder Schwachsinnige lernen, so einfach ist er«, oder: »Jeder dressierte Affe könnte diese Arbeit tun.«[25] Von den Beschäftigten wird also nur ein winziger Bruchteil ihrer Begabungen und Fähigkeiten gefordert. Auf einer gewissen Ebene ist das aus der Sicht des Konzerns irrational, denn er könnte von seinen Angestellten für das Geld, das er ihnen zahlt (so wenig es auch sein mag), wesentlich mehr bekommen. Das ist eines der Erfolgsgeheimnisse der japanischen Industrie. Die Japaner haben eine Reihe von Mechanismen wie zum Beispiel die Qualitätszirkel entwickelt, damit ihre Angestellten möglichst vielfältige Beiträge leisten können.

Auf einer anderen Ebene sind die minimalen Anforderungen an die Fähigkeiten aus der Sicht des Angestellten irrational. Die Beschäftigten nutzen nicht nur ihre Fähigkeiten so gut wie nicht, sondern sie dürfen bei der Arbeit auch nicht nachdenken und kreativ sein. Das führt bei den Arbeitskräften der Fast-food-Restaurants zu einem hohen Maß an Widersetzlichkeit, Unzufriedenheit mit der Arbeit, Entfremdung, Fehlzeiten und starker Fluktuation. Die Fast-food-Industrie hat von allen Branchen der USA die höchste Personalfluktuation – etwa 300 Prozent im Jahr. Das bedeutet, daß die durchschnittliche Arbeitskraft es in einem Fast-food-Restaurant nur vier Monate lang aushält; das gesamte Personal der Fast-food-Industrie wird dreimal im Jahr umgewälzt.

Wegen der einfachen, sich ständig wiederholenden Tätigkeit ist es zwar relativ leicht, Arbeitskräfte nach deren Kündigung zu ersetzen, aber eine derart hohe Fluktuation ist aus der Sicht des Konzerns dennoch nicht wünschenswert. Es wäre eindeutig besser, die Angestellten länger zu halten. Der Wechsel ist mit Kosten verbunden (zum Beispiel für Anwerben und Anlernen), und diese Kosten vervielfachen sich bei einer hohen Fluktuation.

Das Fast-food-Restaurant ist auch für den Kunden entmenschlichend. Statt eines menschenwürdigen Eßerlebnisses bietet man ihm eine Mahlzeit nach Art eines Förder- oder Fließbandes. Der Kunde wird zu einer Art überdrehtem Automaten degradiert, den man durch die Mahlzeit hetzt. Das Eßerlebnis oder das Essen selbst bietet kaum Befriedigung. Im besten Fall kann man darüber sagen, daß es effizient und schnell erledigt ist.

Manche Kunden könnten sich sogar fühlen, als würden sie wie Vieh äußerst rational abgefüttert. Dieser Punkt war vor einigen Jahren das Thema der Satiresendung *Saturday Night Live*; der Film mit dem Titel »Through and Brew« war die Karikatur einer kleinen Fast-food-Kette namens »Burger and Brew«. Darin erfahren ein paar junge Manager, ein neues Fast-food-Restaurant namens »Trough and Brew« habe eröffnet, und sie entschließen sich, es beim Mittagessen auszuprobieren. Als nächstes sieht man, wie sie das Restaurant betreten und Lätzchen umgebunden bekommen. Anschließend finden sie eine lange Wanne vor, die einem Schweinetrog ähnelt. Das ganze ist mit Bohneneintopf gefüllt, und eine Kellnerin füllt den Trog regelmäßig mit einem Eimer nach. Die Kunden bücken sich, stecken den Kopf in den Trog und schlürfen den Inhalt, während sie sich an der Wanne entlangbewegen und dabei hochkarätige Geschäftsbesprechungen führen. Jedesmal, wenn sie sich zum Luftholen aufrichten, saugen sie ein wenig Bier aus einem gemeinsamen »Brauereibecken«. Nachdem sie die »Mahlzeit« beendet haben, zahlen sie die Rechnung »pro Kopf«. Ihre mit Eintopf verschmierten Gesichter werden buchstäblich abgespritzt, bevor sie das Restaurant verlassen. Zuletzt sieht man, wie die Jungmanager aus dem Restaurant getrieben werden, das dann für eine halbe Stunde zum »Ausspritzen« geschlossen wird. Der entscheidende Punkt, den Saturday Night Live ins Lächerliche zog, war die Tatsache, daß Fast-food-Restaurants ihre Kunden fast wie niedere Tiere behandeln.

### »Raus mit dir«, Glücksrad und gefälschte U-Boote

Ein anderer Gesichtspunkt der Entmenschlichung in Fast-food-Restaurants ist die Tatsache, daß der zwischenmenschliche Kontakt dort auf ein Minimum reduziert ist. Betrachten wir beispielsweise den Umgang zwischen Personal und Kunden. Durch das Wesen des Fast-food-Restaurants handelt es sich um eine sehr flüchtige Beziehung. Da die Angestellten im Durchschnit nur wenige Monate bleiben und auch in dieser Zeit nur als Teilzeitkräfte arbeiten, kann der Kunde und sogar der Stammkunde kaum einmal eine längerfristige persönliche Beziehung zu einer Arbeitskraft aufbauen. Die Zeiten, als man die Kellnerin in einem Speiselokal oder den Griller in einer Imbißstube kannte, sind vorüber. Zu jener Zeit wußten die Angestellten manchmal, wer man war und was man wahrscheinlich bestellen würde.

Die Beziehungen mit den Angestellten sind bei McDonald's nicht nur flüchtig, weil die Arbeitskräfte nur kurze Zeit diese Tätigkeit ausüben, sondern auch weil der einzelne Kontakt zwischen Verkäufer und Kunden nur von kurzer Dauer ist. Es erfordert nur wenig Zeit, an der Theke zu bestellen, das Essen in Empfang zu nehmen und zu bezahlen. Angestellte und Kunden fühlen sich meist gehetzt und wollen weitermachen – der Kunde mit seiner Mahlzeit und der Angestellte mit der nächsten Bestellung. Unter solchen Bedingungen bleibt für Gespräche zwischen Kunden und Thekenkraft praktisch keine Zeit. Noch mehr gilt das für den Autoschalter, wo der Verkäufer dank schneller Lieferung und eingebauter Glasscheiben nur ein entferntes, verschwommenes Bild ist.

Verstärkt wird die Unpersönlichkeit und Anonymität der Beziehung zwischen Kunden und Verkäufer, weil die Angestellten dazu ausgebildet werden, in vorgegebener, eingeschränkter Form mit dem Käufer zu sprechen. Der Kunde hat unter Umständen das Gefühl, er spreche mit Automaten, denen man ein paar Phrasen einprogrammiert hat, und nicht mit menschlichen Wesen. Vom Kunden wird angenommen – und oft stimmt es auch –, daß er es eilig hat und dem Angestellten von McDonald's kaum etwas sagen möchte. Man kann den Erfolg der Fast-food-Restaurants sogar zu einem großen Teil auf die Tatsache zurückführen, daß sie im Einklang mit unserer schnellebigen, unpersönlichen Gesellschaft stehen (siehe Kapitel 8). Die Menschen in der heutigen Welt wollen ohne unnötige persönliche Beziehungen mit ihren Tätigkeiten fortfahren. Und das Fast-food-Restaurant gibt ihnen genau das, was sie wollen.

Stark eingeschränkt sind nicht nur die Beziehungen zwischen Angestellten und Kunden, sondern auch andere mögliche Verbindungen. Da die Arbeitskräfte meist nur wenige Monate in ihrer Stellung bleiben, entwickeln sich wahrscheinlich auch keine befriedigenden persönlichen Beziehungen zwischen den Kollegen. Auch hier ist es nützlich, wenn man Japan als Gegenbeispiel betrachtet: Dort gibt es mehr Dauerstellen, und das trägt zur Förderung langfristiger Arbeitsbeziehungen bei. Außerdem treffen sich die Angestellten in Japan oft auch nach Feierabend und am Wochenende. Die Gelegenheit für solche persönlichen Bindungen zwischen den Angestellten ist angesichts der vorübergehenden Beschäftigung im Fast-food-Restaurant weitgehend ausgeschaltet.

Auch die Beziehungen zwischen den Kunden werden stark beschnitten. Manche Werbespots von McDonald's wollen uns zwar etwas anderes glauben machen, aber in Wirklichkeit sind die Zeiten vorüber, als man sich in der Imbißstube oder im Café traf, um Kaffee zu trinken, das Frühstück, Mittag- oder Abendessen einzunehmen und sich dabei kennenzulernen. Zu dieser Art des zwischenmenschlichen Kontakts bietet das Fast-food-Restaurant keinerlei Anreiz.[26] Zumindest die Stühle sind so gestaltet, daß man sich unbehaglich fühlt und bald wieder etwas anderes tun möchte. Ein weiterer Schritt zur McDonaldisierung ist der Autoschalter, bei dem die Möglichkeit, mit anderen Kunden ins Gespräch zu kommen, völlig entfällt.

Fassen wir die vorangegangenen Abschnitte noch einmal zusammen: Die Fast-food-Restaurants beschneiden oder beseitigen die Möglichkeiten, daß Angestellte und Kunden sich wirklich näherkommen. Statt dessen tritt das ein, was in diesem Buch bereits an einer früheren Stelle beschrieben wurde: Entweder fehlt die zwischenmenschliche Beziehung völlig, oder es kommt zur »falscher Kumpelhaftigkeit«. Die Regel Nummer 17 für die Angestellten bei »Burger King« lautet: »Immer lächeln.«[27] Die Angestellten von »Roy Rogers«, die

mir einen »guten Ritt« wünschten, als ich mein Essen bezahlte, interessierten sich in Wirklichkeit nicht im geringsten
dafür, was mit mir in meiner Zukunft und auf meinem Weg
geschah. (In Wirklichkeit, das sollte man sich klarmachen, sagen sie auf höfliche Weise: »Raus mit dir!«) Dieses Phänomen
hat sich allgemein verbreitet: Viele Angestellte sagen: »Einen
schönen Tag noch!«, wenn man geht. Eigentlich kümmern sie
sich natürlich kein bißchen darum, wie es einem den übrigen
Tag über geht. Auch hier sagen sie uns in ritualisierter und
höflicher Form: »Raus mit dir!«, damit der Kunde geht, so daß
sie den nächsten bedienen können.

Bei »Nutri/System« erhalten die Berater eine Liste mit
Dingen, die sie tun sollen, damit die Diätwilligen wiederkommen. Zunächst drängt man den Berater, »den Kunden begeistert und mit seinem Namen zu begrüßen«. Die Kenntnis des
Namens schafft ein falsches Gefühl von Freundlichkeit, genau
wie die »begeisterte« Begrüßung. Als zweites soll der Berater
dem Klienten persönliche Aufmerksamkeit schenken. Später,
so wird empfohlen, soll der Berater »mit dem Klienten *einfühl-
sam* sprechen«.

Die Berater erhalten auch eine kleine Karte mit glänzen-
der Oberfläche, die den Titel »persönliche Ansprache auf den
ersten Blick« trägt. (Die Karte dient natürlich dazu, die persönliche Begrüßung zu rationalisieren.) Sie enthält unter
anderem pseudopersönliche Antworten für problematische
Situationen. Wenn der oder die Diätwillige zum Beispiel zu
erkennen gibt, die Unterstützung für die Diät sei zu gering,
soll der Berater sagen: »Ich freue mich, Sie zu sehen. Ich habe
an Sie gedacht. Wie läuft das Programm bei Ihnen?« Freut sich
der Berater *wirklich*, den Klienten zu sehen? Hat er *wirklich* an
ihn gedacht? Ist er *wirklich* besorgt, wie es mit der Diät voran-
geht? Die Antworten auf solche Fragen sind offenkundig.

Vielfach wirken sich Fast-food-Restaurants auch auf andere menschliche Beziehungen negativ aus. Es gibt zum Beispiel den Effekt des sogenannten »Familienessens«. Das Fast-food-Restaurant bietet keinen Anreiz für eine lange, gemütliche Mahlzeit mit vielen Gesprächen. Die Familie wird während des Essens bei McDonald's nicht lange herumtrödeln. Und wenn die Kinder zu Teenagern werden, führt das Wesen der Fast-food-Restaurants zu getrennten Mahlzeiten: Die Kinder gehen mit ihren Freunden zu einer anderen Zeit essen als die Eltern. Der Autoschalter dient natürlich nur dazu, die Möglichkeit eines Familienessens weiter zu vermindern. Von der Familie, die ihr Essen herunterschlingt, während sie zum nächsten Tagesordnungspunkt fährt, kann man kaum behaupten, daß sie das erlebt, was man heute gern als »Zeit der Nähe« bezeichnet. Das Schicksal des Familienessens beschrieb ein Journalist so:

»Sprechen Familien, die ihr Abendessen bei Colonel's einnehmen, ein Tischgebet, während sie auf ihren Plastikstühlen oder der sonstigen Restauranteinrichtung herumschaukeln und ein kuspriges braunes Hähnchenbein in die Hand nehmen? Fragt der Vater seinen Jüngsten, was er heute gemacht hat, wenn ihm einfällt, daß er das Piccalilli vergessen hat, so daß er sich durch die Massen zur Theke schieben muß, um es zu holen? Fühlt die Mutter sich durch die Atmosphäre angeregt, die kleine Mildred nach ihren Problemen mit der Konjugation der französischen Verben zu fragen, oder spielt es andererseits eine Rolle, wenn die Familie ansonsten zu Hause tiefgekühlte, in der Mikrowelle aufgewärmte Fertiggerichte hinunterschlingt, während im Fernsehen ›Hollywood Squares‹ läuft?«[28]

Es wird heute viel über den Zerfall der Familie geredet, und das Fast-food-Restaurant leistet zu diesem Zerfall einen entscheidenden Beitrag.

Wie sich aus dem gerade Gesagten ergibt, unterscheidet sich die häusliche Mahlzeit in Wirklichkeit oft kaum vom Essen in einem Fast-food-Restaurant. Das Mittagessen nehmen die meisten Familien seit den vierziger Jahren nicht mehr gemeinsam ein, und beim Frühstück begann dieser Trend in den fünfziger Jahren. Heute ereilt das Abendessen das gleiche Schicksal. Selbst wenn die Familie zu Hause ißt, wird die Mahlzeit meist nicht mehr das sein, was sie früher war. Nach dem Vorbild der Fast-food-Restaurants geht der Trend heute mehr zum »Reinstopfen« oder »Nachtanken«: Man knabbert an diesem und jenem »Snack«, statt sich hinzusetzen und eine richtige Mahlzeit einzunehmen. Und da es heute als ineffizient gilt, wenn man nichts tut außer zu essen, sitzen die Familien während der Mahlzeit oft vor dem Fernseher, so daß eine effiziente Kombination von zwei Tätigkeiten entsteht. Das Getöse und erst recht die Anziehungskraft der Fernsehsendungen zur Zeit des Abendessens wie zum Beispiel *Wheel of Fortune* (in Deutschland unter dem Titel »Glücksrad« bekannt; Anm. d. Übers.) machen Gespräche zwischen den Familienmitgliedern schwierig.[29]

Entscheidende Hilfsmittel zur Zerstörung des Familienessens sind der Mikrowellenofen und die breite Palette mikrowellengeeigneter Fertiggerichte, die in seinem Fahrwasser entstanden. Verblüffend ist die Feststellung, daß über 70 Prozent aller amerikanischen Haushalte ein Mikrowellengerät besitzen. Nach einer neuen Umfrage des *Wall Street Journal* betrachten die Amerikaner die Mikrowelle als ihr liebstes Haushaltsgerät. In einer immer stärker McDonaldisierten Gesellschaft gilt sie sogar als Fortschritt gegenüber dem Fastfood-Restaurant. Ein Konsumforscher sagte: »Sie hat dazu geführt, daß Schnellrestaurants nicht mehr schnell erscheinen, denn zu Hause muß man nicht Schlange stehen.«[30] In der Regel verlangen die Verbraucher Fertiggerichte, die in der

Mikrowelle nicht mehr als zehn Minuten dauern; früher war man dagegen bereit, eine halbe Stunde oder sogar eine Stunde auf die Zubereitung des Abendessens zu verwenden. Diese Betonung der Geschwindigkeit hat natürlich zu weniger Geschmack und schlechterer Qualität geführt, aber die Leute scheinen diesen Verlust nicht zu bedauern: »Wir sind bei Lebensmitteln nicht mehr so kritisch wie früher.«

Da Mikrowellengerichte so schnell zuzubereiten und in so großer Auswahl verfügbar sind, kann jedes Familienmitglied zu einer anderen Zeit und an einer anderen Stelle essen. Um sogar die Kinder unabhängig zu machen, vermarkten die Lebensmittelhersteller Produkte wie »Kid's Kitchen«, »Kid Cuisine« und »My Own Meals«. Die Kinder brauchen nicht mehr auf die Eltern zu warten, sondern sie können sich ihre eigenen Mahlzeiten »reinschieben«. Deshalb gehen die besonderen Qualitäten des Familienessens, die ein Gefühl von Geborgenheit und Wohlbefinden erzeugen, wahrscheinlich ein für allemal verloren, wenn Mahlzeiten nicht mehr gekocht, sondern nur noch »reingeschoben« oder »zusammengeknallt« werden.[31]

Das Kochen mit Mikrowellen entwickelt sich immer weiter. Auf manchen Fertiggerichten kleben bereits Kunststoffstreifen, die sich blau färben, wenn die Mahlzeit fertig ist, und die Industrie verspricht Streifen, die dem Mikrowellenofen unmittelbar den Garzustand des Gerichts mitteilen. »Wenn das Kochen nur noch daraus besteht, auf einen Knopf zu drücken, wird die Küche irgendwann zu einer Art Tankstelle. Die Familienmitglieder gehen hin, betätigen ein paar Schalter, tanken auf und gehen wieder. Und zum Aufräumen braucht man nur noch Plastikteller wegzuwerfen.«[32] Das Familienessen bleibt dabei natürlich auf der Strecke, und wir müssen uns entscheiden, ob wir uns diesen Verlust leisten können:

»Die gemeinsame Mahlzeit ist das wichtigste Ritual, wenn es darum geht, daß die Familie sich einmal am Tag zusammenfindet. Geht sie verloren, müssen wir neue Wege finden, um eine Familie zu sein. Man sollte sich überlegen, ob es sich lohnt, den Genuß des gemeinsamen Essens aufzugeben.«[33]

Um einen weiteren Brennpunkt der McDonaldisierung geht es in Garfields Kritik an »Walt Disney World«. Aus seiner Beschreibung dieses entmenschlichten Freizeitparks möchte ich eine längere Passage zitieren:

»Ich hatte tatsächlich geglaubt, mich erwarteten echter Spaß und eine wirkliche Märchenwelt – aber dann erlebte ich nur eine in Plastik gegossene, spritzgußgeformte, von Bauingenieuren gestaltete Form der Phantasie – das heißt: überhaupt keine Phantasie.

Von dem Netz der Röhren und Zäune, die den Besucher zu den Attraktionen leiten, über das eiskalt programmierte Lächeln der Angestellten bis zu dem unbedingt abfallfreien Boden, einer allgemein totalitären Ordnung nach dem Vorbild einer nordkoreanisch-sozialistischen Gesellschaft bis zu der entsetzlich passiven Unterhaltung selbst erweist sich Disney als das genaue Gegenteil von Phantasie, als ein bemerkenswertes technisches Schauspiel ...

Disney ist weit davon entfernt, die Phantasie zu befreien, es gelingt ihm vielmehr vor allem, sie einzuschränken. Wie die Förderbänder mit ›Autos‹ und ›Booten‹, die einen auf stählernen Schienen durch die Attraktionen mit ›Schneewittchen‹, ›Welt der Bewegung‹ oder ›Speedway‹ ziehen, ist Disney ein unermüdlich laufender, präziser, computergesteuerter Mechanismus, der schätzungsweise 30 Millionen Besucher über die gleichen berechneten, unveränderlichen, peinlich genau konstruierten Unterhaltungserlebnisse befördert. Es regt die

Kunden auf, ohne sie anzuregen. Es reizt jeden, aber es fordert niemanden …

Man stelle sich beispielsweise ein vorgetäuschtes Untertauchen in einem vorgetäuschten U-Boot vor, vorbei an vorgetäuschten Korallen und vorgetäuschtem Meeresgetier, und das alles in dem vollen Bewußtsein, daß es im Umkreis von 70 Autominuten von unserem Wohnort zwei hervorragende Aquarien gibt …[34]

Wie sich also herausstellt, ist »Disney World« kein kreatives, die Phantasie anregendes menschliches Erlebnis, sondern es ist unkreativ, phantasietötend und letztlich unmenschlich.

### Fast-food-Croissants und Weihnachten im Herbst

Ein weiterer Gesichtspunkt der Entmenschlichung, die durch die Fast-food-Restaurants eintritt, ist die Vereinheitlichung im ganzen Land und zunehmend auf der ganzen Welt. Die Vielfalt, nach der sich viele Menschen sehnen, wird durch das Fast-food-Restaurant vermindert oder beseitigt. Dieser Rückgang der Vielfalt zeigt sich bei allen Arten national geprägter Gerichte. Das Umfeld ist in allen Fällen mehr oder weniger nach dem Vorbild von McDonald's gestaltet, und die Gerichte sind so rationalisiert und verschlechtert, daß sie praktisch dem Geschmack aller Kunden gerecht werden. Bei keiner dieser ethnisch geprägten Fast-food-Ketten findet man ein wirklich ursprüngliches, andersartiges Gericht.

Die Ausbreitung dieser Ketten überall in den USA hatte zur Folge, daß man zwischen Landschaften und Städten des ganzen Landes kaum noch Unterschiede findet. Touristen, die durch Amerika reisen, finden mehr Vertrautes und Vorhersagbares, aber weniger Vielfalt, und das gleiche gilt zunehmend auch weltweit. Scheinbar exotische Gegenden werden sowohl von amerikanischen Fast-food-Ketten als auch von einheimischen Abwandlungen davon überschwemmt. Ein gutes Beispiel sind die neuen, weltgrößten Filialen von McDonald's und »Kentucky Fried Chicken« in Peking. Außerdem wird das McDonald's-Prinzip in vielen Ländern auf die nationale Küche angewandt. In Paris erschrecken einen vielleicht die vielen amerikanischen Fast-food-Restaurants, aber fast noch erschreckender ist die unglaubliche Ausbreitung der einheimischen Varianten wie zum Beispiel der »Fast-food-Croissanterie«. Man hätte vielleicht meinen können, das Croissant sei für die Franzosen ein Nationalheiligtum, so daß sie es unanständig fänden, Herstellung und Verkauf zu rationalisieren, aber genau das ist geschehen. Durch das Fast-food-System ist die Qualität der Croissants zwar zurückgegangen, aber die Ausbreitung solcher Filialen in Paris ist ein Zeichen, daß viele Einwohner der französischen Hauptstadt bereit sind, es den Amerikanern gleichzutun und die Qualität für Geschwindigkeit und Effizienz zu opfern. (Und, so kann man fragen, wenn sich aus dem Pariser Croissant ein Fast-food-Erfolg machen läßt, welches Gericht ist dann eigentlich davor noch sicher?) Jedenfalls hat die Ausbreitung amerikanischer und einheimischer Fast-food-Gerichte zur Folge, daß es von einer Gegend zur anderen immer weniger Unterschiede gibt. Das Streben der Menschen nach neuen, verschiedenartigen Eindrücken wird durch die landes- und weltweite Ausbreitung der Fastfood-Restaurants eingeschränkt oder sogar allmählich zunichte gemacht. Das Bedürfnis nach Vielfalt wird durch den Wunsch nach Einheitlichkeit und Vorhersagbarkeit verdrängt.

Während das Fast-food-Restaurant die Vielfalt beim Essen einebnet, sorgt das Bestellen per Versandkatalog für das Verschwinden jahreszeitlicher Unterschiede. Ellen Goodman kritisierte kürzlich diesen besonderen Gesichtspunkt der Rationalisierung: »Mit dem landesweiten Versandmarkt sind Kataloge entstanden, die nicht die leiseste Rücksicht auf Jahreszeiten oder Regionen nehmen. Ihre Früchte werden heute auf dem Weg zu Ihnen geerntet, transportiert und chemisch zum Reifen angeregt.«[35] Goodman ärgerte sich, weil sie im Frühherbst den Weihnachtskatalog bekam; das veranlaßte sie zu der Bemerkung: »Ich weigere mich, den Herbst zu überspringen.« (Außerdem bemerken Katalogbesteller oft, daß die Lieferung sehr spät oder überhaupt nicht eintrifft. Der Präsident des »Better Business Bureau« in New York sagte: »Das größte Problem beim Versandhandel ist die Auslieferung mit ihren Verzögerungen.«[36])

## Entmystifizierung, Entprofessionalisierung und Fließbandmedizin

Wie in diesem Buch deutlich wurde, wird auch die Medizin immer stärker rationalisiert, das heißt, sie wird von Strukturen und Institutionen beherrscht, die von Effizienz, Vorhersagbarkeit, Berechenbarkeit und Kontrolle durch den Ersatz menschlicher Arbeitskraft durch nichtmenschliche Technologie gekennzeichnet sind. Aber solche rationalen Systeme sind mit einer Reihe unrationaler (oder unvernünftiger) Folgen verbunden. Es kann hier nicht das Ziel sein, die Vergangenheit der Medizin romantisch zu betrachten. Wir konzentrieren uns zwar auf das Irrationale an der heutigen Medizin, die dem Prozeß der McDonaldisierung unterliegt, aber das bedeutet nicht, daß die Medizin der vorrationalen Zeit ein Ideal war, zu dem man zurückkehren sollte. Erstens ist es nämlich schwierig oder sogar unmöglich, den Vorgang der Rationalisierung umzukehren. Und zweitens steckte die medizinische Praxis früher ebenfalls voller Probleme. Noch einen weiteren Punkt gilt es zu beachten: Es geht hier zwar um Irrationales, aber das rationale medizinische System hat eindeutig auch rationale (das heißt vernünftige) Auswirkungen. Zum Beispiel bringen technische Fortschritte auch eine verbesserte medizinische Versorgung und lebensrettende Methoden mit sich. Die Kontrolle durch Geldgeber und staatliche Stellen führt zur Kostendämpfung im Gesundheitswesen und könnte damit zum Nutzen aller beitragen, die medizinische Versorgung benötigen.

Aus der Sicht des Arztes ist die Rationalisierung aber mit einer Reihe irrationaler Dinge verbunden. Ganz oben auf der Liste steht dabei die Verlagerung der Kontrolle vom Arzt auf rationalisierte Strukturen und Institutionen. Der niedergelassene Arzt früherer Zeiten hatte erheblichen Einfluß auf seine Arbeit, beschränkt im wesentlichen nur durch die Kontrolle der Kollegen sowie durch die Bedürfnisse und Wünsche der Patienten. In der rationalisierten Medizin nimmt die Kontrolle von außen zu, und sie verlagert sich auf gesellschaftliche Strukturen und Institutionen. Der Arzt wird nicht nur durch diese Strukturen und Institutionen stärker beeinflußt, sondern auch durch Manager und Bürokraten, die selbst keine Ärzte sind. Die Möglichkeit, das eigene Berufsleben zu bestimmen, nimmt bei den Ärzten erheblich ab. Die Kontrolle von außen könnte für die Ärzte schon bald zu einem ernsten Problem werden, und das wird sich wahrscheinlich durch steigende berufliche Unzufriedenheit und Entfremdung äußern (die dann möglicherweise zu stärkerer gewerkschaftlicher Organisation der Ärzte führt).

Rationalisierung geht oft auch mit Entmystifizierung einher, das heißt, die ärztliche Tätigkeit verliert das Geheimnisvolle und Aufregende. Man verläßt sich in der Frage, was in einem bestimmten Fall zu tun ist, immer weniger auf die persönliche medizinische Beurteilung des Arztes; seine Entscheidungen gründen sich statt dessen stärker auf Regeln, Vorschriften, die Beurteilung durch Vorgesetzte oder technische Vorgaben. Auch das trägt zur beruflichen Unzufriedenheit und Entfremdung der Ärzte bei.

Die Rationalisierung bringt wahrscheinlich auch ein gewisses Maß an Entprofessionalisierung der Ärzte mit sich (zum Beispiel durch Verlust der Eigenverantwortlichkeit), und diese Verschlechterung ist aus ihrer Sicht höchst irrational. Wenn man heute über Berufe nachdenkt, ist meist Macht der entscheidende Faktor. Eine höhere berufliche Stellung ergibt sich, wenn man Macht gewinnt und behält. Wie wir gesehen haben, üben rationalisierte Strukturen und Institutionen immer mehr Kontrolle und damit Macht über den Berufsstand der Mediziner aus. Entscheidungen werden stärker von diesen äußeren Instanzen vorgegeben oder sogar getroffen. Die Folge ist ein Machtzerfall bei den Ärzten, und mit diesem Machtverlust sinkt definitionsgemäß auch ihr berufliches Ansehen.

Aus der Sicht des Patienten führt die Rationalisierung der Medizin ebenfalls zu einer Reihe irrationaler Dinge. Der Hang zur Effizienz läßt bei den Kranken unter Umständen das Gefühl aufkommen, sie lägen auf einem medizinischen Fließband, das sie schnell durch das System befördert. Durch das Bemühen, die Vorhersagbarkeit zu steigern, verlieren die Patienten wahrscheinlich das Gefühl der persönlichen Verbundenheit mit den Ärzten und dem übrigen Pflegepersonal. Regeln und Vorschriften veranlassen den Arzt, alle Patienten im wesentlichen auf die gleiche Weise zu behandeln, so daß das persönliche Element in der ärztlichen Praxis kleiner wird. Das gilt auch für die Pflege im Krankenhaus: Der Patient wird nicht mehr regelmäßig von derselben Schwester versorgt, sondern jeden Tag kümmert sich eine andere Pflegekraft um ihn. Die Folge ist natürlich, daß die Schwestern ihre Patienten nicht mehr individuell kennenlernen.

Wegen der Bemühung um mehr Berechenbarkeit fühlt sich der Patient mehr als Nummer in einem System und weniger als Mensch. Das Streben nach maximalem Gewinn bei minimalem Zeitaufwand kann zu einer Qualitätsverminderung bei der medizinischen Versorgung führen. Wie die Ärzte, so unterliegen auch die Patienten dem Trend zu immer stärkerer Kontrolle durch die übergeordneten Strukturen und Institutionen, die dem Patienten meist weit entfernt, achtlos und undurchschaubar erscheinen. Und schließlich haben es die Patienten immer mehr mit Technikern und unpersönlicher Technik zu tun. Mehr Technik kann man sogar in der Apotheke kaufen (zum Beispiel Blutdruckmeßgeräte und Schwangerschaftstests), und der Patient kann sich selbst untersuchen, so daß der menschliche Kontakt mit Ärzten und technischem Personal weiter beschnitten wird. Viele Elemente der Rationalisierung in der Medizin haben unter anderem zur Folge, daß die medizinische Praxis immer entmenschlichter und unpersönlicher wird.

Der Gipfel der Irrationalität wäre bei der Rationalisierung der Medizin erreicht, wenn sie zu einem unvorhergesehenen Qualitätsverlust bei der medizinischen Versorgung und damit zu mehr Gesundheitsstörungen bei den Patienten führen würde. Es ist durchaus möglich, daß immer rationalere medizinische Systeme mit ihrem Hang zu Kostensenkung und Gewinnsteigerung zu einer geringeren Qualität der medizinischen Versorgung führen. Besonders gilt das wahrscheinlich für die ärmeren Bevölkerungsschichten. Zumindest manche Menschen werden wegen der Rationalisierung in der Medizin kränker sein und vielleicht sterben, und möglicherweise nimmt die Volksgesundheit sogar insgesamt ab. Ob es dazu kommt, wird man erst in Zukunft bei weiterer Rationalisierung des Gesundheitssystems beurteilen können. Aber wir können sicher sein, daß diese Rationalisierung sich fortsetzen wird. Angesichts solcher Aussichten müssen die Beschäftigten im Gesundheitswesen und ihre Patienten lernen, wie man rationale Strukturen kontrollieren muß, um ihre irrationalen Wirkungen möglichst gering zu halten.

## Fabrikuniversitäten, Bürokratien und Flugzeuge, die fast von selbst fliegen

Die moderne Universität ist in vielerlei Hinsicht eine irrationale Einrichtung geworden. Viele Studenten (und auch Dozenten) werden durch das riesige Ausmaß und die fabrikartige Atmosphäre der heutigen Hochschulen abgestoßen. Sie fühlen sich unter Umständen wie Automaten, die von Bürokratie und Computern gelenkt werden, oder wie Ochsen, die man durch einen Schlachthof schleust. Mit anderen Worten: Unter solchen Umständen kann Ausbildung zu einer entmenschlichenden Erfahrung werden. Die Studentenmassen, große, unpersönliche Wohnheime und gewaltige Hörsäle machen es schwierig, andere Studenten kennenzulernen. In den großen Vorlesungen, die von einem Stundenplan genau begrenzt sind, kann man mit dem Professor kaum persönlichen Kontakt knüpfen. Im besten Fall lernt man in einem Seminar einen Doktoranden oder Assistenten kennen. Die Abschlußnoten bemessen sich nach einer Reihe maschinell ausgewerteter Multiple-Choice-Prüfungen und werden unpersönlich bekanntgegeben, oft nicht mit dem Namen, sondern nur mit der Sozialversicherungsnummer. Unter dem Strich fühlen sich die Studenten eigentlich nur als Objekte, denen man Wissen eintrichtert, während sie ein informationslieferndes und examenverteilendes Ausbildungsfließband durchlaufen.

Natürlich führen auch technische Fortschritte zu noch mehr Irrationalität in der Ausbildung. Selbst die geringfügigen Kontakte zwischen Dozenten und Studenten werden durch Neuentwicklungen wie Fernsehvorlesungen, hausinterne Videoprogramme, Computerlernen und Lehrmaschinen weiter eingeschränkt. Vielleicht sind wir bald beim letzten Schritt in der Entmenschlichung der Ausbildung angelangt, der völligen

Beseitigung menschlicher Lehrkräfte und menschlicher Gespräche zwischen Dozenten und Studierenden.

Die Irrationalität bei allen Arten der Bürokratie sind bestens bekannt. Solche Institutionen werden oft kritisiert, weil sie ein entmenschlichendes Arbeitsumfeld bieten. Die Beschäftigten in der Bürokratie haben es oft mit namen- und gesichtslosen Bürokraten an anderen Stellen der Organisation zu tun. Ein noch größeres Problem stellt sich für den Klienten: Er hat es schwer, zu dem Bürokraten vorzudringen, mit dem er zu tun hat und von dem er ein Produkt oder eine Dienstleistung haben will, von persönlichem Kontakt ganz zu schweigen. Verschlimmert hat sich die Situation durch das Telefon und die jüngsten Neuentwicklungen der Telefontechnik. Bei großen bürokratischen Apparaten werden Anrufe heute häufig von einer Tonbandstimme entgegengenommen, die uns erklärt, wie wichtig unser Anruf ist (eine andere Form der falschen Kumpelhaftigkeit, auf die wir allerdings kaum hereinfallen), und diese Nachricht wird ständig wiederholt (häufig unterbrochen durch die unvermeidliche sanfte Musik) und sagt uns, daß wir nicht auflegen sollen. Dann gibt es die vollständig computerisierten Systeme, bei denen man auf die Anweisungen einer Computerstimme hin eine Reihe von Tasten drücken muß. Hat man schließlich das gewünschte Büro erreicht, hört man eine weitere Computeransage. Der Umgang mit solchen Computerstimmen ist eindeutig noch weniger menschlich als der Umgang mit einem anonymen Bürokraten, weil am anderen Ende der Leitung nicht einmal ein Mensch sitzt.

Obwohl Bürokratien eingerichtet werden, um effizient zu arbeiten, ist ihre Ineffizienz oft berüchtigt. Der Versuch, von einer Bürokratie etwas zu bekommen, vor allem wenn es ein wenig vom Normalen abweicht, kann zu einer endlosen Prozedur werden, die zahllose Kontakte mit den zuständigen

Bürokraten erfordert. Und selbst beim normalen Umgang mit einer Bürokratie verheddert sich der Klient unter Umständen so im Gewirr der Zuständigkeiten, daß er sich allein kaum noch daraus befreien kann.

Ein interessantes Beispiel für den Ersatz menschlicher Arbeitskraft durch nichtmenschliche Technologie sind die modernen, computergesteuerten Flugzeuge wie die Boeing 757 und 767. Statt nach dem »Gefühl im Hintern« zu fliegen oder einen altmodischen Autopiloten für einfache Manöver zu benutzen, können die Piloten heute »auf ein paar Knöpfe drücken und sich dann zurücklehnen, während das Flugzeug den Zielort ansteuert und auf der vorprogrammierten Landebahn aufsetzt«.

Ein Beamter der US-Luftfahrtbehörde bemerkte dazu: »Wir nehmen immer mehr von diesen Funktionen aus dem Einflußbereich der Menschen heraus und übertragen sie der Maschine.«[37]

Die neuen, automatischen Flugzeuge sind in vielerlei Hinsicht sicherer und zuverlässiger als die alten, technisch weniger weit entwickelten Modelle. Es macht sich aber die Befürchtung breit, die Piloten, die von dieser Technik abhängig sind, könnten die Fähigkeit zum kreativen Umgang mit Notsituationen verlieren. Ein Manager einer Fluggesellschaft sagte einmal: »Wenn wir das menschliche Personal der Technik unterordnen, verlieren wir diese Kreativität. Ich habe keine Computer, die so kreativ sein können; ich habe sie einfach nicht.« In Notsituationen droht mit solchen Flugzeugen also die größte denkbare Entmenschlichung: Unter Umständen sterben viele Passagiere, weil die Piloten nicht mehr in der Lage sind, eine unvorhergesehene Situation zu beherrschen.

Das Fließband in der Autoproduktion ist zweifellos das klassische Beispiel für ein rationales System, das eine offenbar nie endende Kette von Irrationalitäten hervorgebracht hat. Die Auto-Massenproduktion hat zum Beispiel zu einem unersättlichen Bedarf an Benzin geführt, und der wiederum macht uns abhängig von den Ölerzeugerländern, so daß wir bereit sind, zum Schutz der Ölversorgung und für niedrige Ölpreise Krieg zu führen. Oder, um eine andere Irrationalität zu nennen: Dem Fließband gelingt es hervorragend, viele Millionen Autos im Jahr auszustoßen. Aber alle diese Autos, die Jahr für Jahr produziert werden, bedeuten mit ihren Abgasen eine Katastrophe für die Umwelt. Die Landschaft wird durch immer mehr Straßen und Autobahnen zerstört und verschandelt. Und dann sind da die vielen tausend Verkehrstoten und die noch viel größere Zahl derer, die Jahr für Jahr bei Autounfällen verletzt werden.

Eine andere Irrationalität des rationalen Auto-Fließbandes hat mit der Berechenbarkeit zu tun. Die Konzentration auf Dinge, die man zählen kann, führt zu irrationalen Handlungen. Nehmen wir zum Beispiel den berühmten Fall des »Ford Pinto«.[38] Wegen der Konkurrenz durch ausländische Kleinwagen beeilte sich Ford, das Modell »Pinto« in die Produktion zu bringen, obwohl sich in Tests mit Prototypen gezeigt hatte, daß die Treibstoffleitungen bei einem Heckaufprall leicht platzen würden. Da man die teuren Fließbänder für die »Pinto«-Produktion bereits istalliert hatte, entschloß man sich bei Ford, den Wagen ohne Veränderungen weiter zu produzieren. Grundlage dieser Entscheidung war ein Vergleich der Kosten, die der Firma entstehen würden, wenn es durch die defekten Leitungen Tote gäbe oder wenn man die Leitung reparierte. Den Schätzungen zufolge würde der Defekt zu 180

Todesopfern im Jahr und etwa ebenso vielen Verletzten führen. Wenn man dafür einen Wert – das heißt Kosten – von 200000 Dollar pro Person ansetzte, dann waren das nach den Berechnungen von Ford etwa 11 Dollar pro Auto – weniger, als wenn man den Defekt bei allen Fahrzeugen nachgebessert hätte. Eine solche Entscheidung mag unter dem Gesichtspunkt des Gewinns sinnvoll sein, aber sie war nach menschlichen Maßstäben irrational und unvernünftig, denn man opferte Menschenleben und nahm Verstümmelungen in Kauf, alles im Namen geringerer Kosten und höherer Profite. Dies ist einer der extremsten Fälle aus einer ganzen Reihe solcher Entscheidungen, die in der Autoindustrie und vielen anderen Bereichen einer immer stärker McDonaldisierten Gesellschaft tagtäglich getroffen werden.

Menschen im Namen der Rationalisierung umzubringen ist natürlich der Gipfel der Entmenschlichung, aber das Auto-Fließband ist auch wohlbekannt dafür, wie es das Leben der dort beschäftigten Arbeitskräfte Tag für Tag ein wenig weniger menschlich macht. Wie bereits erwähnt wurde, war Henry Ford der Ansicht, er selbst könne die sich ständig wiederholenden Tätigkeiten am Fließband nicht ausführen, aber er glaubte, die meisten Menschen mit begrenzten geistigen Fähigkeiten und geringerem Ehrgeiz würden sich gut daran gewöhnen. Ford sagte: »Ich konnte nicht entdecken, daß Tätigkeiten, die sich ständig wiederholen, einen Menschen in irgendeiner Form verletzen ... Auch die gründlichste Forschung hat keinen einzigen Fall zutage gefördert, wo die Arbeit den Geist eines Menschen verdreht oder abgetötet hätte.«[39] Wie wir dagegen heute wissen, hat der entmenschlichende Charakter der Fließbandarbeit tiefgreifende negative Wirkungen auf die Beschäftigten. Die Rationalität des Fließbandes ergibt sich auf Kosten der Vernunft derer, die dort arbeiten.

Der objektive Beleg für die zerstörerische Wirkung des Fließbandes ist die hohe Quote von Fehlzeiten, Unpünktlichkeit und Fluktuation der Beschäftigten. Allgemeiner gesagt, erscheint die Fließbandarbeit den Menschen höchst entfremdend. Ein Arbeiter beschrieb seine sich ständig wiederholenden Arbeitsgänge so:

»Ich stand die ganze Nacht an einer Stelle, auf einer Fläche von vielleicht einem halben Quadratmeter. Der Mensch hält nur an, wenn das Band anhält. Wir verrichten etwa 32 Handgriffe je Auto, je Einheit, 48 Einheiten in der Stunde, acht Stunden am Tag. 32 mal 48 mal 8. Rechnen Sie es aus, so oft drücke ich auf den Knopf.«[40]

Ähnliches berichtet ein anderer Arbeiter: »Was gibt es da zu sagen? Ein Auto kommt, ich schweiße; ein Auto kommt, ich schweiße; ein Auto kommt, ich schweiße. 101mal in der Stunde.« Andere beschreiben ihre Arbeit nicht nur, sie sprechen sehr sarkastisch darüber: »In der Lackiererei gibt es eine Menge Abwechslung ... man schließt den Farbschlauch an, läßt die Farbe auslaufen und spritzt. Anschließen, laufen lassen, spritzen; anschließen, laufen lassen, spritzen, gähnen; anschließen, laufen lassen, spritzen, Nase kratzen.«[41] Ein anderer Fließbandarbeiter erkannte, daß die Arbeit ihn zu einem menschlichen Roboter gemacht hatte: »Manchmal fühlte ich mich einfach wie ein Roboter. Man drückt einen Knopf, immer wieder. Man wird ein mechanischer Idiot.«[42]

Unterstützt werden die Beobachtungen dieser Arbeiter durch viele wissenschaftliche Studien, die bei Fließbandarbeitern ein hohes Maß an Entfremdung belegen. Diese Entfremdung läßt sich auf das rationalisierte Fließband zurückführen, das für die Arbeitskräfte zu der unvernünftigen Folge einer entmenschlichten Tätigkeit führt. Daraus ergibt sich nicht nur für die Fließbandarbeiter in der Autoindustrie ein Problem, sondern auch für die Beschäftigten an den vielen anderen Arbeitsplätzen, die zumindest teilweise nach den Prinzipien des Fließbandes gestaltet wurden. In unserer Gesellschaft, die sehr schnell immer stärker McDonaldisiert wird, erwachsen daraus Folgen für die meisten Menschen und für zahlreiche verschiedene Bereiche.

## Schlußfolgerung: Die Zukunft hat schon begonnen

Vielleicht der Höhepunkt der Irrationalität bei der McDonaldisierung ist die Möglichkeit, daß Menschen die Kontrolle über das System verlieren, so daß es uns kontrolliert. Viele Bereiche unseres Lebens werden bereits durch solche rationalisierten Systeme bestimmt. Allerdings scheint es dabei zumindest so, daß diese Systeme noch von Menschen gesteuert werden. Aber rationalisierte Systeme können sich leicht der Kontrolle auch derjenigen entziehen, die in ihnen die höchsten Positionen einnehmen. Das ist einer der Gründe, warum man vom »eisernen Käfig der Rationalisierung« sprechen kann. Es kann dazu kommen, daß das System uns alle kontrolliert.

Mit der McDonaldisierung können sich auch autoritäre und totalitäre Tendenzen verbinden: Diese verflochtenen rationalen Systeme können wenigen Führungskräften in die Hände fallen, die mit ihrer Hilfe über die gesamte Gesellschaft eine gewaltige Kontrolle ausüben können. Deshalb werden wir wahrscheinlich immer stärker kontrolliert – entweder von den rationalen Systemen selbst oder von den wenigen Oberen, die diese Systeme beherrschen.

Derartige Befürchtungen waren das Thema vieler Science-Fiction-Autoren, und sie verkörpern sich in Klassikern wie *1984*, *Schöne Neue Welt* und *Fahrenheit 451*. Diese Romane beschreiben eine angsterfüllte, beängstigende Zukunftswelt, aber die McDonaldisierung ist schon heute unter uns, es gibt sie schon eine ganze Weile, und sie erweitert ihren Einflußbereich in der Gesellschaft ständig.

Dieses Buch vertritt deshalb die Ansicht, daß die Fastfood-Restaurants und ihre rationalen Nachahmer entgegen der Reklame von McDonald's und dem allgemeinen Glauben *keine* vernünftigen oder auch nur wirklich rationalen Systeme sind. Sie erzeugen Probleme für die Gesundheit ihrer Kunden und für die Umwelt; sie sind entmenschlichend und deshalb unvernünftig; und sie führen oft zum Gegenteil dessen, was sie schaffen wollen, zum Beispiel zu Ineffizienz anstelle gesteigerter Effizienz. Bei alledem sollen die Vorteile der McDonaldisierung nicht geleugnet werden, aber man kann nicht daran vorbeisehen, daß mit diesem Phänomen auch ebenso gewichtige und vielleicht sogar noch schwerer wiegende Probleme verbunden sind. Diese Probleme, diese irrationalen Dinge, müssen den Menschen ins Bewußtsein dringen, denn bisher haben wir kaum etwas anderes erlebt als die hemmungslosen Superlative, mit denen McDonaldisierte Systeme sich selbst beschreiben.

# 8.
# McDonaldisierung – ein eiserner Käfig?

Die McDonaldisierung wird uns in der absehbaren Zukunft zweifellos weiter begleiten. Wegen der tiefgreifenden Irrationalität, die damit verbunden ist, erhebt sich aber ernsthaft die Frage, inwieweit eine solche Zukunft wünschenswert ist. Wegen dieser beunruhigenden Frage könnte man behaupten, daß wir einer Zukunft entgegengehen, die man mit den Worten Max Webers als »eisernen Käfig« der McDonaldisierung ansehen kann.

### Die Triebkräfte der McDonaldisierung

Man könnte fragen: Warum steht uns trotz all dieser irrationalen Dinge eine solche Zukunft bevor? Warum können wir von der weiteren Verbreitung der McDonaldisierung nicht Abstand nehmen? Um diese Fragen zu beantworten, müssen wir uns mit den Kräften beschäftigen, die den Vorgang der McDonaldisierung vorantreiben. Dabei drängt sich sofort der Gedanke an drei solche Faktoren auf. Erstens wird die McDonaldisierung von materiellen Interessen begünstigt, insbesondere von wirtschaftlichen Zielen und Bestrebungen. Zweitens ergibt sie sich aus unserer Kultur und aus der Tatsache, daß die McDonaldisierung inzwischen selbst als erstrebenswertes Ziel gilt. Und schließlich entwickelt sich die McDonaldisierung rasch weiter, weil sie im Einklang mit verschiedenen gesellschaftlichen Veränderungen steht.

Kehren wir noch einmal zu den Ideen Max Webers zurück: Letztlich, so würde er argumentieren, sind es materielle – oder genauer gesagt, wirtschaftliche – Interessen, die in einer kapitalistischen Gesellschaft die Rationalisierung in den Unternehmen vorantreiben. Gewinnorientierte Unternehmen unterliegen der McDonaldisierung, weil sie zu geringeren Kosten und höherem Profit führt. Größere Effizienz und verstärkter Einsatz nichtmenschlicher Technologie werden natürlich häufig angestrebt, um die Gewinnmöglichkeiten zu steigern. Mehr Vorhersagbarkeit führt zumindest zu dem erforderlichen Klima, in dem eine Organisation Gewinne abwerfen und diese Gewinne von Jahr zu Jahr steigern kann. Die Betonung der Berechenbarkeit und der Dinge, die sich quantitativ erfassen lassen, hat einerseits mit Entscheidungen zu tun, die zur Erzielung und Steigerung von Profiten führen, und andererseits mit dem Bestreben, die Gewinnaussichten der Organisation zu messen.

Gemeinnützige Organisationen sind zwar nicht auf Gewinne und Gewinnmaximierung ausgerichtet, aber sie drängen ebenfalls aus materiellen Gründen auf die McDonaldisierung, vor allem weil sie zu geringeren Kosten führt. Durch niedrigere Kosten können gemeinnützige Einrichtungen weiterbestehen und ihr Tätigkeitsgebiet unter Umständen sogar ausweiten. Größere Effizienz und der verstärkte Einsatz nichtmenschlicher Technologie führen häufig zu unmittelbarer Kostensenkung. In einem stärker vorhersagbaren Umfeld kann man die Kostenverminderung unmittelbarer in Angriff nehmen. Berechenbarkeit ermöglicht einer gemeinnützigen Organisation die Feststellung, ob sie tatsächlich Kosten einspart. Eine solche Organisation ist zwar nicht an Gewinnen interessiert, sehr wohl aber an steigenden Einkünften zur

Deckung steigender Kosten. Die Elemente der McDonaldisierung erlauben es ihr, die Einnahmen zu steigern. In einer kapitalistischen Gesellschaft verfolgen deshalb sowohl gewinnorientierte als auch gemeinnützige Organisationen aus wirtschaftlichen Gründen die McDonaldisierung.

Interessanterweise lassen sich auch die tiefgreifenden Wandlungen, die sich derzeit in Rußland und Osteuropa abspielen, unter dem Gesichtspunkt der McDonaldisierung erklären. Dieser Argumentation zufolge war der Kommunismus ein Hindernis für die Rationalisierung, und deshalb wurden kommunistische Gesellschaftsordnungen nicht McDonaldisiert. Ihre charakteristischen Kennzeichen waren vielmehr Ineffizienz, Unberechenbarkeit und eine – mit Ausnahme des Militärs – rückständige Technik. Diese fehlende Rationalisierung war zumindest einer der Gründe, warum die kommunistischen Staaten an den vielfältigen wirtschaftlichen und sozialen Problemen litten, die sie schließlich dazu zwangen, ihre Wirtschaftsordnung aufzugeben und sich einem marktorientierten, zumindest in mancher Hinsicht kapitalistischen System zuzuwenden. Mit anderen Worten: Rußland und Osteuropa drängen jetzt Hals über Kopf in Richtung stärkerer Rationalisierung. Angetrieben wird der Rationalisierungswettlauf durch wirtschaftliche Faktoren, nämlich durch den Wunsch, die ökonomische Lage dieser Länder zu verbessern.

## McDonaldisierung um ihrer selbst willen

Zwar hat die McDonaldisierung ihre Wurzeln eindeutig in wirtschaftlichen Faktoren, aber man sollte auch etwas anderes nicht übersehen: Sie ist zu einem so erstrebenswertem Vorgang geworden, daß viele Menschen und Unternehmen aller Arten sie als eigenständiges Ziel verfolgen. Das heißt, für viele von uns – als Einzelpersonen oder als Vertreter der verschiedensten Institutionen – sind Effizienz, Berechenbarkeit, Vorhersagbarkeit und Kontrolle zu Werten geworden, die wir umsetzen wollen, unabhängig davon, ob es um wirtschaftliche Vorteile geht. Effizienz gilt zum Beispiel in der modernen Welt als sehr erstrebenswert. Wir suchen sogar dann nach einer effizienten Handlungsweise, wenn sie wirtschaftlich nicht besonders sinnvoll ist. Das Essen in einem Fast-food-Restaurant oder die Zubereitung eines Mikrowellengerichts zu Hause ist vielleicht effizient, aber es ist teurer, als wenn man die Mahlzeit selbst zubereitet. Da wir die Effizienz jedoch hoch bewerten, sind wir bereit, die zusätzlichen Kosten zu tragen.

Auf einer umfassenderen Ebene mag es wirtschaftlich durchaus sinnvoll sein, wenn ein Unternehmer irgendwo noch eine weitere McDonaldisierte Institution eröffnet, aber hat es auf der gesellschaftlichen Ebene wirtschaftlichen Sinn, wenn an einer bestimmten Stelle viele Formen konzentriert sind, die alle fast die gleichen Waren und Dienstleistungen anbieten? Immerhin ist der »Burger« von »Wendy's« – von der viereckigen Form einmal abgesehen – ungefähr mit dem von McDonald's identisch. Die McDonaldisierung ist also nicht immer wirtschaftlich sinnvoll, aber sie wird dennoch weiterverfolgt. Das heißt, man kann die McDonaldisierung nicht ausschließlich mit wirtschaftlichen Interessen erklären. Sie ist zu einem Wert an sich geworden, und wir nehmen sie selbst dann hin, wenn kein wirtschaftlicher Nutzen zu erkennen ist.

Die Gründe, warum man der Rationalisierung einen hohen Wert beimißt, sind leicht zu finden. Seit dem Ende der fünfziger Jahre, als McDonald's sich stark ausbreitete (von den unzähligen anderen Triebkräften der Rationalisierung gar nicht zu reden), investierte die Firma gewaltige Mittel und Anstrengungen, um uns von ihrem Wert und ihrer Wichtigkeit zu überzeugen. Inzwischen bezeichnet McDonald's sich selbst als Teil unserer reichhaltigen Traditionen und nicht, wie viele Menschen es sehen, als Bedrohung für diese Traditionen.

Fast jeder von uns hat in seinen jungen Jahren dort gegessen, jeder ist als Teenager mit seinen Kameraden einen Burger essen gegangen, jeder hat seine heranwachsenden Kinder immer wieder dorthin geführt oder mit den Eltern eine Tasse Kaffee getrunken. McDonald's ist mit einer Menge gefühlsmäßigem Ballast behaftet, den die Firma aufgebaut und ausgenutzt hat, um sich eine große Zahl ergebener Kunden zu schaffen. Sie hängen eher gefühlsmäßig und nicht aus Vernunftgründen an McDonald's, obwohl die Stellung der Firma sich auf rationale Prinzipien gründet. Die McDonaldisierung wird sich also wahrscheinlich rasch fortsetzen, sowohl weil sie die Vorteile des Rationalen bietet als auch weil die Menschen daran hängen. Wegen dieser gefühlsmäßigen Verbundenheit ignorieren und übersehen die Menschen vielfach die Nachteile von McDonald's, und das wiederum trägt dazu bei, die Welt in Zukunft anfällig für das weitere Fortschreiten der McDonaldisierung zu machen.

## McDonaldisierung und gesellschaftlicher Wandel

Eine dritte Erklärung für das heftige Streben nach McDonaldisierung ist die Tatsache, daß sie sich gut mit anderen Veränderungen verträgt, die sich in der amerikanischen Gesellschaft und überall auf der Welt abspielen. Zum Beispiel gibt es immer mehr Doppelverdiener-Haushalte, weil die Zahl der berufstätigen Frauen stark angestiegen ist. In der altmodischen Kleinfamilie, wo der Mann arbeiten ging, während die Frau zu Hause kochte und die Kinder versorgte, war eine reichhaltige, aus den Grundzutaten zubereitete Mahlzeit möglich, die in Ruhe eingenommen wurde. In der modernen Familie dagegen, in der beide Partner berufstätig sind, hat vielfach niemand mehr die Zeit zum Einkaufen, Vorbereiten der Zutaten, Kochen, Essen und Abwaschen. Oft bleibt – zumindest an Wochentagen – nicht einmal mehr Zeit zum Besuch eines herkömmlichen Restaurants. Schnelligkeit und Effizienz des Fast food passen also gut zu den Bedürfnissen der modernen Doppelverdiener-Haushalte und der zunehmenden Zahl Alleinerziehender. Wenn der einzige vorhandene Elternteil den ganzen Tag arbeitet, bleibt wenig Zeit zur Zubereitung des Essens (und zu vielen anderen Dingen), und das macht eine Mahlzeit im Fast-food-Restaurant sehr verlockend. Ähnliche Vorteile bieten auch viele andere McDonaldisierte Institutionen den Doppelverdiener-Haushalten und den Alleinerziehenden.

Eine Gesellschaft, die auf Mobilität und insbesondere auf das Auto großen Wert legt, ist auch ein guter Nährboden für das Fast-food-Prinzip. Das Auto nimmt natürlich in den Vereinigten Staaten (und in großen Teilen der übrigen Welt) zunehmend eine zentrale Stellung ein. Ein Auto hat fast jeder – das gilt vor allem für die Teenager und jungen Erwachsenen, unter denen sich auch die meisten Anhänger der Fast-food-Restaurants finden. Und das Auto ist auch fast unentbehrlich, wenn man Fast-food-Restaurants aufsuchen will, abgesehen von denen im Zentrum der Großstädte.

Ganz allgemein paßt das Fast-food-Restaurant in eine Gesellschaft, in der die Menschen am liebsten in Bewegung sind. Das Ausgehen zu einem McDonaldisierten Abendessen oder einer anderen rationalisierten Tätigkeit steht im Einklang mit den Bedürfnissen einer solchen Gesellschaft; noch besser ist es, wenn man den Autoschalter benutzt, so daß man zum Essen nicht mehr anhalten muß. Weiter unterstützt wird die McDonaldisierung durch die wachsende Zahl derer, die häufig – geschäftlich oder im Urlaub – von einem Teil des Landes in den anderen reisen. Menschen, die in Bewegung sind, lieben offenbar die Vorstellung, daß sie auch in einer fremden Gegend in das vertraute Fast-food-Restaurant gehen können und dort das gleiche Essen bekommen, das sie auch zu Hause mögen.

Eine weitere Ursache für den Erfolg der Fast-food-Restaurants ist der steigende Wohlstand, in dem mehr Geld frei verfügbar ist. Wie wir gesehen haben, sind diese Restaurants bei weitem nicht so billig, wie sie vorgeben. Um eine Fast-food-»Gewohnheit« zu finanzieren, braucht man Geld, das man nach eigenem Gutdünken ausgeben kann. Der wachsende Einfluß der Massenmedien trägt ebenfalls zum Erfolg der Fast-food-Restaurants bei. McDonaldisierte Systeme sind stark auf das Trommelfeuer der Werbung angewiesen, insbesondere auf die Fernsehreklame. Die Fast-food-Restaurants hätten bei weitem nicht diesen Erfolg gehabt, gäbe es nicht Werbung zuhauf und den allgegenwärtigen Einfluß des Fernsehens und anderer Massenmedien. In ähnlicher Weise wurden auch McDonaldisierte Systeme wie »H&R Block« (die zu den Steuerterminen Reklame machen), »Nutri/System« und »Pearle Vision Centers« durch umfangreiche Werbung zu gewaltigen Erfolgen.

Die größte Bedeutung für den Erfolg der McDonaldisierten Systeme dürfte natürlich der technische Wandel gehabt haben. In diesem Buch ging es immer wieder um die technischen Fortschritte, die ursprünglich zur Entwicklung und später zur Ausweitung der McDonaldisierung beigetragen haben. Angfangs waren es Einrichtungen wie Bürokratie, wissenschaftliche Betriebsführung und das Fließband mit seinem wichtigsten Produkt, dem Auto, die an der Entstehung der Fast-food-Gesellschaft mitwirkten. Im Laufe der Jahre haben dann zahllose technische Entwicklungen die McDonaldisierung vorangetrieben, und umgekehrt werden sie von ihr gefördert. Auf dieser Liste stehen Technologien wie der »Fatylizer«, automatische Getränke-Zapfhähne, Scannerkassen, selbstkochende Gerichte, der Mikrowellenherd, Aquakultur, Massentierhaltung, Treppensteigegeräte, Videofilme, überdachte Stadien, die 24-Sekunden-Glocke, Wohnmobile,

Geldautomaten, Computerstimmen und Gesundheitsorganisationen. In den letzten Jahren hat der Computer für das Wachstum der McDonaldisierung eine zentrale Bedeutung erlangt.[1] Wie wir in diesem Buch immer wieder gesehen haben, trifft man auf Computer unter anderem in Fast-food-Restaurants und Telefonzentralen, bei Computerbriefen, Robotersteuerungen, Steuerbescheiden und Kontoauszügen. Für die Zukunft können wir mit weiteren technischen Wunderdingen rechnen, und viele davon werden entweder den wachsenden Bedürfnissen einer McDonaldisierten Gesellschaft entspringen oder der McDonaldisierung neue Bereiche eröffnen.

Es sind also drei Gründe, welche die offenbar unaufhaltsame Ausbreitung der McDonaldisierung erklären helfen. Sie wird durch wirtschaftliche Faktoren begünstigt, man betrachtet sie als eigenständigen Wert, und sie paßt zu einer ganzen Reihe von Veränderungen in der Gesamtgesellschaft. Aus diesen Gründen spricht alles für eine weiter verstärkte McDonaldisierung in der Zukunft; das Endergebnis ist wahrscheinlich ein eiserner Käfig.

## Andere Meinungen über die McDonaldisierung

Die McDonaldisierung wird hier als zentraler Trend der modernen Welt dargestellt, und damit ist dieses Buch eine Analyse und Kritik der Moderne. Es gibt aber derzeit eine Reihe von Theorien – insbesondere den Postindustrialismus, den Post-Fordismus und den Postmodernismus –, die behaupten, wir hätten die moderne Welt bereits hinter uns und bewegten uns in Richtung einer neuen, ganz anderen Gesellschaft. Alle diese Ansichten stimmen in der Behauptung überein, das Thema dieses Buches sei überholt, weil es sich mit einem »modernen« Phänomen beschäftigt, der McDonaldisierung, die mit dem Auftauchen einer neuen (postindustriellen, post-fordistischen oder postmodernen) Gesellschaftsform ohnehin verschwinden werde. Auf diesen Seiten wird dagegen die Überzeugung vertreten, daß die McDonaldisierung und ihre »modernen« Eigenschaften uns nicht nur für die absehbare Zukunft begleiten werden, sondern ihren Einfluß immer schneller auch auf die übrige Gesellschaft ausdehnen. Andere Autoren haben die Moderne, zumindest in ihrer McDonaldisierten Form, zu schnell für tot erklärt. Dieses Buch beinhaltet eine Kritik der alternativen Sichtweisen von Postindustrialismus, Post-Fordismus und Postmoderne. Betrachten wir einmal kurz diese einzelnen Vorstellungen und die Art, wie das vorliegende Buch zu ihnen im Gegensatz steht.

### Postindustrialismus

Am kürzesten läßt sich zunächst einmal die Meinung der Postindustrialisten beschreiben: Nach ihrer Ansicht haben wir uns vom industriellen in das postindustrielle Zeitalter bewegt. Der wichtigste Vertreter dieser Sichtweise ist David Bell.[2] Er behauptet unter anderem, wir befänden uns nicht mehr in einer Produktions-, sondern in einer Dienstleistungsgesellschaft. Das stimmt zweifellos und zeigt sich an den meisten Elementen der McDonaldisierung, denn sie beinhalten die Bereitstellung von Dienstleistungen. Er weist auch – wie ich meine, zu Recht – auf den Aufstieg neuer Technologien und das Wachstum in Wissen und Datenverarbeitung hin. Das alles sind zentrale Elemente McDonaldisierter Systeme. Auch Bells Beobachtung, daß Zahl und Bedeutung der Akademiker, Wissenschaftler und Techniker zugenommen haben, ist sicher richtig. Im Gegensatz zu Bells Theorie gibt es aber keine Anzeichen, daß Berufe mit geringerer Qualifikation in der Produktion und insbesondere im Dienstleistungsbereich verschwinden; im Gegenteil: Die zuletzt genannte Gruppe wächst und ist ein zentraler Bestandteil der McDonaldisierten Gesellschaft. Vor allem aber gründet sich die McDonaldisierung, wie wir gesehen haben, auf viele Prinzipien der Industriegesellschaft, insbesondere auf Bürokratisierung, Fließband und wissenschaftliche Betriebsführung. Die Ausweitung der McDonaldisierung widerspricht zumindest teilweise und für die Gesellschaftsbereiche, in denen sie wichtig ist (und das sind viele), der Vorstellung, wir befänden uns in einer postindustriellen Gesellschaft. Die Gesellschaft ist sicher in vielerlei Hinsicht postindustriell, aber die Ausbreitung der McDonaldisierung ist ein Zeichen, daß viele Gesichtspunkte der Industriegesellschaft uns noch eine ganze Zeitlang begleiten werden.

## Post-Fordismus

Eine ähnliche Frage beschäftigt marxistische Sozialwissenschaftler: Sie behaupten, wir hätten den Übergang vom Fordismus zum Post-Fordismus erlebt. Der Begriff »Fordismus« bezeichnet natürlich die Ideen, Prinzipien und Systeme, die auf Henry Ford zurückgehen.

Man kann mit dem Begriff des Fordismus eine ganze Reihe von Kennzeichen verbinden. Erstens umfaßt er die Massenproduktion gleichartiger Gegenstände. Das klassische Beispiel ist das Originalmodell des »Ford T«, bei dem alle Exemplare bis hin zur schwarzen Farbe genau gleich waren. Auch heute sind die Autos im wesentlichen einheitlich, zumindest wenn es sich um die Produktion von Typen handelt. Zweitens beinhaltet der Fordismus unflexible technische Mittel wie das Fließband. Zwar gab es – insbesondere bei Volvo in Schweden – Experimente mit Abwandlungen des Fließbandes, aber im wesentlichen sieht es heute noch ganz ähnlich aus wie zu Fords Zeiten. Und drittens gehört zum Fordismus die Anwendung standardisierter Arbeitsabläufe, also Taylorismus. Die Person, die an den Autos die Radkappen anbringt, tut immer wieder mehr oder weniger auf die gleiche

Art und Weise dasselbe. Viertens ergeben sich Produktivitätssteigerungen aus »der Wirtschaftlichkeit des großen Maßstabs wie auch aus Entqualifizierung, Intensivierung und Homogenisierung der Arbeit.«[3] Wirtschaftlichkeit des großen Maßstabs heißt schlicht und einfach, daß eine größere Fabrik, die ein Produkt in höheren Stückzahlen herstellt, jedes einzelne Produkt billiger erzeugen kann als eine kleine Fabrik mit geringen Produktionszahlen. Entqualifizierung bedeutet, daß man eine höhere Produktivität erreicht, wenn man mehrere Arbeiter Tätigkeiten (beispielsweise das Aufsetzen der Radkappen) ausführen läßt, die wenig oder gar keine Qualifikation erfordern, statt wie früher wenige Arbeiter mit hohem Ausbildungsstand einzustellen. Intensivierung bedeutet in diesem Zusammenhang: Je anspruchsvoller und schneller der Produktionsprozeß abläuft, desto größer ist auch die Produktivität. Zur Homogenisierung der Arbeit gehört starke Spezialisierung (wieder der Arbeiter, der die Radkappen aufsetzt), so daß jeder Arbeiter die gleiche Art hochspezialisierter Tätigkeit ausführt. Das dient dazu, die Arbeitskräfte austauschbar zu machen. Und schließlich gehören zum Fordismus ein wachsender Markt für die gleichartigen Massenprodukte und die daraus entstehende Vereinheitlichung des Konsumverhaltens. Im Fall der Automobilindustrie führte der Fordismus zu einem landesweiten Markt für Autos, und Menschen in ähnlichen gesellschaftlichen Positionen kauften ähnliche oder gleichartige Fahrzeuge.

Der Fordismus nahm während des gesamten 20. Jahrhunderts zu, insbesondere in den Vereinigten Staaten; seinen Höhepunkt erreichte er Anfang der siebziger Jahre, und anschließend begann er abzunehmen, insbesondere nach der Ölkrise von 1973 mit dem Niedergang der amerikanischen Autoindustrie und dem Aufstieg ihrer japanischen Konkurrenz. Deshalb wird heute manchmal behauptet, wir erlebten die Abnahme des Fordismus und die Entstehung des Post-Fordismus mit einer Reihe abweichender Eigenschaften.

Erstens nimmt das Interesse an Massenprodukten ab, und man wünscht sich mehr besondere Erzeugnisse, insbesondere solche mit gehobenem Stil und besserer Qualität. Man glaubt, die Leute wollten mehr individuell gefertigte Produkte. Statt eintöniger, gleichartiger Gegenstände verlangt man auffällige Produkte, die leicht zu unterscheiden sind. Es heißt auch, die heutigen Verbraucher legten mehr Wert auf Qualität und seien bereit, dafür auch mehr zu bezahlen.[4]

Zweitens erfordern die stärker spezialisierten Produkte in einer post-fordistischen Gesellschaft kürzere Produktionsabläufe und damit eine größere Zahl kleinerer Produktionsanlagen. Deshalb soll der Trend angeblich weg von den großen Fabriken mit ihren gleichförmigen Produkten und hin zu kleineren Anlagen gehen, die ein breites Spektrum unterschiedlicher Produkte ausstoßen.

Drittens sagt man, in der post-fordistischen Welt werde die flexiblere Produktion durch neue technische Mittel auch größere Gewinne abwerfen. So treten zum Beispiel computergesteuerte Maschinen, die man auf die Herstellung unterschiedlicher Produkte programmieren kann, an die Stelle der alten Geräte mit nur einer Funktion. Solche technischen Möglichkeiten machen die Herstellung einer breiten Produktpalette gewinnträchtig. Gelenkt werden die neuen, flexibleren Produktionsabläufe durch stärker anpassungsfähige Systeme, beispielsweise durch eine vielseitigere Form des Managements.

Viertens stellen post-fordistische Systeme den Annahmen zufolge höhere Anforderungen an die Arbeitskräfte als ihre Vorgänger. Man unterstellt zum Beispiel, daß die Arbeiter vielseitigere Qualifikationen und eine bessere Ausbildung brauchen, um die neue, anspruchsvollere und höher entwickelte Technik zu bewältigen. Die neue Technik erfordert auch, daß die Beschäftigten mehr Verantwortung übernehmen und selbständiger handeln. Demnach erfordert der Post-Fordismus einen neuen Typ des Arbeiters.

Und schließlich wünschen die post-fordistischen Arbeitskräfte mit ihren immer stärker differenzierten Tätigkeiten auch unterschiedlichere Produkte, Lebensformen und kulturelle Angebote. Mit anderen Worten: Stärkere Differenzierung am Arbeitsplatz spiegelt sich in stärkerer Differenzierung der Gesamtgesellschaft wider. Das führt zu mehr Unterschieden in der Nachfrage und damit zu noch stärkerer Differenzierung am Arbeitsplatz.

Dieses Buch vertritt jedoch die Ansicht, daß es *keinen* eindeutigen historischen Bruch mit dem Fordismus gibt. Man kann einräumen, daß in der modernen Welt einige Elemente des Post-Fordismus aufgetaucht sind, aber ebenso klar ist, daß fordistische Elemente weiterhin bestehen und keinerlei Neigung zum Verschwinden zeigen. Was in diesem Zusammenhang am wichtigsten ist: Das Phänomen des »McDonaldismus«, das vieles mit dem Fordismus gemeinsam hat, weitet sich in der Gegenwartsgesellschaft mit verblüffender Geschwindigkeit aus. Der McDonaldismus hat in vielerlei Hinsicht die gleichen Eigenschaften wie der Fordismus, insbesondere die gleichförmigen Produkte, die starre Technologie, die standardisierten Arbeitsabläufe, die Entqualifizierung, die Vereinheitlichung der Arbeit (und der Kunden), die Massenarbeitskräfte und die Vereinheitlichung des Verbrauchs. Diese Elemente sollen im einzelnen betrachtet werden – sehen wir uns also die McDonaldisierung einmal aus dem Blickwinkel des Fordismus an.

Erstens wird eine McDonaldisierte Welt von gleichförmigen Produkten beherrscht. Der »Big Mac«, der »McMaffin« und die »Chicken McNuggets« sind zu unterschiedlichen Zeiten und an unterschiedlichen Orten immer gleich. Zweitens sind die technischen Einrichtungen wie »Burger Kings« Förderband, aber auch die Pommes-frites- und Getränkeautomaten in der gesamten Fast-food-Industrie, ebenso starr wie viele Einrichtungen an Henry Fords Fließband. Außerdem sind die Arbeitsabläufe im Fast-food-Restaurant weitgehend standardisiert. Sogar das, was die Angestellten zu den Kunden sagen, ist Routine. Darüber hinaus handelt es sich im Fast-food-Restaurant um entqualifizierte Tätigkeiten, die wenig oder gar keine besonderen Fähigkeiten erfordern. Weiterhin sind die Angestellten einheitlich, und die Handlungen der Kunden werden durch die Anforderungen des Fast-food-Restaurants vereinheitlicht (zum Beispiel fragen sie nicht nach einem rosa gebratenen Hamburger). Die Angestellten der Fast-food-Restaurants kann man als Masse austauschbarer Arbeitskräfte betrachten. Und schließlich vereinheitlicht die McDonaldisierung die verbrauchten Waren und die Art, wie sie verbraucht werden.

Aus diesen und anderen Gründen ist der Fordismus in der heutigen Welt sehr lebendig, auch wenn er sich in den McDonaldismus verwandelt hat. Außerdem bleibt auch der klassische Fordismus, beispielsweise in Form des Fließbandes, ein wichtiges Element der amerikanischen Wirtschaft.

### Postmodernismus

Schließlich gibt es eine allgemeinere Sichtweise, die unter der Bezeichnung »Postmodernismus« bekannt ist. Ihre Grundannahme lautet: Wir befinden uns auf dem Weg in eine postmoderne Gesellschaft, die einen Bruch mit der modernen Gesellschaft verkörpert. Die Postmoderne folgt auf die Moderne und tritt an ihre Stelle. Stünde mehr Platz und Zeit zur Verfügung, könnten wir versuchen, die verschiedenen Bilder von der postmodernen Gesellschaft und die zugehörigen Theorien im einzelnen zu erörtern. Es gibt eine lange Liste von Eigenschaften, durch die sich die Postmoderne von der Moderne unterscheiden soll; ganz allgemein gilt die Moderne als sehr rational und starr, die Postmoderne dagegen als eher irrational und vielseitig.

Eine ganze Reihe von Autoren, darunter insbesondere Jean-François Lyotard, haben McDonald's ausdrücklich als postmodernes Phänomen bezeichnet.[5] In einem Aufsatz aus jüngerer Zeit mit dem Titel »Writing McDonald's, Eating the Past: McDonald's as a Postmodern Space« analysiert Allen Shelton ausführlich die Beziehung zwischen McDonald's und dem Postmodernismus. Darin gelangt er zu dem Schluß: »Ich bezeichne McDonald's als Sinnbild des Postmodernismus, als moralisches Symbol, das ein charakteristisches Kennzeichen unserer Zeit darstellt.«[6] Er bringt McDonald's tatsächlich mit Elementen der Postmoderne in Verbindung (zum Beispiel mit dem Zusammendrängen von Raum und Zeit, das ich gleich noch erörtern werde), aber er stellt auch Zusammenhänge mit verschiedenen Phänomenen her, die ich der Moderne zuordnen würde. Zum Beispiel erkennt Shelton sehr zutreffend, daß es McDonald's gelungen ist, den Kunden zu automatisieren. Das heißt, wenn der Kunde ein Fast-food-Restaurant betritt oder am Autoschalter anhält, begibt er sich in eine Art automatisiertes System: Er wird durchgeschleust und schließlich »aufgetankt« wieder daraus entlassen. Dennoch, so Shelton, ist es »für die Kunden kein Ausbeutungsbetrieb, sondern eine High-Tech-Fabrik«. Nach meiner Sichtweise ist das aber ein Zeichen, daß man McDonald's besser als modernes und nicht als postmodernes Phänomen betrachtet.

Bei den Postmodernisten herrscht allgemeine Übereinstimmung über die Unterscheidung zwischen moderner und postmoderner Gesellschaft. Unklar ist jedoch, ob Moderne und Postmoderne grundlegende Gegensätze sind oder ob die postmoderne Gesellschaft sich allmählich aus der Moderne entwickelt, so daß es schwierig oder unmöglich ist, unter allen Umständen eine Trennlinie zu ziehen. Wegen dieser und anderer Unsicherheiten lehnen manche Fachleute die Vorstellung von einer neuen, postmodernen Gesellschaft ab. Einer von ihnen sagte: »Ich weise das inzwischen alles zurück. Ich glaube nicht, daß wir in einer ›neuen Zeit‹ leben, in einem ›postindustriellen und postmodernen Zeitalter‹, das grundlegend anders ist als die kapitalistische Produktionsmethode, die weltweit in den letzten beiden Jahrhunderten vorherrschte.«[7]

Mit dieser Kritik am Postmodernismus steht die in diesem Buch dargelegte Sichtweise eindeutig im Einklang. Die heutige Gesellschaft mag sich in manchen Eigenschaften durchaus erheblich von ihrem »modernen« Vorgänger unterscheiden, aber es gibt zwischen den beiden Gesellschaftstypen auch eine starke Kontinuität. Die McDonaldisierung ist zweifellos ein modernes Phänomen mit dem Schwergewicht auf Rationalität und starren Strukturen. Wenn ich mich hier auf die McDonaldisierung konzentriere, lehne ich also die allgemeine Theorie ab, wonach wir uns in eine postmoderne Gesellschaft bewegt haben, in der die Phänomene der Moderne schnell verschwinden. Nach der Ansicht, die in diesem Buch vertreten wird, gibt es keinerlei Anzeichen, daß die McDonaldisierung sich auf dem Rückzug befindet und durch neue, postmoderne Formen ersetzt wird. Es mögen zwar einige postmoderne Entwicklungen stattfinden, aber sie spielen sich parallel zur McDonaldisierung ab.

Ähnlich argumentiert auch David Harvey, ein Kritiker des Postmodernismus. Er sieht große Veränderungen, die er für die Grundlage des postmodernen Denkens hält, aber er sagt auch, daß es von der Moderne zur Postmoderne viel *Kon-*

*tinuität* gibt. Seine wichtigste Schlußfolgerung lautet: »Es hat zwar seit 1973 eine deutliche Veränderung im oberflächlichen Erscheinungsbild des Kapitalismus gegeben, aber ... die zugrundeliegende Logik des kapitalistischen Anhäufens und ihre Krisentendenzen sind die gleichen geblieben.«[8]

Ein zentraler Punkt in Harveys Theorie ist die Verdichtung von Raum und Zeit. Nach seiner Ansicht dient der Modernismus dazu, Raum und Zeit zusammenzudrängen, und dieser Vorgang hat sich in der postmodernen Phase beschleunigt; das führte zu »einer Periode intensiven Zusammendrängens von Raum und Zeit, das sich desorientierend und zerstörerisch auswirkt ...«[9] Aber das ist *kein* grundlegender Unterschied zu früheren Phasen des Kapitalismus: »Wir erleben, kurz gesagt, eine weitere Runde in diesem Prozeß der Vernichtung von Raum durch Zeit, der immer im Mittelpunkt der kapitalistischen Dynamik stand.«[10] (Auch Shelton betont das Zusammendrängen von Raum und Zeit stark, aber er bringt es mit dem Postmodernismus in Verbindung und trennt es vom Modernismus.)

Nehmen wir ein Beispiel für das Zusammendrängen des Raums aus dem Bereich der McDonaldisierung: Gerichte, die früher nur im Ausland oder in den Großstädten zu bekommen waren, sind heute überall in den Vereinigten Staaten leicht und schnell verfügbar, weil sich Fast-food-Ketten für italienische, mexikanische und indianische Küche ausgebreitet haben. Ähnlich verhält es sich mit dem Zusammendrängen der Zeit: Mahlzeiten, deren Zubereitung früher Stunden dauerte, kann man heute in Minutenschnelle im Mikrowellenofen herstellen oder im Fast-food-Restaurant kaufen. Ein Beispiel aus einem ganz anderen Bereich bot der Krieg gegen den Irak im Jahr 1991: Das Fernsehen, vor allem der Sender CNN, transportierte uns im Handumdrehen von einem Ort zum anderen – von Luftangriffen auf Bagdad uber

Scud-Raketenattacken auf Tel Aviv zu militärischen Einsatzbesprechungen in Riad. Die Zuschauer erfuhren von vielen militärischen Vorgängen in dem Augenblick, in dem sie sich ereigneten, und zur gleichen Zeit wie die Generäle oder der Präsident der Vereinigten Staaten. Für Harvey ist also der Postmodernismus nichts grundlegend Neues gegenüber dem Modernismus; beide sind vielmehr Ausdruck derselben Dynamik. Nach der hier dargelegten Sichtweise ist die McDonaldisierung nicht nur eine moderne Entwicklung, die auch in der postmodernen Welt weiterhin große Bedeutung hat, sondern sie erweitert ihren Einflußbereich sogar auf die gesamte Gesellschaft. Damit ergibt sich scheinbar der Widerspruch eines modernen Phänomens in einer postmodernen Welt. Wenn es stimmt, daß die Moderne sich mit der Postmoderne ausweitet, kann es zwischen beiden keinen grundlegenden Unterschied geben.

Insgesamt gesehen, steht das Phänomen der McDonaldisierung im Widerspruch zu den Ideen von Postindustrialismus, Post-Fordismus und Postmodernismus. Zwar haben wir wahrscheinlich in den letzten Jahren einige neue, postmoderne (postindustrielle oder post-fordistische) Entwicklungen erlebt, aber die Elemente der Moderne sind nach wie vor gegenwärtig. McDonald's ist ein modernes Phänomen, und die McDonaldisierung ist ein moderner Vorgang. McDonald's und die McDonaldisierung sind stark von den Strukturen des Industrialismus und Fordismus beeinflußt. Selbst wenn man die heutige Gesellschaft als postmodern bezeichnen wollte, müßte man die weiterhin sehr lebendige Moderne zur Kenntnis nehmen, die sich in der Ausbreitung der McDonaldisierung zeigt. Der Geist Henry Fords, so könnte man sagen, wandelt auf Erden und ißt bei McDonald's, läßt seine Steuererklärung bei »H&R Block« machen und nimmt bei »Nutri/System« ab.

## Schlußfolgerung

In diesem Kapitel wurde auf zweierlei Weise die These vertreten, daß wir dem eisernen Käfig der McDonaldisierung entgegengehen. Das erste Argument lautete: Die McDonaldisierung wird von wirtschaftlichen und kulturellen Faktoren vorangetrieben, die im Einklang mit den derzeitigen gesellschaftlichen Veränderungen stehen. Wegen dieser Kräfte und weil die McDonaldisierung sich gut mit dem sich ändernden Wesen der Gesellschaft verträgt, kann man vorhersagen, daß sich der Trend zu immer stärkerer McDonaldisierung fortsetzen wird.

Zweitens wurden drei Theorien diskutiert, die der These von der McDonaldisierung widersprechen: der Postindustrialismus, der Post-Fordismus und der Postmodernismus. In der modernen Gesellschaft mag es zwar postindustrielle, postfordistische und postmoderne Elemente geben, aber daneben existieren die Elemente der Moderne und insbesondere die McDonaldisierung weiter. Auf empirischer und theoretischer Ebene kann man also mit stichhaltigen Gründen behaupten, daß wir eine Zukunft der immer schnelleren McDonaldisierung vor uns haben.

Aber keine gesellschaftliche Einrichtung lebt ewig, und das gilt auch für McDonald's. Zwar sind McDonald's und die McDonaldisierung in einer postmodernen Welt (wenn wir die heutige Gesellschaft so nennen wollen) weiterhin einflußreiche Kräfte, aber die Zeit wird kommen, wo auch sie von der Bildfläche verschwinden. McDonald's wird eine große Macht bleiben, bis die Gesellschaft sich so tiefgreifend gewandelt hat, daß die Fast-food-Ketten sich daran nicht mehr anpassen können. Und selbst wenn sie verschwunden sind, wird man sich an sie erinnern – wegen ihrer tiefgreifenden Auswirkungen auf die Vereinigten Staaten und große

Teile der übrigen Welt. In Kapitel 2 war unter anderem von Bürokratie, wissenschaftlicher Betriebsführung und Fließbändern als Vorläufern der McDonaldisierung die Rede. Wenn McDonald's wie seine Vorläufer an Bedeutung verloren hat oder sogar ganz verschwindet, wird man es als weiteren Vorläufer einer noch rationaleren Welt im Gedächtnis behalten.

# 9.
# Umgang mit der
# McDonaldisierten Gesellschaft
## Ein praktischer Leitfaden

Nachdem wir im vorangegangenen Kapitel hochgei-
stige Themen wie Post-Fordismus und Postindustrialismus
erörtert haben, wollen wir in diesem letzten Kapitel eine
Kehrtwendung vollziehen und uns den prosaischen, praktischen Dingen des täglichen Lebens zuwenden. Wenn man
davon ausgeht, daß sich der Trend zu immer mehr Rationalisierung fortsetzt – was kann der einzelne dann tun, um in einer
zunehmend McDonaldisierten Welt zurechtzukommen? Die
Antwort auf diese Frage hängt zum Teil davon ab, wie man zur
McDonaldisierung eingestellt ist.

### Einstellungen zum eisernen Käfig: Samt, Gummi oder Eisen?

Das Bild vom eisernen Käfig, wie Weber es darstellte und wie
es auch in diesem Buch gezeichnet wurde, läßt ein Gefühl von
Kälte, Härte und großem Unbehagen aufkommen. Viele
Menschen haben von der Zukunft aber eher ein Bild, das man
als »Samtkäfig der McDonaldisierung« bezeichnen könnte.
Mit anderen Worten: Sie räumen vielleicht durchaus ein, daß
die McDonaldisierung uns immer mehr einkreist und um-
schließt, aber sie finden das für sich selbst recht angenehm. Sie
mögen die McDonaldisierte Welt oder sehnen sich sogar danach, und deshalb begrüßen sie ihre weitere Ausdehnung und
Vermehrung. Das ist sicher eine plausible Haltung, vor allem
für diejenigen, die von Anfang an in einer McDonaldisierten

Welt aufgewachsen sind. Es ist die Welt, die sie kennen, sie verkörpert ihre Maßstäbe für guten Geschmack und hohe Qualität, und sie können sich nichts Besseres vorstellen als eine immer stärkere Rationalisierung. Sie bevorzugen ein Umfeld, das nicht mit zu vielen Wahlmöglichkeiten und Alternativen überfrachtet ist. Es ist ihnen lieb, daß ihr Leben in vielerlei Hinsicht sehr vorhersagbar verläuft. Sie fühlen sich wohl, wenn sie in einer unpersönlichen Welt mit menschlichen und sogar nichtmenschlichen Robotern kommunizieren. Und sie versuchen zumindest in dem McDonaldisierten Teil ihrer Welt, enge menschliche Kontakte zu vermeiden. Für solche Menschen, die vermutlich einen von Jahr zu Jahr wachsenden Anteil der Bevölkerung darstellen, ist die McDonaldisierung keine Bedrohung, sondern das Paradies.

Für viele andere dürfte die McDonaldisierung ein Käfig sein, dessen Stäbe jedoch nicht aus Eisen, sondern eher aus Gummi bestehen und sich zum Ausbrechen eignen. Solche Menschen verabscheuen viele Elemente der McDonaldisierung, finden aber andere Gesichtspunkte sehr reizvoll. Wie diejenigen, die sich in einem Samtkäfig fühlen, schätzen sie durchaus die Effizienz, Geschwindigkeit, Vorhersagbarkeit und Unpersönlichkeit McDonaldisierter Systeme und Dienstleistungen. Solche Menschen sind mit vielen anderen Dingen sehr beschäftigt, und das Einnehmen einer Mahlzeit (oder die Nutzung einer anderen McDonaldisierten Dienstleistung) wollen sie effektiv gestalten, so daß sie mit ihren anderen notwendigen Tätigkeiten fortfahren können. Solche Menschen sind sich des Preises und der Nachteile der McDonaldisierung durchaus bewußt; sie versuchen ihr so oft wie möglich zu entfliehen, und diese Möglichkeiten zur Flucht werden durch die Effizienz sogar verstärkt. Durch Einnahme einer Fast-food-Mahlzeit verschaffen sie sich vielleicht die Zeit, um in anderen, nicht rationalisierten Tätigkeiten zu schwelgen. Für solche

Menschen hat der Käfig biegsame Gummistäbe, und sie können ihn nach Gutdünken verlassen. Wenn sie aus den McDonaldisierten Systemen ausbrechen, suchen sie meist nach einem nicht rationalisierten Umfeld, in das sie sich begeben können und das ein Gegengewicht zu ihrem normalen, stark rationalisierten Leben bietet. Solche Leute fahren am Wochenende oder im Urlaub in die Wildnis, um auf altmodische Art zu zelten; sie steigen auf Berge, erforschen Höhlen, angeln oder jagen (ohne hochtechnisierte Ausrüstung), suchen nach Antiquitäten, schlendern durch Museen, kochen zu Hause raffinierte Menüs aus frischen Zutaten und bevorzugen altmodische Restaurants, Gasthöfe und Privatpensionen. Die Stangen an dem eisernen Käfig der McDonaldisierung sind für diese Menschen biegsam und lassen so viele Fluchtmöglichkeiten, daß die Rationalisierung der übrigen Gesellschaft erträglich wird.

Solche Leute versuchen, die Stimme ihres Anrufbeantworters menschlich zu machen mit Ansagen wie »Tut mir leid, ich bin nicht zu Hause, seien Sie nicht traurig, wenn Sie den Pfeifton hören«. (Wie so oft in einer McDonaldisierten Gesellschaft ist aber das geschehen, was nach dem Bild vom eisernen Käfig nicht anders zu erwarten war: Es gibt inzwischen Firmen, die diesen Fluchtweg rationalisiert haben und vorgefertigte Bänder mit lustigen Sprüchen für den Anrufbeantworter verkaufen. Man kann also eine Kassette erwerben, auf der ein Stimmenimitator mit der Stimme von Humphrey Bogart sagt: »Mußten Sie von allen Anrufbeantwortern auf der Welt ausgerechnet diesen anrufen.«[1])

Der dritte Typ ist derjenige, für den die McDonaldisierung eisern und ein Käfig ist. Er ist durch die Entwicklung zutiefst verletzt und sieht kaum Auswege. Anders als die zweite Gruppe erkennen solche Menschen in Fluchtmöglichkeiten (wenn sie sie überhaupt wahrnehmen) nur eine vorübergehende Ruhepause, die auch bald der McDonaldisierung ver-

267

fallen wird. Sie teilen die trüben, pessimistischen Aussichten mit Max Weber, und wie Weber (und der Autor dieser Zeilen) sehen sie voraus, daß die Zukunft »eine Polarnacht mit eisiger Dunkelheit« mit sich bringen wird. Das sind die härtesten Kritiker der McDonaldisierung, die für sich selbst immer weniger Platz in der modernen Gesellschaft sehen.

Dieses Kapitel hat das Ziel, den genannten drei Personengruppen Handlungsmöglichkeiten in der McDonaldisierten Welt zu nennen. Dabei werden die einzelnen Typen sich natürlich unterschiedlich verhalten. Menschen der ersten Kategorie werden nichts tun, denn sie sind begeisterte Fast-food-Anhänger. Sie werden weiterhin die Fast-food-Restaurants und ihre Nachahmer in anderen Gesellschaftsbereichen aufsuchen und aktiv nach neuen Feldern für Rationalisierung und McDonaldisierung suchen. Andere, insbesondere solche aus der dritten Gruppe, werden sich um die radikale Veränderung unserer McDonaldisierten Gesellschaft bemühen. Dazu können Versuche gehören, in eine Welt vor der McDonaldisierung zurückzukehren, oder aus dem Schutt, der beim Fall des goldenen Doppelbogens entsteht, eine neue, nicht McDonaldisierte Welt zu erschaffen. Ich habe zwar gegen solche Aktivitäten nichts einzuwenden, aber da wir nach meiner Überzeugung gerade dabei sind, den eisernen Käfig der McDonaldisierung zu schmieden, glaube ich nicht, daß ihnen viel Erfolg beschieden sein wird.

Dieses Kapitel befürwortet weder das passive Hinnehmen der McDonaldisierung noch den Versuch, die McDonaldisierte Gesellschaft völlig über den Haufen zu werfen. Es richtet sich vielmehr vorwiegend an diejenigen Menschen aus der zweiten und dritten Gruppe, die in der McDonaldisierung einen Gummi- oder Eisenkäfig sehen, mit dem Leben darin nicht zufrieden sind und deshalb ihr eigenes Leben weniger rationalisiert gestalten wollen.

Zu Beginn soll ein breites Spektrum von Bemühungen geschildert werden, mit denen es gelungen ist, McDonaldisierte Systeme abzuwandeln und ihre negativen Auswirkungen zu begrenzen. Als Folge der im nächsten Abschnitt beschriebenen Anstrengungen bestehen die McDonaldisierten Systeme zwar weiter, aber sie sind ein wenig erträglicher.

Als zweites wird von einigen Initiativen die Rede sein, die das Ziel haben, nicht McDonaldisierte gesellschaftliche Institutionen zu schaffen. Soweit sie Erfolg haben und frei von Rationalisierung bleiben können, stellen sie nicht rationalisierte Nischen in einer ansonsten rationalisierten Welt dar. Als drittes werden dann einige andere, individuellere Wege beschrieben, auf denen Menschen für sich selbst nicht rationalisierte Nischen gestalten können. Dabei werden wir uns vor allem auf die Schaffung solcher Nischen in der Arbeitswelt konzentrieren, aber sie lassen sich auch in anderen Bereichen herstellen. Und schließlich sollen einige eher persönliche Ratschläge gegeben werden, was man tun und lassen sollte, um in einer McDonaldisierten Gesellschaft zu überleben.

## Abwandlung McDonaldisierter Institutionen: »McLean Deluxe Burgers« und »Macheezmo Mouse«

Für die Gegner der McDonaldisierung besteht eine mögliche Handlungsweise darin, daß man auf McDonaldisierte Institutionen Druck ausübt, damit die irrationalen Dinge in diesen Systemen sich ändern, sich vermindern oder verschwinden. Es gibt tatsächlich stichhaltige Hinweise, daß Menschen manche McDonaldisierten Systeme unter Druck gesetzt haben und daß diese Systeme darauf mit einer Abschwächung ihrer schlimmsten Auswüchse reagiert haben.

Obwohl Fast-food-Restaurants allgemein akzeptiert werden, haben viele Menschen sich dagegen aus den verschiedensten Gründen zur Wehr gesetzt und sie angegriffen.

Manche Gemeinden haben heftig und manchmal mit Erfolg gegen die Invasion der Fast-food-Filialen gekämpft. Sie wehrten sich gegen auffallende Firmenzeichen und Lokale, gegen Verkehr, Lärm und die Art der Kundschaft, die von Fast-food-Restaurants angezogen wird. Allgemeiner gesagt, kämpften sie gegen die verschiedenen irrationalen Dinge und gegen den Angriff auf Traditionen, der sich in den Fast-food-Restaurants verkörpert. Deshalb gibt es Orte (zum Beispiel Sanibel Island in Florida), die für Fast-food-Ketten höchst attraktiv wären und in denen man dennoch kaum Fast-food-Restaurants sieht.

Der Ferienort Saugatuck in Michigan setzte sich gegen den Versuch von McDonald's zur Wehr, ein malerisches altes Café namens »Ida Red's« zu übernehmen. Ein örtlicher Geschäftsmann sagte: »McDonald's können die Leute überall haben – wegen Fast food kommen sie nicht nach Saugatuck.« Der Wirt eines Gasthauses in dem Ort hatte offenbar erkannt, daß die Stadt sich tatsächlich in größerem Umfang der Rationalisierung widersetzte: »Wir kämpfen gegen die ›Howard Johnsohn's‹, die ›McDonald's‹, die Ladenpassagen der ganzen Welt ... Man kann in eine Einkaufspassage gehen, ohne zu wissen, in welchem Bundesstaat man sich befindet. Wir sind ein Zufluchtsort vor allem.«[2] Außerhalb der Vereinigten Staaten war der Widerstand oft noch größer. Die Eröffnung der ersten McDonald's-Filiale in Italien hatte zum Beispiel größere Proteste mit mehreren tausend Menschen zur Folge. Das italienische McDonald's-Lokal lag an der malerischen Piazza di Spagna in Rom neben der Zentrale des weltbekannten Modehauses Valentino. Ein Politiker der Stadt behauptete, McDonald's sei »der Hauptgrund für die Verwahrlosung der alten Straßen Roms.«[3]

Als Reaktion auf solche Proteste und Kritik, aber auch als Versuch, sie in Zukunft zu verhüten, baut McDonald's in immer größerem Umfang Filialen, die besser zu der jeweiligen Umgebung passen. Ein Lokal in Miamis Stadtteil »Klein-Havanna« hat beispielsweise ein Dach im spanischen Stil und sieht fast aus wie eine Hacienda. Ein anderes in Freeport (Maine) ähnelt einem verträumten neuenglischen Gasthof.[4] Das 12000. Restaurant, das 1991 eröffnet wurde, befindet sich in einem restaurierten Kolonialgebäude aus den sechziger Jahren des vorigen Jahrhunderts auf Long Island. Die Inneneinrichtung ist im Stil der zwanziger Jahre gehalten.[5]

MacDonalds wurde zwar durch vielfältige Angriffe und Kritik gewungen, leiser aufzutreten und seine äußeren Symbole und Strukturen anzupassen, aber nur wenigen Gemeinden ist es gelungen, die Filialen vollständig fernzuhalten. Zweifellos ist das Fast-food-Restaurant aber heute aufgrund der Kritik und der darauf folgenden Reaktion der Firma eine weniger schreiende Einrichtung, die das Auge nicht ganz so stark beleidigt.

Wie wir bereits gesehen haben, ändern die Fast-food-Restaurants wegen der vielfältigen Kritik der Ernährungsfachleute inzwischen auch ihre Speisekarte. Sogar Johnny Carson griff das Thema auf und bezeichnete den Hamburger von McDonald's als »McClog the Artery« (etwa »McKalk der Arterien«).[6] Die bei weitem bemerkenswertesten und auffälligsten Kritiker waren bisher Phil Sokoloff und seine gemeinnützige Organisation, die »National Heart Savers Association«. Sokoloff plazierte zum Beispiel 1990 in der *New York Times* und 22 anderen wichtigen Zeitungen ganzseitige Anzeigen mit der Überschrift »Die Vergiftung Amerikas«. Der Text richtete sich gezielt gegen McDonalds und seine fett- und cholesterinreichen Gerichte. Als Sokoloff 1988 zum erstenmal solche Anzeigen schaltete, reagierte McDonalds mit dem Vorwurf, sie seien »fahrlässig, irreführend, und die schlimmste Art von Sensationsmache«.[7] Aber Sokoloff blieb hartnäckig und brachte 1990 Anzeigen mit der Schlagzeile: »McDonald's, deine Hamburger enthalten immer noch zuviel Fett! Und deine Pommes frites werden immer noch in Rinderfett gegart!« Nachdem sich in Umfragen herausstellte, daß die Leute weniger in Fast-food-Restaurants gingen, gaben McDonald's und andere Ketten klein bei. Ende Juli 1991 verkündeten »Burger King«, »Wendy's« und McDonald's, sie würden sich beim Braten der Pommes frites auf Pflanzenöl umstellen. Sokoloff meinte dazu: »Meine Freude hätte nicht größer sein können. Die Arterien der Amerikaner werden von ein paar Millionen Unzen weniger gesättigten Fettsäuren verstopft.«[8]

Allmählich reagiert McDonald's auch in größerem Umfang auf solche Kritik; in Zukunft werden die Nahrungsmittel dort zweifellos weniger Fett, Salz und Zucker enthalten. Ende 1990 stellte McDonald's ein »Light«-Produkt vor, den »Lean Deluxe Burger«: Er enthält nicht mehr 20 Gramm Fett und 419 Kalorien wie der Viertelpfünder, sondern nur noch 10 Gramm Fett und 310 Kalorien.[9] Damit ist der »Lean Deluxe« zwar bei weitem noch kein Schlankheitsgericht, aber er zeigt, wie McDonald's in dieser Frage reagiert. Im Jahr 1991 ging man mit dem »McLean Deluxe«-Hamburger noch einen Schritt weiter: Er enthält neun Gramm Fett (nach Ansicht vieler Ernährungsexperten immer noch zuviel), weniger als die Hälfte der Menge in einem typischen McDonald's-Hamburger. (Andere Ketten verkaufen Hamburger mit bis zu 25 Prozent Fett.) Um das zu erreichen, setzt McDonald's dem »McLean Deluxe« Carrageen zu, einen Seetangextrakt, der Wasser an das Fleisch bindet, so daß es trotz des geringeren Fettgehalts nicht austrocknet. Um den Geschmacksverlust auszugleichen, kommt natürliches Rindfleischaroma hinzu. Der »McLean Deluxe« ist zwar nicht die wirklich richtige Reaktion, aber noch verblüffender ist eigentlich, daß die anderen Ketten bisher nicht auf den »Light-Zug« aufspringen. Ein

Sprecher von »Hardee's« sagte dazu: »Wir wollen keine Hamburger aus Wasser und Seetang verkaufen.«

Manche Fast-food-Ketten haben noch viel umfassender auf derartige Kritik reagiert. An der US-Westküste gibt es zum Beispiel »Macheezmo Mouse«, eine kleine Kette mit mexikanischen Restaurants. Ihr Slogan lautet »Frisch-fit-flott«. Sie ist auf fett- und kalorienarme Gerichte spezialisiert, die nicht frittiert, sondern gebacken, gedämpft oder gegrillt werden. Zu jedem Gericht gibt die Speisekarte den Nährstoffgehalt an. Ein Manager der Firma nannte das »Fast food für Clevere«.

McDonalds zeigt auch erste Reaktionen auf die Kritik der Umweltschützer und experimentiert mit weniger umweltschädlichen Verpackungen. Ende 1990 gab der Konzern bekannt, er werde die Schalenbox aus Kunststoffschaum nicht mehr für die Hamburger verwenden. Sie war von Umweltschützern angegriffen worden, weil bei ihrer Herstellung Schadstoffe entstanden und, was noch wichtiger war, weil die Schaumstoffschachteln jahrzehntelang auf den Müllhalden und an den Straßenrändern liegenblieben.[10] Statt der Box verwendete man nun Papier mit einer cellophanähnlichen äußeren Umhüllung. »Hardee's« verkündete 1991, man werde Recycling-Polystyrol für die Verpackungen verwenden. Dazu meinte ein Umweltschützer: »Ich glaube, die Öffentlichkeit setzt diese Leute unter Druck, damit sie Schritte in die richtige Richtung tun.«[11]

Die Reaktionen auf Proteste von Gemeinden, Ernährungsfachleuten und Umweltschützern zeigen sogar, daß das Fast-food-Restaurant eine recht anpassungsfähige Institution ist, auch wenn alle Anpassungen innerhalb des weiten Gebiets der Rationalisierung bleiben. Offenbar läßt sich zum Beispiel an der schlechten Qualität des Essens wenig ändern. Diese Tatsache zeigt sich in einem Diner (Restaurant in Form eines Speisewagens; Anm. d. Übers.) namens »The Golden

Arch Cafe«, das McDonald's in Hartsville (Tennessee) eröffnete. Das Lokal ist wie die Diner früherer Zeiten eingerichtet und bietet traditionelle Gerichte wie Steak mit zwei Gemüsesorten an. Die Einrichtung umfaßt »Chrom-Glas-Dekor, Neonleuchten, Drehstühle an der Theke, bequeme Sitzecken und eine Musikbox, die Hits der fünfziger und sechziger Jahre plärrt.«[12] McDonald's experimentiert mit der Rückkehr zum Diner, um Filialen auch in sehr kleinen Orten betreiben zu können, wo sie nach allgemeiner Ansicht wirtschaftlich eher lebensfähig sind als herkömmliche Fast-food-Lokale. Die Eröffnung des Diners schien sich aber nicht auf die Qualität der Speisen auszuwirken:

»Erst wenn die Mahlzeit kommt, zeigt das Restaurant seine Herkunft aus der Fast-food-Industrie: Fast alles riecht nach Fertigprodukt. Bei einem Besuch in jüngerer Zeit waren winzige, abgestanden schmeckende Fischstückchen in der dicken orangefarbenen Panade kaum zu sehen; das Kartoffelpüree hatte einen leicht bitteren Beigeschmack, der für ein mit Wasser versetztes Trockenprodukt sprach. Das Schweine-›Kotelett‹ war perfekt geformt, länglich, trocken und schwabbelig, überhäuft mit einer blassen, salzigen Soße, die so fest war, daß man sie mit der Gabel essen konnte – falls man sie überhaupt essen wollte. Abgesehen von einem Frühstücksbiskuit, das frisch schmeckte, waren alle gebackenen Gerichte schwer und teigig. Ein Nachtisch namens Bananenpudding kam mit aufgesteckten Bananenstücken, aber ansonsten hatte er den künstlichparfümierten Geschmack abgepackter Puddingmischungen. Nur das Brathähnchen war ›echt‹ wie in der Beschreibung. Wenn man seine schmierige, scharfe Umhüllung entfernte, hatte man eine annehmbare Mahlzeit vor sich; und, was noch wichtiger ist: Der Anblick eines einfachen, ehrlichen Stücks Huhn rührt einen zu Tränen. *Das* ist echte Nostalgie.«[13]

Es braucht wohl nicht betont zu werden: Trotz des schlechten Essens ist der Diner überlaufen, zumindest jetzt, ein paar Monate nach der Eröffnung.

Darüber hinaus ist die Anpassungsfähigkeit der Fastfood-Restaurants auch begrenzt, weil sie eine einfache, stark eingeschränkte Speisekarte anbieten müssen. McDonald's hat im Laufe der Jahre immer wieder mit der angebotenen Produktpalette experimentiert und sie auch erweitert, aber nur innerhalb enger Grenzen. Wie man beispielsweise bemerkte, waren die Restaurants morgens zwar geöffnet, aber sie boten keine besonderen Frühstücksgerichte an. Deshalb gelangte man zu dem Schluß, man müsse morgens einfache Produkte wie den »McMaffin« anbieten, die nach dem üblichen Vorbild gestaltet waren, und das werde den Umsatz steigern. Eine ähnliche Erweiterung gab es in Form einiger zusätzlicher Desserts. Ein Franchisenehmer machte sich Sorgen, der Umsatz seiner Filiale könne in der Fastenzeit zurückgehen. Die Folge: Man schuf das »Filet-O-Fish«-Sandwich, das schließlich in der gesamten McDonald's-Kette eingeführt wurde und sich zu einem Umsatzrenner entwickelte.

Angesichts der wachsenden Umsätze mit Brathähnchen führte McDonald's die »Chicken McNuggets« ein. Als immer mehr Leute gesündere, leichtere Gerichte verlangten, bot man erst Salate und dann Möhren- und Sellerie-Sticks an. Und für diejenigen, die sich über das langweilige, ewig gleiche Einerlei der Gerichte von McDonald's beschwerten, gab es immer wieder Experimente mit anderen Gerichten wie dem »McRib«-Sandwich und dem Frühstücks-»Burrito«. Die Speisekarte von McDonald's ist heute bei weitem nicht mehr so begrenzt wie in den fünfziger Jahren (zu der Zeit, da dieses Buch geschrieben wird, umfaßt sie bei vielen Filialen 33 Positionen), aber wer Vielfalt beim Essen sucht, findet sie bei McDonald's sicherlich nicht. Die Grenzen der Räumlichkeiten im Restaurant und die beschränkte Qualifikation bei den Angestellten machen es dem Fast-food-Restaurant unmöglich, mehr als eine begrenzte Auswahl einfacher Gerichte anzubieten.

Auch auf anderen Gebieten hat sich McDonald's angepaßt: Manche Leute haben tatsächlich das Verschwinden des altmodischen, riesigen goldenen Doppelbogens beklagt, und zumindest eine McDonald's-Filiale führte ihn daraufhin wieder ein. Auf der anderen Seite reagierte man auf die Beschwerden der Bessergestellten über die entmenschlichende Umgebung beim Essen: Eine neue McDonald's-Filiale im Bankenviertel von Manhattan bietet jetzt einen Konzertflügel, auf dem Chopin gespielt wird, Kronleuchter, marmorverkleidete Wände, frische Blumen auf den Tischen, einen Türsteher und Hostessen, die den Gast zu seinem Tisch führen. Der goldene Doppelbogen ist fast unsichtbar. Die Speisekarte umfaßt ein paar zusätzliche, hochwertige Positionen wie Espresso, Cappuccino und Torten, ansonsten ist sie aber im wesentlichen die gleiche wie in allen anderen McDonald's-Filialen (allerdings mit etwas höheren Preisen). Ein Gast wies kürzlich auf die Ähnlichkeit mit allen anderen Filialen hin: »Ein tolles Lokal, und was am besten ist – man kann immer noch mit den Fingern essen.«[14]

Auf diesen Zug der Neuerungen mußte McDonald's aufspringen, weil die Umsätze und die Aktienkurse zurückgingen. Die zwölf Filialen im kalifornischen Bakersfield experimentierten mit »McCharge«, einem Kreditkartensystem. McDonalds war sogar zu einer Handlungsweise gezwungen, die kapitalistische Firmen grundsätzlich höchst ungern anwenden – zum Wettbewerb über den Preis. Bisher hatte man sich des modernen kapitalistischen Prinzips bedient, die Konkurrenz durch Werbung und nicht durch niedrigere Preise hinter sich zu lassen. Aber als die Umsätze in

Amerika sanken und andere Fast-food-Restaurants mit günstigeren Preisen Erfolg hatten, mußte McDonald's sich anpassen. Eingeleitet wurde die neue Entwicklung von »Taco Bell« mit dem »Wertmenü« – »Tacos« und andere Gerichte für 59 Cents. Durch den Preiswettbewerb konnte »Taco Bell« neue Kunden gewinnen, ohne das Grundprinzip einer kurzen, einfachen Speisekarte zu verletzen. Deshalb ist Taco Bell heute die leistungsfähigste Fast-food-Kette der Vereinigten Staaten. Widerwillig senkte nun auch McDonald's die Preise und bot Hamburger und Limonade für 59 Cents an.[15]

McDonald's ist nicht die einzige Fast-food-Kette, die sich auf gewandelte Bedingungen einstellen muß. »Burger King« experimentierte zum Beispiel mit fahrbaren Restaurants namens »Burger King on Wheels«.[16] Da die Konkurrenz in der Fast-food-Branche immer größer wird, kann man in Zukunft mit noch mehr Neuerungen und Experimenten rechnen.

In Atem wird die Fast-food-Branche durch die Erkenntnis gehalten, daß die Eßgewohnheiten der Mode unterworfen sind, so daß selbst große Ketten sich plötzlich am Rande des Bankrotts wiederfinden können. In jüngster Zeit schrumpfte die Kette der »Chock-Full-o'-Nuts«-Coffeeshops in New York auf eine einzige Filiale; in ihrer Blütezeit in den sechziger Jahren bestand sie aus etwa 80 Restaurants. Ihr Nuß-Käse-Sandwich, »cremiger Käse und geriebene Nüsse auf dunklem Rosinenbrot, eingewickelt in einfaches Wachspapier«, wurde als »das ursprüngliche Fast food« bezeichnet.[17]

Zwar läuft McDonald's nicht Gefahr, in absehbarer Zeit das gleiche Schicksal wie »Chock Full o' Nuts« zu erleiden, aber es gibt beunruhigende Anzeichen. McDonald's muß sich nicht nur mit magerem Umsatz und sinkenden Aktienkursen auseinandersetzen, sondern auch mit der Tatsache, daß die Verkaufszahlen in mexikanischen Fast-food-Restaurants wie

»Taco Bell« dreimal so schnell und bei Pizza immer noch doppelt so schnell steigen wie bei den Hamburger-Ketten. Außerdem erweisen sich auch Ketten der gehobenen Kategorie wie »Red Lobster« als gewinnträchtiger. Darüber hinaus wenden sich viele Menschen von den fett-, salz- und kalorienreichen Gerichten ab, die McDonald's anbietet. Angesichts solcher und anderer Probleme ist es unvermeidlich, daß McDonald's sich verändert und weiterentwickelt, aber es wird zweifellos immer den rationellen Grundprinzipien unterliegen, die es zu einem solchen Erfolg und einer umwälzenden Kraft gemacht haben.

Mit einer Anpassung kann man ganz allgemein rechnen: In einem einzigen Umfeld werden immer mehr rationalisierte Tätigkeiten möglich werden. Dieses Prinzip ist immerhin auch das Erfolgsrezept der Einkaufspassagen. Immer mehr Firmen werden zwei oder mehr Aktivitäten in Kombination anbieten, wie beispielsweise Schönheitssalons oder Buchhandlungen, in denen man auch essen kann. In einer rationalisierten Gesellschaft ist es ineffizient, wenn man einfach nur ißt; es soll möglich sein, gleichzeitig noch etwas anderes zu tun.

Bei einem anderen Problem, den entmenschlichenden Arbeitsbedingungen, zeigen die Fast-food-Restaurants bisher wenig Änderungsbestrebungen. »Burger King« kämpfte zum Beispiel heftig gegen die gewerkschaftliche Organisierung der Mitarbeiter, um die Verbesserung der Arbeitsbedingungen soweit wie möglich zu vermeiden.[18] Solange es genügend Leute gibt, die bereit sind, ein paar Monate lang in einem solchen Umfeld zu arbeiten, wird man bei McDonald's nicht viel daran ändern. In manchen Gegenden hatte McDonald's nicht mehr genügend Nachschub an Teenagern, dem üblichen Personalreservoir. Statt aber die Tätigkeiten zu verändern und zu verbessern, so daß die jungen Leute sich angezogen fühlten und die Stellen länger behielten, erweiterte McDonald's den

Bereich der Anwerbung: Man suchte an weiter entfernten Orten nach Teenagern,[19] stellte Rentner ein und legte ein Programm namens »McMasters« auf, um ältere Angestellte – oft ebenfalls Rentner – zu gewinnen. Früher war McDonald's nicht bereit, ältere Arbeitnehmer zu beschäftigen, weil man im Management der Meinung war, die niedrigen Löhne und die Art der Arbeit seien für Personen im höheren Alter unerträglich. Es gibt aber durchaus ältere Arbeitnehmer, die beispielsweise aus sterbenden oder rückläufigen Branchen wie der Stahlindustrie entlassen werden und so verzweifelt sind, daß sie die Bedingungen zumindest für eine gewisse Zeit akzeptieren.[20]

Bei »Kinder-Care« versucht man ebenfalls, die Knappheit an jüngeren Arbeitskräften, die für niedrigen Lohn arbeiten, durch Einstellung älterer Leute auszugleichen. Ein Fachmann sagte sogar: »Für ältere Menschen, die das Gefühl brauchen, daß sie gebraucht werden, ist die Arbeit bei ›Kinder-Care‹ sicher besser als die bei McDonald's.«[21]

Man kann voraussagen, daß die Arbeitsbedingungen bei McDonald's sich nicht wesentlich ändern werden, solange sich ausreichender Nachschub an Arbeitskräften findet. Und auch wenn das nicht mehr der Fall ist, wird man vermutlich einfach versuchen, menschliche Arbeitskräfte überflüssig zu machen, statt die Arbeit menschlicher zu gestalten. Wenn das stimmt, werden wir in den Fast-food-Restaurants der Zukunft auf noch mehr Roboter und Automaten treffen.

### Die Abwandlung der Fließbänder in der schwedischen Autoindustrie

Auch andere Elemente unserer immer stärker McDonaldisierten Gesellschaft haben sich als Reaktion auf Kritik verändert. Das bekannteste Beispiel ist die Autoindustrie mit ihren Fließbändern. Die Autohersteller versuchten, oft nach erheblichem äußerem Druck, einige der schlimmsten irrationalen Auswüchse zu vermindern, die es im Zusammenhang mit der Fahrzeugherstellung gab. Unter dem Druck der Umweltschützer wurden ein paar Maßnahmen ergriffen, um die von Autos verursachte Luftverschmutzung einzudämmen. Als zu der Kritik noch staatlicher Druck und starke Konkurrenz aus Japan und anderen Ländern hinzukamen, bemühte man sich um die Herstellung kleinerer, benzinsparender Modelle.

Am irrationalsten, zumindest im Zusammenhang dieses Buches, ist bei der Autoherstellung jedoch der unvernünftige Charakter der Arbeit. Wie wir in einem früheren Abschnitt gesehen haben, führen die Anforderungen des schnell laufenden Bandes und die zum äußersten getriebene Spezialisierung der Tätigkeit zu entfremdender, entmenschlichender Arbeit. Viele Jahre lang übten Arbeiter und Gewerkschaften Druck auf die Automobilhersteller aus, um die Arbeitsbedingungen zu verändern. Die Firmen unternahmen jedoch wenig, außer daß sie vielleicht höhere Löhne zahlten, um zumindest teilweise einen Ausgleich für die negativen Gesichtspunkte der Arbeit zu schaffen. Da es genügend Arbeitskräfte gab, die gern an die Stelle unzufriedener Fließbandarbeiter traten, hielt man es nicht für nötig, die Arbeitsbedingungen zu humanisieren.

In den sechziger und siebziger Jahren kam es aber dann in Schweden durch das Zusammentreffen mehrerer Faktoren zu einer bedeutsamen Humanisierung der Fließbandarbeit. Die schwedischen Arbeiter liebten die Tätigkeit am Band ebensowenig wie ihre amerikanischen Kollegen. Ihre Unzufriedenheit war sogar noch größer, denn sie waren besser ausgebildet und ehrgeiziger als die Arbeiter in den USA. Die üblichen Probleme, die sich aus der Ablehnung des Fließbands ergeben, nahmen weiter zu – Fehlzeiten, Verspätungen, Sabotage und Fluktuation. Die schwedischen Firmen konnten, anders als die Konzerne in den Vereinigten Staaten, diese Probleme nicht ignorieren, vor allem was die hohe Fluktuation anging. Es gab in Schweden in den sechziger Jahren kaum Arbeitslose, so daß es schwierig oder sogar unmöglich war, Arbeiter zu ersetzen, wenn sie kündigten. Deshalb war man in Schweden zu Schritten gezwungen, um die entmenschlichenden und entfremdenden Aspekte der Fließbandarbeit zu entschärfen.

Die schwedischen Autohersteller – »Saab« und vor allem »Volvo« – wandelten das Fließband stark ab, um seine schlimmsten Auswüchse zu beseitigen. Anstelle eines einzigen langen Fließbandes gab es nun Strukturen, die das Band in kleinere Abschnitte zerlegten, wobei jeder Unterabschnitt mit einer relativ kleinen Gruppe von 25 bis 30 Arbeitern besetzt war. Zwischen den Mitgliedern eines solchen Teams entstand eine Art Zusammengehörigkeitsgefühl. Sie führten keine hochspezialisierten Tätigkeiten mehr aus, sondern jeder einzelne durfte mehrere, kompliziertere Arbeiten erledigen. Und statt immer wieder das gleiche zu tun, konnten die Arbeiter ihre Tätigkeiten tauschen. Man schrieb den Arbeitsgruppen nicht mehr vor, welche Arbeiten sie wie auszuführen hatten, sondern sie konnten innerhalb gewisser Grenzen selbst entscheiden, was sie taten und wie sie es taten. Diese und andere Veränderungen hatten das Ziel, die entfremdenden und entmenschlichenden Aspekte der Fließbandarbeit zu vermindern, und damit hatte man auch beträchtlichen Erfolg, zumindest anfangs.

In den USA gab es nicht den Druck, der durch die Vollbeschäftigung in Schweden entstanden war, und deshalb zeigte man hier zwar beträchtliches Interesse an den Humanisierungsbestrebungen in dem skandinavischen Land, aber letztlich änderte sich bei der Arbeit kaum etwas. Die wahrscheinlichste Reaktion – nicht nur in den Vereinigten Staaten, sondern letztlich auch in Schweden – besteht nicht darin, die Arbeit zu humanisieren, sondern mehr und mehr menschliche Arbeitskräfte zu ersetzen, indem man weiter automatisiert und Roboter verwendet. Einige Roboter sind an den Auto-Fließbändern bereits in Betrieb. Mit weiterem technischem Fortschritt und sinkenden Kosten steht zu erwarten, daß es in Zukunft noch erheblich mehr sein werden.

Die McDonaldisierten Organisationen haben also durchaus Möglichkeiten, auf die Kritik an ihren Auswüchsen zu reagieren, aber sie sind nicht erpicht darauf und tun es nur, wenn der äußere Druck zu stark wird. Die Art der Reaktionen ist begrenzt, denn McDonald's kann dabei nur so weit gehen, daß die Grundprinzipien, auf die sich sein Erfolg gründet, nicht untergraben werden. In Zukunft können wir also bei McDonald's mit einigen Abwandlungen und Reformen rechnen, aber sie werden relativ geringfügig sein und wahrscheinlich vorwiegend auf äußeren Druck hin geschehen. Immerhin können die Kritiker der McDonaldisierung aber Mut aus dem Wissen schöpfen, daß ihre Proteste gehört werden und daß McDonald's sich darauf wenigstens in begrenztem Umfang einstellen wird.

### Schaffung »vernünftiger« Alternativen: Baguettes, »Ben & Jerry's«, und »B & B«

Die ausufernde McDonaldisierung hat zur Entstehung und Entwicklung verschiedener Alternativen geführt, die der Vernunft den Vorzug vor der Rationalisierung geben. Es gibt Orte, an denen die effiziente Produktion von Gütern oder Dienstleistungen und das effiziente Durchschleusen der Kunden nicht belohnt werden. Sie konzentrieren sich nicht auf große Mengen, sondern auf die Qualität der Produkte und schwelgen in den Unwägbarkeiten ihrer Produkte und der angebotenen Dienstleistungen. Statt nichtmenschlicher Technologie setzen sie qualifizierte Menschen ein, die ihr Handwerk mit relativ wenig äußerer Kontrolle ausüben. Derartige

Einrichtungen sind für Arbeitskräfte und Kunden also nicht rationell. Die Schaffung solcher Alternativen ist ein weiterer Weg, der sich den Kritikern der McDonaldisierung eröffnet.

### Der »Marvelous Market«: knusprige Kruste und voller Geschmack

Ein gutes Beispiel ist eine relativ neue, nichtrationelle Firma, die in Washington, D.C. eröffnet hat. Sie trägt den Namen »Marvelous Market« (»Wunderbarer Markt«). Ich muß sofort hinzufügen, daß man dort nicht alle Elemente des rationalen Prinzips abgelegt hat. Es ist ein Lebensmittelmarkt, und er legt Wert darauf, daß man die Lebensmittel »schnell« mitnehmen und daraus »mühelos« eine Mahlzeit zubereiten kann. Sogar eine Firma, die als Alternative zur McDonaldisierung geschaffen wurde, kann unmöglich die Bedürfnisse einer Gesellschaft mißachten, die sich an das Vorbild und das System des Fastfood gewöhnt hat.

Dennoch orientiert sich »Marvelous Market« vorwiegend am Vernünftigen und nicht am Rationellen. Das bemerkt man vor allem daran, daß das Schwergewicht nicht auf Quantität, sondern auf Qualität liegt. In dem Mitteilungsblatt des Ladens heißt es über die Lebensmittel: »Küche bedeutet nicht nur Kochen; gute Küche ist eine Lebenseinstellung. Essen ist viel mehr als nur die Antwort auf Hunger. Essen ruft Stimmungen und Erinnerungen hervor, enthüllt Bedürfnisse und Sehnsüchte, baut Spannungen ab und regt den Schöpfergeist an.« (Man vergleiche diese Sätze mit dem, was die Fast-food-Restaurants zu sagen haben!) Das wichtigste Produkt von »Marvelous Market« ist Brot, und es wird ebenfalls unter Qualitätsgesichtspunkten beschrieben:

»Ich [der Inhaber] zog 1961 nach Washington, und man sagte mir sofort: ›Es gibt in Washington kein gutes Brot.‹ Ich habe diesen Allerweltssatz im Laufe der Jahre immer wieder gehört, wahrscheinlich ein paar tausendmal. Er wird meist von Leuten ausgesprochen, die sehnsüchtig an alte Zeiten zurückdenken. Ich rechne nicht damit, daß ich ihn noch einmal hören werde. Die alten Zeiten sind wieder da.

Das Brot von ›Marvelous Market‹ hat eine knusprige Kruste und vollen Geschmack …

Täglich finden Sie die runden Laibe von Walnußbrot und Vollkornbrot mit Korinthen, große Sauerteigbrote, bißfestes Landbrot mit großen Löchern, Brot mit Rosmarin und schwarzen Oliven sowie Baguettes, die vormittags frisch gebacken werden und dann noch einmal um vier Uhr nachmittags, damit sie beim Abendessen noch knusprig sind.

Dieses Brot mag eine Überraschung sein für denjenigen, der nur an … weiche, vorgeschnittene und in Plastiktüten eingeschweißte Laibe gewöhnt ist. Solches Brot haben Sie noch nie probiert; es macht … süchtig.«

Zum Abschluß heißt es in dem Werbeblatt von »Marvelous Market«: »Wir sind vor allem entschlossen, Lebensmittel mit viel Geschmack zu verkaufen.«

Marvelous Market ist keine effiziente Firma. Die Lebensmittel sind nicht vorhersagbar. Man hat es nicht mit menschlichen Automaten oder mit mechanischen Robotern zu tun, sondern mit echten Menschen. »Marvelous Market« sagt über sich: »Sie werden einen freundlichen Laden vorfinden, wo die Bäcker und Köche reden und erklären, während sie an neuen Rezepturen für Brot und andere Lebensmittel arbeiten.«

In Wirklichkeit gab es solche Läden immer, aber viele wurden von den Fast-food-Filialen aus dem Geschäft gedrängt. Neu ist, daß derartige Geschäfte in abgewandelter Form wiederaufleben und denjenigen eine Alternative bieten, die genug von den Auswüchsen der McDonaldisierung haben.[22] Aber kann diese Gegenbewegung mehr werden als eine untergeordnete Erscheinung, die kleine Marktlücken füllt?

Ich glaube aus mehreren Gründen, daß Einrichtungen wie »Marvelous Market« dazu verdammt sind, sehr begrenzte Nischen einer McDonaldisierten Gesellschaft zu besiedeln. Erstens ist ihr Wachstum nämlich durch ihr Wesen beschränkt. Sie können nur in geringem Umfang expandieren, denn mit zunehmender Größe wird die Qualitätskontrolle immer schwieriger. Und es gibt nur gerade eben genug Leute mit den Fähigkeiten und Neigungen, die zur Eröffnung von Firmen wie »Marvelous Market« gebraucht werden.

Als zweites Hindernis kommt hinzu, daß eine Bevölkerung, die von Anfang an mit Fast food groß geworden ist, Fastfood-Produkte als höchste Qualitätsstufe ansieht. Der Qualitätsstandard dieser Generation ist das Hamburgerbrötchen von McDonald's und nicht das Bauernbrot. Die Mutter eines Vierjährigen sagte beispielsweise: »Ich hoffe, Kevin wird meine Kochkünste eines Tages schätzen lernen ... aber zur Zeit kann ich mit ›Big Mac‹ und Pommes frites nicht konkurrieren.«[23] Und schließlich das Wichtigste: Wenn es so aussieht, als würden solche Läden tatsächlich einen bedeutenden Marktanteil gewinnen, werden die Kräfte der McDonaldisierung es bemerken und versuchen, daraus ein rationalisiertes System mit Filialen auf der ganzen Welt zu machen. Man kann voraussehen, daß »Gulf and Western« oder ein anderer Großkonzern den höchst erfolgreichen »Marvelous Market« aufkauft, die Produkte rationalisiert (ganz ähnlich wie »Kentucky Fried Chicken« es mit den Rezepten des armen alten Colonel Sanders machte) und eine weltweite »Marvelous-Market«-Kette gründet. Natürlich wäre Marvelous Market dann keine Alternative zur McDonaldisierung mehr, sondern ein Teil von ihr.

In der Washingtoner Gegend wurde »Marvelous Market« ein Riesenerfolg. Man mußte den Brotkauf schon bald auf zwei Laibe pro Person begrenzen und jeden Tag mehrere Stunden lang schließen, weil die Nachfrage nicht zu befriedigen war, und die Menge des produzierten und verkauften Brotes stieg drastisch an. Der Inhaber bestellte neue, größere Öfen, expandierte durch Eröffnung einer neuen Bäckerei, die nur der Produktion und nicht dem Verkauf diente, kaufte einen Lastwagen zur Belieferung verschiedener Geschäfte in der näheren Umgebung und begann, sein Brot auch an Supermärkte und Restaurants zu verkaufen. Während der Expansion behauptete der Inhaber, sein Markt lege weiterhin Wert auf Qualität: »Wir versuchen sicher, auf Qualität zu achten; wir lehnen es ab, den Ausstoß schneller zu steigern, als wir können, und das Formen der Brote mit der Hand aufzugeben, und wir nehmen jede Woche mehrere hundert Pfund Brot aus den Regalen, die unseren Anforderungen nicht entsprechen.« Aber nach meiner Ansicht und in den Augen vieler anderer Verbraucher litt die Qualität des Brotes dennoch; der Laden verkaufte beispielsweise mehr verbrannte Laibe. Die Nachfrage nach Quantität schien zum Verfall der Qualität zu führen.

Angesichts solcher Probleme veröffentlichte der Inhaber am 9. November 1991, bei der Eröffnung seiner neuen Bäckerei, einen offenen Brief an seine Kunden. Darin räumte er einerseits ein, daß das Wachstum zu verschiedenen irrationalen Folgen geführt hatte:

»Wir befinden uns im Übergang ...
Dabei haben wir manche von Ihnen enttäuscht, weil *die Qualität unseres Brotes fehlerhaft war*, und wir sind nicht bei unserer Brotauswahl geblieben.
An manchen Wochentagen, beispielsweise am Samstag, *sind*

*wir ausverkauft*, bevor Sie kommen. Viele von Ihnen, die samstags lieber Tennis spielen oder Rechungen für Kunden schreiben, stehen jetzt am Samstagmorgen Schlange …
Außerdem sind Sie zwar gegenüber den *Qualitäts*schwankungen im Laufe der Monate recht tolerant gewesen, aber wir haben uns ständig darüber geärgert.«

Andererseits versprach der Inhaber, die Expansion werde nicht zu einer Qualitätsminderung (und anderen irrationalen Dingen) führen:

»Deshalb haben wir eine große neue Bäckerei gebaut, mit den besten Geräten, die Brot nach unserer Art herstellen können. Es sind *keine automatischen* Maschinen; wir backen das Brot in der neuen Bäckerei genauso wie hier, langsam, mit der Hand … wir werden in der Lage sein, *weit mehr gleichmäßige Qualität* bei unserem Brot zu erreichen.
Außerdem ist es uns gelungen, Paula Oland als Leiterin der Bäckerei zu gewinnen, eine der besten Bäckerinnen des Landes …
Wer glaubt, wir würden es genauso machen wie andere Bäckereien in Washington, die mit großen Versprechungen anfingen und sie dann nicht hielten, der wird sehen, daß das hier nicht geschieht.«

Der Inhaber von »Marvelous Market« war sich ganz offensichtlich bewußt, welche Gefahren die Rationalisierung seines Unternehmens barg, und er versuchte, ihnen zu begegnen und dennoch den Umsatz stark zu steigern. Ob es ihm gelingt, dem eisernen Käfig der McDonaldisierung zu entgehen, wird die Zukunft zeigen.

Eine besser etablierte und wohlbekannte Alternative zum
rationalisierten Geschäft ist zumindest in mancher Hinsicht
die Speiseeisfirma »Ben & Jerry's« mit ihrer Zentrale in
Waterbury (Vermont).[24] In dem ausdrücklichen Bemühen,
sich von der unpersönlichen Kälte rationalisierter Unternehmen abzuheben, versuchte »Ben & Jerry's«, sich als »Firma, die
sich kümmert« bekannt zu machen. Anders als die meisten rationalisierten Alternativen kümmert sich »Ben & Jerry's« um
Qualität, um die Arbeitskräfte und um die Umwelt. Die Inhaber Ben Cohen und Jerry Greenfield kommen gewöhnlich
mit T-Shirt und Turnschuhen zur Arbeit. Ben Cohen, der
Vorstandsvorsitzende, besitzt zwar Aktien im Wert von mehreren Millionen Dollar, aber er verdient »nur« 83000 Dollar im
Jahr. Das ergibt sich aus dem Firmengrundsatz, wonach ein
Manager höchstens siebenmal soviel Einkommen haben darf
wie der am schlechtesten bezahlte Arbeiter. Das Unternehmen praktiziert »fürsorglichen Kapitalismus«: Es zahlt sieben
Prozent der Gewinne vor Steuern in eine Stiftung ein, und
diese Stiftung vergibt Gelder an Organisationen, die sich zu
»phantasievollen sozialen Veränderungen« bekennen, zahlt
Prämien für Milch, um die notleidenden bäuerlichen Familienbetriebe in Vermont zu unterstützen und kauft Heidel-
beeren von den Indianern der Gegend, Pfirsiche von farbigen
Farmern in Georgia und Nüsse von den Eingeborenen im Re-
genwald am Amazonas. Bei den Hauptversammlungen werden nicht nur wie sonst üblich die Direktoren gewählt,
sondern es werden auch Nachrichten an den Kongreß auf
Video aufgenommen, mit denen die Aktionäre ihre wichtigsten Anliegen vortragen.[25]

»Ben & Jerry's« ist sehr umweltbewußt und versucht,
Umweltschäden durch die Firmentätigkeit zu vermeiden oder

zu begrenzen. Kunststoff und Pappe wandern ins Recycling, in den Büros wird Umweltschutzpapier verwendet, und man spart Energie. »Ben & Jerry's« räumt sogar ein, daß das Hauptprodukt, das »Super-Premium«-Speiseeis, zumindest für manche Menschen eine Gesundheitsgefahr darstellt. Im Jahresbericht der Firma von 1990 heißt es: »Speiseeis ist trotz seines hohen Fett- und Zuckergehalts für die Ernährung wertvoll. Wer es aus gesundheitlichen Gründen nicht essen soll, dem steht es frei, es nicht zu verzehren.«[26] In den letzten beiden Jahren hat die Firma konkretere Schritte unternommen: Sie vermarktet jetzt sowohl »Light«-Milcheis als auch gefrorenen Joghurt. In diesen Produkten spiegelt sich einerseits die Sorge von »Ben & Jerry's« um die Gesundheit wider (allerdings schenkt die Firma weiterhin jedem Angestellten täglich eineinhalb Liter Speiseeis), andererseits zeigen sie aber auch, daß eine immer gesundheitsbewußtere Öffentlichkeit es zunehmend ablehnt, Speiseeis mit hohem Fettgehalt zu verzehren.

Außerdem versucht man bei »Ben & Jerry's«, einige Auswirkungen der McDonaldisierung auf die Angestellten zu vermeiden. Es heißt, die Beschäftigten hingen an ihrer Arbeit. Sie haben zumindest in einem gewissen Rahmen die Wahl, was für Tätigkeiten sie an dem jeweiligen Tag ausführen. Die Firma besitzt eine sogenannte »Spaßbande«, die versucht, der Arbeit wenigstens einen Teil des Mühsamen zu nehmen. Man kann beobachten, »wie die Angestellten während einer Führung durch die pastellfarbene Fabrik in Waterbury fröhlich auflachen«. Der Anrufbeantworter eines Managers teilt dem Anrufer unter Umständen mit, der Betreffende sei nicht erreichbar, »weil er gerade zur transzendentalen Meditation gegangen ist«.[27] Und ein Brief der Pressesprecherin von Ben & Jerrys an den Autor dieser Zeilen war mit »P.R. Info Queen« unterzeichnet. Weiterhin gibt es für die Angestellten viele Vergünstigungen, zum Beispiel kostenlose Massagen, kostenlose Mitgliedschaft in einem Fitneßstudio, Gewinnbeteiligung und Kinderbetreuung. Ein Arbeiter sagte: »So sollte ein Arbeitsplatz sein.« Ein Journalist sprach von der »freundlichsten aller arbeitnehmerfreundlichen Firmen.«[28]

Aber »Ben & Jerry's« – die Firma wurde 1978 gegründet – zeigte auch Anzeichen der McDonaldisierung. Der erste Franchise-Eisladen von »Ben & Jerry's« eröffnete 1981 in Vermont, und 1983 folgte die erste Filiale in einem anderen US-Bundesstaat. Zur Deckung der Nachfrage produzierten andere Hersteller das Speiseeis mit einer »Ben-&-Jerry's«-Lizenz. Umsatz, Gewinn und Mitarbeiterzahl nahmen drastisch zu. Im Jahr 1982 wurde Jerry Greenfield sich bewußt, welche Rationalisierung im Gange war: »Wir haben mit einer Eisdiele für hausgemachtes Eis angefangen und sind jetzt zu einer Art Fabrik geworden ... Wir waren es gewohnt, jede Charge Speiseeis selbst herzustellen und in Hörnchen zu füllen, und jetzt kauften Leute unser Eis, die Ben und Jerry's nie gesehen hatten.«[29] Greenfield stieg aus der Firma aus, aber ein paar Jahre später kam er zurück: Er wollte wirtschaftlichen Erfolg mit den Werten vereinbaren, die dem Unternehmen am Anfang zum Aufstieg verholfen hatten.

Nachdem die Firma landesweit erfolgreich war und ihre Mitarbeiterzahl in einem Jahr von 150 auf 300 verdoppelt hatte, versuchte sie ganz bewußt, das weitere Wachstum zu begrenzen. Die Zahl der Franchisenehmer steigt nur langsam (von 80 Ende 1989 auf 86 Ende 1990), und man konzentrierte sich auf verbesserte Verbindungen zwischen der Mutterfirma und den bestehenden Filialen. In ähnlicher Weise nahm auch die Mitarbeiterzahl nur noch langsam zu. Man stellte einen Berater ein, der nicht nur bei den Arbeitsplätzen, sondern auch bei den Produkten die *Qualität* verbessern sollte. Den Planungen zufolge wollte man 1992 mit dem Bau einer neuen Produktionsanlage beginnen, so daß die gesamte Speiseeisproduktion wieder bei der Firma selbst liegt; damit vermindern sich die Gefahren der Lizenzherstellung durch andere Unternehmen, die auch dann bestehen, wenn die Produktion durch eigene Inspektoren von »Ben & Jerry's« überwacht wird.[30]

Patricia Aburdene, die zusammen mit John Naisbitt das Buch *Megatrends 2000* geschrieben hat, sieht in »Ben & Jerry's« »mit ziemlicher Sicherheit das neue Modell der Unternehmensform, das in den neunziger Jahren entstehen und ins 21. Jahrhundert weiterwirken wird.«[31] (Diese Ansicht steht im Gegensatz zu der in diesem Buch vertretenen Meinung, wonach McDonald's und nicht das absichtlich nicht rationalisierte »Ben & Jerry's« das wahrscheinlichere derzeitige und zukünftige Unternehmensvorbild ist.) Damit »Ben & Jerry's« eine dauerhaft lebensfähige Alternative darstellt, muß es zumindest weiterhin allen Anzeichen der McDonaldisierung gegenüber wachsam bleiben und zeigen, daß es ihr widerstehen und dennoch auf lange Sicht Erfolg haben kann.

## Alternativen zu »McBed, McBreakfast«

Ein weiteres Beispiel für eine nicht rationalisierte Alternative ist die Privatpension, das »Bed and Breakfast« oder kurz »B & B«. Ein Zeitungsbericht über das Thema trug sogar die Überschrift »Alternativen zu McBed, McBreakfast«.[32] Ein »B & B« ist ein Privathaushalt, der dem Reisenden Zimmer mit privater Gastfreundschaft und morgens ein Frühstück anbietet. Die Vermieter wohnen meist im gleichen Haus, führen den Haushalt und zeigen persönliches Interesse an den Gästen. Viele solche Einrichtungen gab es schon seit langem, aber seit Anfang der achtziger Jahre erleben sie einen regelrechten Boom.[33] Manche Leute hatten einfach genug von der unpersönlichen Kälte rationalisierter Hotelzimmer und suchten statt dessen die nicht rationalisierte Unterkunft in den

»B & B«s. Ein Besucher sagte darüber: »Es war herrlich … die Vermieter behandelten uns wie ihre Familie. Es war sehr angenehm, freundlich, reizend und romantisch.«[34]

Aber auch hier stellen sich mit dem Erfolg mittlerweile die ersten Anzeichen der McDonaldisierung ein. Das Spektrum der angebotenen Unterkünfte erweitert sich, und die Preise steigen. Es wird immer schwerer, ein »B & B« von einem kleinen Gasthof oder einem Hotel zu unterscheiden. Zunehmend wohnen auch die Eigentümer nicht mehr im Haus, sondern sie stellen einen Geschäftsführer ein, der das Unternehmen leitet. Ein Beobachter meinte dazu: »Die besten ›B & Bs‹ sind diejenigen, wo der Eigentümer im Haus ist …. Wenn er auszieht und einen Manager einstellt, wird es schlimm. Auf einmal liegen Staubflocken unter dem Bett, der Kaffee ist dünn, und der Toast ist verbrannt.«[35] Mit anderen Worten: Die Qualität sinkt. Mit der Ausbreitung der »B & Bs« entstand 1981 die »American Bed and Breakfast Association«, eine landesweite Organisation, und »B-&-B«-Führer in Buchform hatten Hochkonjunktur. Jetzt gibt es Inspektionen, Standards entwickeln sich, und man führt eine Klassifizierung ein. Mit anderen Worten: Man bemüht sich, die entstehende »B-&-B«-Industrie zu rationalisieren.

### Andere Alternativen: »Du darfst über die Stränge schlagen«

Alternativen zum rationalisierten Umfeld gibt es auch in anderen gesellschaftlichen Einrichtungen. Im Ausbildungswesen existieren zum Beispiel als Alternative zu den sehr rationellen staatlichen Universitäten kleine Schulen wie das »Hampshire College« in Amherst (Massachusetts); sein Motto lautet: »Hier darfst du über die Stränge schlagen«. (Die Fastfood-Restaurants scheuen sich nicht, ähnliche Werbesprüche zu verwenden; ein Beispiel ist der »Burger-King«-Slogan »Manchmal muß man die Regeln übertreten«.) An solchen

Colleges gibt es keine hochspezialisierten Hauptfächer und keine quantitativ erfaßbaren Durchschnittsnoten. Ein anderes Beispiel sind die Lebensmittel-Kooperativen als Alternative zum Supermarkt. Sie spezialisieren sich auf Vollwertkost und auf eine Palette von Produkten für Vegetarier. Die dort angebotenen Lebensmittel sind gesünder als die aus dem Supermarkt, die Kunden sind oft Mitglieder der Kooperative und wirken deshalb aktiv an der Unternehmensführung mit, und die Angestellten arbeiten häufig sehr engagiert; wie man hört, sollen sie gelegentlich sogar bei der Arbeit singen.[36]

Wie wir gesehen haben, ensteht bei einer erfolgreichen Institution ein Druck in Richtung der McDonaldisierung. Dann stellt sich die Frage, wie man die Rationalisierung des Unternehmens vermeidet. Unter anderem muß man eine zu starke Expansion verhindern. Irgendwann wird eine Institution so groß, daß sie nur noch mit immer rationelleren Prinzipien funktioniert. Größe ist also eine Gefahr, weit größer aber ist die Bedrohung durch das Franchise-System. Es bringt fast zwangsläufig Rationalisierung mit sich. Es ist aber sehr schwierig, sich der Vergrößerung und Filialengründung zu widersetzen, denn sie beinhalten den fast unwiderstehlichen Reiz größerer Gewinne. Die Unternehmer müssen in einer nicht rationalisierten Firma immer zuallererst daran denken, warum sie ein solches Unternehmen geschaffen haben, und sie müssen sich ständig bewußt sein, was sie den Kunden schuldig sind, die ihr Geschäft aufsuchen, weil es *nicht* McDonaldisiert ist. Da sie aber in einer kapitalistischen Gesellschaft leben, erliegen sie unter Umständen der Versuchung durch höhere Gewinne, und dann lassen sie das Unternehmen expandieren, und sie gründen Filialen. Wenn sie das tun, kann man nur hoffen, daß sie die Gewinne wieder in neue, nicht rationalisierte Unternehmen stecken

## Wie man sich nicht rationalisierte Nischen schafft: unkündbare Professoren und »Kreativabteilungen«

Die Eröffnung einer Firma wie »Marvelous Market« oder einer »Bed-and-Breakfast«-Pension kann man als Weg betrachten, um für sich selbst eine nicht rationalisierte Nische zu schaffen, aber vor allem dienen solche Unternehmungen dazu, anderen derartige Nischen zu bieten. »Marvelous Market« liefert Brot als willkommene Alternative für diejenigen, die von »Wonder Bread« und seinen rationalisierten Nachahmern die Nase voll haben. Die Eissorte »Cherry Garcia« von »Ben & Jerry's« mit ihren großen, unregelmäßig geformten Schokoladen- und Kirschstückchen ist eine köstliche Alternative zu den sanften, einheitlichen Geschmacksrichtungen, die man gewöhnlich in den Gefriertruhen der Supermärkte findet. »Bed and Breakfast« ist ein menschliches, heimeliges Angebot für jeden, der die immer gleiche Kälte der Nächte im »Days Inn« nicht mehr erträgt. In diesem Abschnitt soll an ein paar Beispielen verdeutlicht werden, wie man für *sich selbst* nicht rationalisierte Nischen in einer ansonsten rationalisierten Welt schaffen kann. Dabei werden wir uns auf die Arbeitswelt konzentrieren, die – von wenigen Ausnahmen abgesehen – stark rationalisiert ist. Ähnliche Nischen kann man sich aber auch in jedem anderen gesellschaftlichen Bereich einrichten.

Inwieweit man sich solche Nischen schaffen kann, hängt oft von der eigenen Stellung in der beruflichen Hierarchie ab; wer weit oben steht, ist dazu leichter in der Lage. Aber auch manche Menschen in weniger angesehenen Berufen befinden sich in einer Situation, die eine weitgehende Befreiung von der Rationalisierung erlaubt. Ein Beispiel ist der Taxifahrer, der im wesentlichen allein arbeitet und sich ein nicht rationalisiertes Arbeitsleben aufbauen kann. Er kann fahren, wohin er will, essen, wann es ihm beliebt, und eine Pause machen, wenn es ihm paßt. Die Möglichkeit, sich ein nicht rationalisiertes Arbeitsumfeld zu schaffen, ist also nicht auf höherrangige Positionen beschränkt. Manchmal suchen sich gut ausgebildete Menschen sogar eine Tätigkeit wie das Taxifahren, weil sie ihnen ein weniger rationalisiertes Arbeitsleben ermöglicht. Andere gering bewertete Berufe, die solche Möglichkeiten bieten, sind der Nachtwächter und der Wartungsarbeiter in einer automatisierten Fabrik. Einfache Arbeiter und alle, die allein oder relativ isoliert in einer größeren Organisation arbeiten, haben gute Möglichkeiten, sich ein weniger rationalisiertes Arbeitsumfeld zu schaffen.

Die größten Chancen, sich eine nichtrationalisierte Nische zu schaffen, hat man jedoch in höheren beruflichen Stellungen. Ärzte, Rechtsanwälte, Geschäftsleute, Architekten und andere Freiberufler können sich in vielerlei Hinsicht ein solches Umfeld gestalten. In großen Unternehmen können diejenigen, die höhere Positionen bekleiden und viel Macht besitzen, am ehesten der Rationalisierung entgehen. Es scheint ein allgemeines (ungeschriebenes) Gesetz zu sein, daß die meisten Führungskräfte anderen Rationalisierung auferlegen, während sie die eigene Arbeit so wenig wie möglich rationalisieren. Rationalisierung ist etwas, das man anderen zumutet, insbesondere denen, die wenig Einfluß haben.

Meine eigene Stellung als College-Professor ist ein extremes Beispiel für eine Position, in der man sich in einer ansonsten stark rationalisierten Universitätsbürokratie nicht rationalisierte Nischen schaffen kann. In diesem Semester unterrichte ich zum Beispiel montags von 15 Uhr bis 16.15 Uhr und von 18.30 bis 21.00 Uhr sowie mittwochs von 15 Uhr bis 16.15 Uhr. Außerdem habe ich Sprechstunde (etwa zwei Stunden in der Woche), gelegentlich eine Fakultätskonferenz (einmal im Monat eine Stunde, falls ich mich entschließe hinzugehen) und manchmal eine Kommissions-sitzung. Das sind die einzigen festgelegten Arbeitszeiten, zu denen ich mich an einem bestimmten Ort aufhalten muß, um eine Aufgabe zu erfüllen, welche die Organisation von mir verlangt. Ich bin oft auch zu anderen Zeiten in der Universität, aber dann habe ich Termine, die ich nach eigenem Gutdünken festlege. Außerdem gelten die festgelegten Unterrichtszeiten nur für zwei Semester im Jahr, das sind 30 Wochen. Während der restlichen 22 Wochen gehört meine Zeit praktisch völlig mir selbst. Nur etwas mehr als ein halbes Jahr lang muß ich also ein paar Stunden in der Woche an einem bestimmten Ort sein, um eine bestimmte Tätigkeit zu leisten. In der übrigen Zeit kann ich tun, was ich möchte. Mit anderen Worten: Meine Arbeitszeit ist fast überhaupt nicht rationalisiert.

Als festangestellter Professor könnte ich meine Tage vertrödeln, wenn ich das wollte. Ich habe mich aber entschlossen, das nicht zu tun, sondern mich beruflich zu betätigen, zum Beispiel indem ich Bücher wie dieses schreibe. Aber wann, wie und was ich schreibe, ist absolut nicht rationalisiert. Ich kann mitten in der Nacht oder frühmorgens schreiben, ich kann dazu einen Computer, einen Notizblock oder auch eine Schiefertafel verwenden, und ich kann mich über McDonaldisierung oder über soziologische Metatheorien auslassen. Ich kann mit Schlips und Kragen schreiben oder im Bademantel (was ich bevorzuge), ich kann eine Pause einlegen, wenn ich es möchte, ich kann mit Brandy, meinem Hund, den täglichen Spaziergang machen, und ich kann meinem liebsten »Hörbuch« lauschen, wenn mir danach ist. Ich kann meinen Mittagsschlaf halten, und das tue ich immer, wenn ich das Bedürfnis verspüre. Glücklicherweise bin ich in der Lage, mir eine große nicht rationalisierte Nische in dem ansonsten stark rationalisierten System des Hochschulwesens zu schaffen.

Ich bin damit sicher besonders gut dran, aber bei entsprechender Bemühung kann man sich auch in Firmen eine Tätigkeit suchen, die zumindest bis zu einem gewissen Grade nicht rationalisiert ist. Manche High-Tech-Unternehmen sind zum Beispiel dafür bekannt, daß sie sogenannte »Kreativabteilungen« einrichten und fördern, in denen die Leute von den organisatorischen Erfordernissen abgeschirmt sind und so arbeiten können, wie es ihnen paßt. Das Schwergewicht liegt dabei auf Kreativität und Innovation, nicht auf Anpassung. Thomas Peters und Robert Waterman beschrieben die Kreativabteilungen als einmalig nichtrationelles und sogar irrationales Arbeitsumfeld:

»Sie schufen eine fast völlige *Dezentralisierung* und *Selbständigkeit*, mit den zugehörigen *Überschneidungen, Unordnung* an allen Ecken, *fehlender Koordination, interner Konkurrenz* und leicht *chaotischen* Bedingungen, um den Unternehmergeist hervorzubringen. Sie hatten feierlich der *Ordnung* als Maßstab *entsagt*, um regelmäßig etwas Neues zu erreichen.«[37]

Die Begriffe, die in diesem Zitat kursiv gedruckt sind, würden nach den Maßstäben einer McDonaldisierten Gesellschaft alle als nicht rationell oder irrational gelten.

Selbst in stark rationalisierten Organisationen können die Menschen sich mehr zeitliche und räumliche Freiheit für nicht rationalisierte Tätigkeiten schaffen. Wenn ein Arbeiter seine Routineaufgaben zum Beispiel schnell erledigt, gewinnt er Zeit für nicht rationalisierte Aktivitäten, die dennoch mit der Arbeit zu tun haben.

Damit will ich nicht behaupten, es sei einfach, einen nicht rationalisierten Beruf zu finden oder sich in einer McDonaldisierten Organisation eine weniger rationalisierte Nische freizumachen, und ich glaube auch nicht, daß es für jeden jederzeit möglich ist. Manchen Menschen kann es aber zumindest für einen Teil ihrer Zeit gelingen, sich im Beruf und bei ihrem Arbeitgeber nicht rationalisierte Freiräume zu schaffen. Wenn man das in der Arbeitswelt erreichen kann, ist es auch im Umfeld anderer Institutionen möglich.

Was man im Zusammenhang mit nicht rationalisierten Zeiten und Orten meist zu gering bewertet, ist die Tatsache, daß sie oft eine Quelle großer Kreativität sind. Angesichts ständiger, von außen aufgezwungener, sich ständig wiederholender Ansprüche kann man nur schwer kreativ sein. Deshalb richten die High-Tech-Firmen Kreativitätsabteilungen ein. Es ist also nicht nur im Interesse des einzelnen, wenn er in einem Umfeld arbeitet, das zumindest bis zu einem gewissen Grade nicht rationalisiert ist, sondern es nützt auch dem Arbeitgeber und der gesamten Gesellschaft. Beide brauchen ständig kreative neue Ideen und Produkte, und die entstehen in einer Kreativitätsabteilung viel eher als in einem streng bürokratisch geregelten Umfeld.

Ich möchte diese Theorie nicht zu weit treiben. Erstens können rationalisierte Organisationen sowohl die Voraussetzungen für kreative Arbeit als auch die Möglichkeiten zu ihrem Vertrieb schaffen. Mit anderen Worten: Nicht-rationalisierte Nischen der Kreativität brauchen die Untersützung durch rationale Systeme. Zweitens kann kein großes Unternehmen existieren, wenn es ausschließlich aus solchen Nischen besteht; die Folge wäre ein organisatorisches Chaos. Drittens will nicht jeder in nicht rationalisierten Nischen arbeiten; viele Menschen ziehen es vor, wenn ihr Arbeitstag stark von Routine geprägt ist. Viertens ist nicht jeder fähig, in einer nicht rationalisierten Nische zu handeln. Deshalb befürworte ich keineswegs eine Arbeitswelt, die sich ausschließlich aus kreativen Berufsfeldern zusammensetzt. Ich möchte vielmehr darauf hinweisen, daß mehr nicht rationa-

298

lisierte Nischen in einer ansonsten stark rationalisierten Berufs- und Organisationswelt erforderlich sind.

### Die Reaktion des einzelnen:
### Wie man der McDonaldisierung ein Schnippchen schlägt

Außerhalb der Arbeitswelt eröffnet sich ebenfalls eine ganze Reihe von Möglichkeiten, wenn man sich wegen der McDonaldisierung unwohl fühlt oder sie ablehnt. Bevor diese Möglichkeiten beschrieben werden, möchte ich aber darauf hinweisen, daß solche Menschen (die einen Rationalisierungskäfig aus Gummi oder Eisen sehen) versuchen sollten, der McDonaldisierten Welt das Beste abzugewinnen, ohne unter ihren Gefahren und Auswüchsen zu leiden. Das ist nicht einfach, denn von den McDonaldisierten Institutionen geht ein großer Reiz aus, und man findet sich schnell als begeisterter Anhänger im Netz rationalisierter Tätigkeiten wieder. Wer sich also rationalisierter Systeme wegen ihrer Vorteile bedient, muß sich der Gefahren der McDonaldisierung stets an vorderster Stelle seines Denkens bewußt sein. Die Möglichkeit, mitten in der Nacht einen Kontoauszug zu bekommen, mit einem kleineren medizinischen Problem zum »McDoctor« zu gehen und so die Notaufnahme eines Krankenhauses zu vermeiden oder bei »Nutri/System« schnell und gefahrlos abzunehmen, sowie viele andere Annehmlichkeiten sind für die meisten Menschen anziehend. Die Kunst besteht sicher darin, daß man die Vorteile der McDonaldisierten Welt so gut wie möglich nutzt, ohne zum Gefangenen dieser Welt zu werden.

Wie schafft man das? Zum ersten ist es ratsam, sich McDonaldisierter Systeme nur dann zu bedienen, wenn es unvermeidlich ist, wenn es keine Alternativen gibt oder wenn man das, was sie bieten, mit anderen Systemen nicht erreichen kann. Vielleicht sollte man McDonaldisierte Systeme ebenso mit Warnhinweisen versehen wie Zigarettenpackungen. Ein Beispiel:

»Die Soziologen: Gewohnheitsmäßiger Gebrauch McDonaldisierter Systeme gefährdet Ihre körperliche und seelische Gesundheit sowie die Gesamtgesellschaft.«

Vor allem sollte man die routinemäßige, systematische Benutzung McDonaldisierter Systeme vermeiden. Um dem eisernen Käfig zu entgehen, muß man sich nicht rationalisierte Nischen suchen, sooft und soviel es nur geht. Die Suche nach solchen Nischen ist schwierig und erfordert viel Zeit. Es ist wesentlich einfacher, sich der verschiedenen Elemente der McDonaldisierten Gesellschaft zu bedienen, statt nicht rationalisierte Alternativen aufzuspüren und zu benutzen. Aber genau diese Bemühungen sind notwendig, wenn wir die schlimmsten Auswirkungen des eisernen Käfigs verhüten wollen. Die Vermeidung der McDonaldisierung erfordert viel Mühe und Wachsamkeit.

Der extremste Schritt würde darin bestehen, den Koffer zu packen und der stark McDonaldisierten amerikanischen Gesellschaft den Rücken zu kehren. Beim Umzug in eine andere Gesellschaft besteht das Problem nur darin, daß diese sich vermutlich ebenfalls im Prozeß der Rationalisierung befindet oder kurz davor steht. Mit einem solchen Ortswechsel würde man also unter Umständen ein wenig Zeit gewinnen, aber letztlich würde man wieder der McDonaldisierung gegenüberstehen, und zwar diesmal in einer weniger vertrauten Umgebung.

Weniger extrem ist es, wenn man sich in unserer stark McDonaldisierten Welt nicht rationalisierte Nischen sucht, wie sie für die Arbeitswelt bereits beschrieben wurden. Wie wir aber gesehen haben, reicht es nicht aus, wenn die Menschen solche Nischen aufspüren; andere müssen auch nicht rationalisierte Unternehmen schaffen, die sich in solchen Nischen befinden oder solche Nischen enthalten. Die Gründung solcher Unternehmen ist nicht nur für sich betrachtet etwas Gutes, sondern die Unternehmen können auch sehr erfolgreich sein. Da es (hoffentlich) immer Menschen geben wird, die sich gegen die McDonaldisierung auflehnen, kann man mit der Gründung nicht rationalisierter Unternehmen Erfolg haben, von der ewigen Dankbarkeit der Rebellen gar nicht zu reden. Schaffung und Nutzung solcher Unternehmen in den Nischen der Gesellschaft ist also ein Mechanismus, um den Auswüchsen der Rationalisierung zu begegnen.

Die folgende Liste macht Vorschläge, wie der einzelne mit der McDonaldisierung umgehen kann. In den meisten Fällen werden dabei Tätigkeiten anderer vorausgesetzt, die in den genannten Nischen nicht rationalisierte Unternehmen geschaffen haben.[38]

- Vermeiden Sie es, in Apartments oder Reihenhäusern zu wohnen. Versuchen Sie, Ihr Wohnumfeld so individuell wie möglich zu gestalten, am besten mit einem Haus, das Sie selbst gebaut haben oder das nach Ihren Plänen gebaut wurde. Wenn Sie in einem Apartment oder Reihenhaus wohnen müssen, machen Sie es menschlicher und individueller. Sogar die Bewohner von Levittown, der ersten Reihenhaussiedlung, haben genau das getan; heute ist »die Levitt-Schachtel verkleidet – als englisches Landhaus, Schweizer Chalet oder Bauernhof aus Pennsylvania.«[39]

- Vermeiden Sie soweit wie möglich tägliche Routine. Versuchen Sie, so viele Dinge wie möglich von Tag zu Tag anders zu machen.

- Allgemeiner gesagt: Tun Sie so viele Dinge wie möglich selbst. Wenn Sie Dienstleistungen benutzen müssen, wählen Sie nicht rationalisierte Anbieter und keine Filialunternehmen. Machen Sie zum Beispiel den Ölwechsel am Auto selbst; wenn Sie das nicht können oder wollen, gehen Sie zu einer selbständigen Tankstelle am Ort. Benutzen Sie auf keinen Fall eines der Schmiermittel-Filialunternehmen.

- Gehen Sie nicht kurz vor dem Steuertermin zu »H&R Block«, sondern engagieren Sie einen örtlichen Steuerberater, am besten einen, der nicht in einer Kanzlei, sondern zu Hause arbeitet.
- Wenn Sie das nächste Mal bei einem kleineren medizinischen oder zahnmedizinischen Notfall daran denken, einen »McDoctor« oder »McDentist« aufzusuchen, widerstehen Sie der Versuchung! Gehen Sie statt dessen zum nächsten niedergelassenen Arzt oder Zahnarzt, vorzugsweise zu einem, der in einer Einzelpraxis arbeitet.
- Wenn Sie das nächste Mal eine Brille brauchen, gehen Sie zu einem Optiker in Ihrer Nähe und nicht zu »Pearle Vision Center«.
- Meiden Sie »Hair Cuttery« und andere Friseurketten; gehen Sie zum Haareschneiden das nächste Mal zum örtlichen Friseur.
- Lassen Sie mindestens einmal in der Woche beim Mittagessen McDonald's aus und gehen Sie in einen örtlichen kleinen Imbiß. Abends lassen Sie ebenfalls mindestens einmal in der Woche den Wagen stehen; ziehen Sie den Stecker der Mikrowelle heraus, machen Sie einen Bogen um die Gefriertruhe, und kochen Sie eine Mahlzeit aus den Grundzutaten.
- Bringen Sie die Kassiererin im Kaufhaus durcheinander, indem Sie mit Bargeld und nicht mit der Kreditkarte bezahlen.
- Schicken Sie alle Computerbriefe zurück, insbesondere wenn »An alle Haushaltungen« daraufsteht.
- Wenn Sie das nächste Mal von einem Computer angerufen werden, legen Sie den Hörer vorsichtig auf den Fußboden, so daß die Verbindung bestehenbleibt; auf diese Weise wer-

den andere eine Zeitlang nicht mit solchen Anrufen belästigt.

- Wenn Sie eine Firma anrufen, wählen Sie immer die Nummer, über die Sie mit einem richtigen Menschen sprechen können.
- Kaufen Sie nie künstliche Lebensmittel wie »Molly McButter« oder »Butter Buds«.
- Gehen Sie in Restaurants, die echtes Porzellan und Metallbesteck verwenden; vermeiden Sie Lokale mit Wegwerfgeschirr, das die Umwelt belastet.
- Organisieren Sie Bürgerinitiativen zum Protest gegen den Mißbrauch durch McDonaldisierte Systeme. Wie wir gesehen haben, reagieren die Systeme auf solche Proteste. Wenn Sie in einem derartigen System arbeiten, tun Sie sich mit den Kollegen zusammen, um menschlichere Arbeitsbedingungen zu schaffen.
- Wenn Sie ein Fast-food-Restaurant aufsuchen müssen, wählen Sie eines wie »Macheezmo Mouse Mexican Cafe«, das eine gewisse Aufmerksamkeit für die Gefahren der McDonaldisierung bewiesen hat.
- Wenn Sie Stammkunde bei McDonald's sind, entwickeln Sie persönliche Beziehungen zu den Leuten hinter der Theke; versuchen Sie, sie kennenzulernen. Und tun Sie auch sonst alles, um das ganze menschlicher zu machen. Zur Frühstückszeit haben die Kunden tatsächlich genau das getan: Sie haben den Prozeß der McDonaldisierung unterlaufen. Statt eilig das Essen hinunterzuschlingen, kommen die Frühstückskunden jeden Tag, »um die Zeitung zu lesen, Kaffee zu trinken und einen McMaffin zu knabbern«.[40] Wenn man das Frühstück ent-McDonaldisieren kann, warum dann nicht auch die anderen Mahlzeiten? Und andere Elemente des Fast-food-Erlebnisses?
- Machen Sie sich die Mühe, und lesen Sie einmal in der Wo-

che nicht *USA TODAY*, sondern die *New York Times*. Sehen Sie sich auch einmal wöchentlich die PBS-Nachrichten mit ihren drei langen Berichten an, statt die Nachrichtenshows der großen Gesellschaften mit ihren zahlreichen kleinen Berichtsschnipseln zu verfolgen.

- Sehen Sie ganz allgemein so wenig wie möglich fern. Wenn Sie es müssen, stellen Sie den Programmwähler auf PBS. Und wenn Sie eines der großen Programme einschalten müssen, schalten Sie den Ton ab und sehen sie während der Werbung woandershin. Immerhin werden die meisten Reklamespots von rationalisierten Unternehmen finanziert, und deshalb posaunen sie die Vorteile der Rationalisierung herum.

- Vermeiden Sie Mahlzeiten, die man aus der Hand essen kann.

- Fahren Sie im nächsten Urlaub an einen einzigen Ort, und lernen Sie ihn gut kennen.

- Gehen Sie nie in ein Stadion mit Dach oder mit künstlichem Gras. Pilgern Sie regelmäßig nach Fenway Park.

- Vermeiden Sie Ausbildungsveranstaltungen, bei denen schriftliche Prüfungen nur kurze Antworten verlangen und vom Computer ausgewertet werden. Ist eine Computerprüfung unvermeidlich, bringen Sie zusätzliche Randbemerkungen an und rollen Sie die Kanten des Blattes ein, so daß der Computer es nicht verarbeiten kann.

- Suchen Sie bei der Ausbildung kleine Klassen. Lernen Sie Ihre Professoren kennen.

- Gehen Sie nicht in Filme, bei denen hinter dem Namen eine römische Zahl steht.

Ähnliche Strategien entwickelte Regina Schrambling für den Umgang mit den Gesundheitsgefahren (insbesondere Salmonelleninfektionen), die sich aus der Rationalisierung der

Lebensmittelproduktion ergeben. Interessanterweise gelangt Schrambling zu der Erkenntnis, daß die Rückkehr zur früheren, nicht rationalisierten Hühnerzucht nicht die richtige Antwort ist. Wie sie darlegt, führte die Lebensweise der Hühner und insbesondere das Ausgraben von Würmern auch in früheren Zeiten zu Salmonelleninfektionen. Dennoch kauft sie lieber unmittelbar beim Bauern die Hühner, die nach der alten Methode gezüchtet wurden. Ihre Eier besorgt sie in Schachteln, die von Hand verpackt werden, »immer bei demselben Bauern im Staat New York«. Melonen kauft sie ebenfalls auf dem Bauernmarkt und nicht im Supermarkt, denn bis dorthin sind sie so lange unterwegs, daß die Gefahren des Verderbens und der Krankheit zunehmen. Durch die Rationalisierung können wir heute zwar das ganze Jahr über Obst und Gemüse essen, aber das hat seinen Preis und seine Gefahren. Sie formuliert es so: Die Lebensmittel wachsen in Ländern, »wo man das Wasser niemals trinken würde und wo Pflanzenschutzmittel, die bei uns verboten sind, großzügig verwendet werden«. Deshalb kauft sie Obst und Gemüse natürlich nur zu der Jahreszeit, wo sie bei uns wachsen. Zusätzlich zum bewußten Einkaufen auf örtlichen Märkten kann man Obst und Gemüse auch im eigenen Garten anbauen.

Ganz allgemein, so Schramblings Argumentation, müssen wir uns darüber klarwerden, daß es für Obst und Gemüse bestimmte Saisonzeiten gibt:

»Wir sollten daran denken, daß eine Erdbeere so vergänglich ist wie eine Stubenfliege und daß süßer Mais auf niemanden wartet; er schmeckt am besten in den ersten Stunden, nachdem er vom Halm getrennt wurde. Wenn man die Kreisläufe der Natur wieder schätzen lernen will, eignet sich nichts besser als der Bauernmarkt im Januar, wo nur Kartoffeln, Kürbisse und Äpfel angeboten werden.«

Deshalb müssen wir begreifen, daß wir »nicht jedes Lebensmittel jederzeit haben können«.[41]

(Schramblings Haltung erscheint vernünftig und sogar lobenswert, aber wir müssen daran denken, daß die Kräfte der McDonaldisierung weiter vorwärtsdrängen und die von ihr genannten Grenzen überwinden. Da gibt es zum Beispiel als neue wissenschaftliche Entwicklung die gentechnisch veränderte Tomate, die nicht mehr das zur Reifung erforderliche Gas produziert.[42] Solche Tomaten – und in absehbarer Zeit wahrscheinlich auch viele andere Obst- und Gemüsesorten – kann man länger an der Pflanze lassen, als es sonst oft geschieht, und sie lassen sich ohne Kühlung über große Entfernungen transportieren, wochenlang lagern und dann durch Behandlung mit Ethylengas zur Reifung bringen, wenn der Händler sie verkaufen will. Wenn sich diese Methode als wirtschaftlich erweist, werden wir, anders als Schrambling meint, jederzeit über viele Obst- und Gemüsesorten, ja sogar über frische Schnittblumen verfügen. Ganz ähnlich verhält es sich mit den Erdbeeren: Sie sind vielleicht auch nicht mehr so »vergänglich«, wie Schrambling meint. Die Driscoll-Erdbeere, die in Watsonville in Kalifornien [der »Erdbeerhauptstadt der Welt«] gezüchtet wurde, ist groß, glänzend und – was am wichtigsten ist – wegen des günstigen Klimas das ganze Jahr über erhältlich. Überraschenderweise heißt es, die Driscoll-Erdbeere habe auch *ein wenig* Geschmack.)[43]

Besonders wichtig ist es, daß man etwas unternimmt, damit Kinder nicht zu gedankenlosen Anhängern der McDonaldisierung werden.

- Bedienen Sie sich keiner »McChild«-Pflegeeinrichtung, sondern lassen Sie das Kind bei einer Familie in der Nachbarschaft, die gern etwas Geld hinzuverdienen möchte.
- Halten Sie Kinder soweit wie möglich vom Fernsehen ab. Besonders wichtig ist, daß sie nicht ständig dem Trommel-

feuer der Werbespots rationalisierter Einrichtungen ausgesetzt werden, das vor allem die Zeichentrickfilme am Samstagvormittag beherrscht.

- Setzen Sie sich an die Spitze von Bestrebungen, die McDonaldisierung aus dem Schulsystem herauszuhalten.
- Wenn Sie es sich leisten können, schicken Sie Ihr Kind in eine kleine, nicht McDonaldisierte Ausbildungseinrichtung.
- Vor allem aber vermeiden Sie es soweit wie möglich, mit Ihrem Kind Fast-food-Restaurants und ihre Nachahmer in anderen Gesellschaftsbereichen aufzusuchen. Wenn es keine Alternative gibt (zum Beispiel auf der Autobahn, wo ausschließlich die Werbeschilder der verschiedenen Fast-food-Ketten vorhanden sind), halten Sie dem Kind die Augen zu, bis die Versuchung vorüber ist.

Man kann tatsächlich etwas unternehmen, um mit der McDonaldisierung fertig zu werden. Ich habe aber wenig Hoffnung, daß solche Verhaltensweisen, selbst wenn sie von vielen Menschen praktiziert werden, den Trend zur McDonaldisierung umkehren können. Trotz dieser scheinbaren Zwangsläufigkeit glaube ich, daß es sich lohnt zu kämpfen. Erstens werden auf diese Weise die schlimmsten Auswüchse der McDonaldisierung abgeschwächt. Zweitens wird es zur Entdeckung, Schaffung und Nutzung weiterer Nischen führen, wenn entsprechend eingestellte Menschen wenigstens für einen Teil des Tages oder größere Abschnitte ihres Lebens der McDonaldisierung entgehen können. Und schließlich vielleicht das Wichtigste: Der Kampf selbst ist etwas Gutes. Solche Bemühungen sind in der Regel nicht rationalisierte Tätigkeiten von Einzelpersonen oder Gruppen. In derartigen Auseinandersetzungen kann man echte menschliche Vernunft ausdrücken, und das in einer Welt, in der es auf praktisch allen anderen Gebieten rationalisierte Systeme gibt, die den Menschen solche menschlichen Verhaltensweisen absprechen.

## Schlußfolgerung

Ich habe in diesem Buch immer wieder auf die Zwangsläufigkeit der McDonaldisierung hingewiesen, aber im tiefsten Inneren hoffe ich, daß ich unrecht habe. Ich habe das Buch sogar vorwiegend aus einem einzigen Grund geschrieben: um die Leser auf die Gefahren der McDonaldisierung aufmerksam zu machen und sie zu bewegen, sich diesem Trend entgegenzustellen. Ich hoffe, wir können der McDonaldisierung widerstehen und an ihrer Stelle eine vernünftigere, menschlichere Welt schaffen.

Kürzlich ging der berühmte französische Küchenchef Paul Bocuse gerichtlich gegen McDonald's vor, weil die Firma ohne seine Erlaubnis sein Bild auf einem Werbeplakat verwendet hatte. Wütend sagte Bocuse: »Wie sieht das aus, wenn ich Werbung für dieses geschmacklose, knochenlose Essen mache, an dem alles weich ist.« Dennoch schien auch Bocuse die Zwangsläufigkeit der McDonaldisierung anzuerkennen: »Es gibt einen Bedarf für solche Dinge … Der Versuch, sie loszuwerden, erscheint mir ebenso nutzlos, als wenn man die Prostituierten aus dem Bois de Boulogne vertreiben wollte.«[44] Und siehe da! Zwei Wochen später wurde bekanntgegeben, die Polizei habe die Prostitution im Bois de Boulogne zerschlagen. Ein Polizeisprecher meinte: »Es gibt sie nicht mehr.«

Wie Bocuse mit den Prostituierten unrecht hatte, so habe ich vielleicht auch unrecht mit der Zwangsläufigkeit der McDonaldisierung. Damit wir aber nicht zu optimistisch werden, sollte ich anmerken, daß »die Prostituierten, wie jeder weiß, sofort wiederkommen, wenn die Operation vorüber ist.

Im Frühjahr, so die Vorhersage der Polizei, werden sie zahlreicher sein als zuvor.«[45] Entsprechend wird die Zukunft wahrscheinlich auch bei noch so heftiger Gegenwehr eher mehr und nicht weniger McDonaldisierung mit sich bringen. Aber selbst wenn sich diese Vorhersage als richtig erweist, hoffe ich, daß die Menschen zumindest einen Teil der in diesem Kapitel gegebenen Ratschläge befolgen werden, um die schlimmsten Auswirkungen der McDonaldisierung abzumildern.

Mit anderen Worten: Angesichts der von Max Weber heraufbeschworenen Zukunft, die von einer Polarnacht voller Eiseskälte und Härte beherrscht wird, kann der Leser zumindest den Worten des Dichters Dylan Thomas folgen: »Geh' nicht zahm in diese Dunkelheit ... kämpfe, kämpfe gegen diesen Tod des Lichts!«[46]

# Anmerkungen

## Kapitel 1

1 Eine ähnliche, aber enger gefaßte Ansicht wie die auf Seite 1 findet sich auch bei Benjamin R. Barber, »Jihad vs. McWorld«, *The Atlantic Monthly*, März 1992, 53–63.

2 Die Umsatzzahlen von McDonald's stammen aus Stephen Levine, »McDonald's Makes a Plan to Diversify«, *Washington Post*, 30. August 1991, G4.

3 Die Zahl der McDonald's-Filialen ist eine Angabe der Firma selbst; das Verhältnis der Kettenrestaurants zur Bevölkerung stammt aus Anthony Ramirez, »In the Orchid Room ... Big Macs.« *The New York Times*, 30. Oktober 1990, D1, D5.

4 Der Widerwille der Europäer gegen Fast-food-Restaurants wird erörtert bei Gregory Hall, »The Psychology of Fast-food-Happiness«, in Marshall Fishwick (Hrsg.), *Ronald Revisited: The World of Ronald McDonald*. Bowling Green: Bowling Green University Press 1983, S. 84.

5 Die Information über McDonald's in Moskau stammt von Louis Uchitelle, »That's Funny, Those Pickles Don't Look Russian«, *The New York Times*, 27. Februar 1992, A4.

6 Der Bericht über die Schweiz stand in »Big Mac on Track«, *Travel and Leisure*, Dezember 1990, 26.

7 Die Zahl der neu eröffneten Filialen nannte Eben Shapiro in »Overseas Sizzle for McDonald's«, *The New York Times*, 17. April 1992, D1, D4.

8 Über Peking berichtete Nicholas D. Kristof in »Billions Served (and That Was Without China)«, *The New York Times*, 24. April 1992.

9 Das Fast-food-Restaurant im Libanon beschreibt Alison Leigh Cowan, »Unlikely Spot for Fast Food«, *The New York Times*, 29. April 1984, 3:5.

10 Das Beispiel des »Body Shop« nennt Eben Shapiro, »The Sincerest Form of Rivalry«, *The New York Times*, 19. Oktober 1991, 35, 46.

11 Das Zitat über »Toys R Us« stammt aus Timothy Egan, »Big Chains Are Joining Manhattan's Toy Wars«. *The New York Times*, 8. Dezember 1990, 29.

12 Quelle des Zitats über »Kidsports« ist Stacey Burling, »Health Club ...
for Kids«, *Washington Post*, 21. November 1991, D5.

13 Über »Kentucky Fried Children« schrieb Tamar Lewin in »Small Tots, Big
Biz«, *New York Times Magazine*, 19. Januar 1989, 89.

14 Die Äußerungen von McDonald's-Anhängern wurden veröffentlicht bei
E.R. Shipp, »The McBurger Stand That Started it All«, *The New York
Times*, 27. Februar 1985, 3:3.

15 Über die Eröffnung von Pizza Hut in Moskau berichtete »Wedge of Ame-
ricana: In Moscow, Pizza Hut Opens 2 Restaurants«, *Washington Post*,
12. September 1990, B10.

16 Weitere Informationen über *USA TODAY* finden sich bei Peter Pritchard,
*The Making of McPaper: The Inside Story of USA TODAY*. Kansas City: Andrews, McMeel and Parker, 1987.

17 Die Information über die Fernsehshow von *USA TODAY* stammt aus
Richard Zoglin, »Get Ready for McRather«, *Time*, 11. April 1988.

18 Weit ausführlicher wird die zentrale Stellung von McDonald's behandelt
bei Marshall Fishwick (Hrsg.), *Ronald Revisited: The World of Ronald Mc-
Donald*, Bowling Green: Bowling Green University Press, 1983.

19 Der Schüler der Maryland High-School, der hier zitiert wird, sprach mit
John F. Harris für dessen Artikel »McMilestone Restaurant Opens Doors
in Dale City«, *Washington Post*, 7. April 1988, D1.

20 Siehe Kottak, »Rituals at McDonald's«, in Fishwick (Hrsg.), *Ronald Revisited*, 52–58.

21 Über die Eröffnung der Moskauer Filiale berichtet Bill Keller in »Of
Famous Arches, Beeg Meks and Rubles«, *The New York Times*, 28. Januar
1990, 1:1, 12.

22 Genaueres über die Einkaufspassagen findet sich bei William Severini
Kowinski, *The Malling of America: An Inside Look at the Great Consumer
Paradise*, New York: William Morrow, 1985, 218.

23 Das Zitat über »Walt Disney World« wurde entnommen aus Bob Garfield,
»How I Spent (and Spent and Spent) My Disney Vacation«, *Washington Post*,
7. Juli 1991. Siehe auch Margaret J. King, »Empires of Popular Culture:
McDonald's and Disney«, in Fishwick (Hrsg.), *Ronald Revisited*, 106–119.

24 Über den Bekanntheitsgrad von Ronald McDonald berichtet Steven
Greenhouse, »The Rise and Rise of McDonald's«, *The New York Times*,
8. Juni 1986, 3:1.

25 Einen ausführlichen Bericht über McDonald's in Kleinstädten der USA
findet man bei Laura Shapiro, »Ready for McCatfish?«, *Newsweek*,
15. Oktober 1990, 76–77.

26 Das Zitat über die Route 161 stammt aus N.R. Kleinfeld, »Fast Food's
Changing Landscape«, *The New York Times*, 14. April 1985, 3:1,6.

27 Über »Domino's« an Schulen berichtete Paul Farhi, »Domino's Going to School«, *Washington Post*, 21. September 1990.

28 Quelle der Information über »A for Cheeseburger« ist »Grade A Burgers«, *The New York Times*, 13. April 1986, 12:15.

29 Aus Prichard, *The Making of McPaper*, 232–233.

30 Aus Howard Kurtz, »Slicing, Dicing News to Attract the Young«, *Washington Post*, 6. Januar 1991, A1.

31 Den Telefonsex beschreibt Nicholas D. Kristof in »Court Test is Likely on Dial-a-Porn Service Game«, *The New York Times*, 15. Oktober 1986.

32 Den städtischen Beamten zitiert die *New York Times* in ihrer Ausgabe vom 5. Oktober 1986, Block 3, Seite 6.

33 Die im folgenden genannten Elemente des Rationalen gehen auf die Arbeiten Max Webers zurück, darunter insbesondere *Wirtschaft und Sozialpolitik*, Max Weber: Gesamtausgabe, Band 8, J.C.B. Mohr (Paul Siebeck), Tübingen 1986. Eine weitere Grundlage sind die Arbeiten der Weber-Kommentatoren, beispielsweise Stephen Kalberg, »Max Weber's Types of Rationality: Cornerstones for the Analysis of Rationalisation Processes in History«, *American Journal of Sociology*, 1980, 85: 1145–1179.

34 Es sollte darauf hingewiesen werden, daß die Begriffe *rational*, Rationalität und Rationalisierung in diesem Buch anders gebraucht werden, als man es sonst gewohnt ist. Einmal betrachten wir sie nämlich meist positiv: Etwas Rationales gilt in der Regel als gut. Hier bezeichnen sie jedoch meist etwas Negatives. Der positive Begriff ist in dieser Analyse die zutiefst menschliche »Vernunft« (zum Beispiel die Fähigkeit, kreativ zu handeln und zu arbeiten), die von unmenschlichen, rationalisierten Systemen wie dem Fast-food-Restaurant geleugnet wird. Außerdem bringt man den Begriff *Rationalisierung* gewöhnlich mit der Freudschen Theorie in Verbindung, wonach er zum »Wegerklären« eines Verhaltens dient, aber hier beschreibt er das immer stärkere Vordringen des Rationalen in der Gesellschaft. In dieser Weise sind die Begriffe beim Lesen dieses Buches zu verstehen, im Gegensatz zu ihrem üblichen Gebrauch.

35 Über die Kritik am »Euro-Disney« berichtet Alan Riding in »Only the French Elite Scorns Mickey's Debut«, *The New York Times*, 13. April 1993, A13.

36 Solche Kritiker sind unter anderem Georg Stauth und Bryan S. Turner, »Nostalgia, Postmodernism and the Critique of Mass Culture«, *Theory, Cultur and Society*, 5, 1988, 506–529; und Bryan S. Turner, »A Note on Nostalgia«, *Theory, Cultur and Society*, 4, 1987, 147–156.

37 Diese Kritik ähnelt der von Karl Marx am Kapitalismus Marx' Beweggrund war nicht die romantische Betrachtung der vorkapitalistischen

Gesellschaft, sondern der echte Wunsch, ausgehend vom Kapitalismus eine wirklich menschliche (kommunistische) Gesellschaft zu schaffen. Trotz gewisser Übereinstimmungen mit der marxistischen Theorie ist dieses Buch, wie wir noch sehen werden, weit stärker durch die Theorien Max Webers geprägt.

38 Das Zitat von Robert Samuelson stammt aus seinem Artikel »In Praise of McDonald's«, *Washington Post*, 1. November 1989, A25.

39 Ich danke meinem Kollegen Stan Presser für den Vorschlag, einige Vorteile der McDonaldisierung aufzuzählen.

40 Die Vorstellung, daß McDonaldisierung die Wahlmöglichkeiten des Verbrauchers erweitert, wird genauer beschrieben bei Stauth und Turner, »Nostalgia, Postmodernism and the Critique of Mass Culture«.

41 Die Aussage über Computertelefone stammt von Patricia McCormick, »Finding Out by Voice Mail«, *Washington Post*, 29. Oktober 1991, C5.

## Kapitel 2

1 Die in diesem Kapitel beschriebenen Vorläufer sind natürlich nicht die einzigen rationalisierten Institutionen, die es vor McDonald's gab. Sie sind aber die wichtigsten, zumindest wenn man McDonald's und die McDonaldisierung verstehen will.

2 Die Beschreibung von Webers Vorstellungen gründet sich auf Max Weber, *Wirtschaft und Gesellschaft*, Tübingen: J.C.B. Mohr, ⁵1980.

3 Das Zitat von Takaki stammt aus *Iron Cages: Race and Culture in 19th-Century America*. New York: Oxford University Press 1990: ix.

4 Eine ausführlichere Beschreibung der Wege zur Flucht aus dem Alltag findet sich bei Harvey Greisman, »Disenchantment of the World«, *British Journal of Sociology*, 27, 1976: 497–506.

5 Die Beschreibung von Taylors Ideen stammt aus Frederick W. Taylor, *The Principles of Scientific Management*, New York: Harper and Row, 1947.

6 Die Theorie, daß die amerikanische Industrie von der japanischen überflügelt wurde, ist genauer dargelegt bei George Ritzer und Terry LeMoyne, »Hyperrationality«, in George Ritzer, *Metatheorizing in Sociology*, Lexington, MA: Lexington Books, 1991, 93–115.

7 Wie die Fast-food-Industrie sich des Taylorismus bedient hat, zeigt Esther Reiter in ihrem Buch *Making Fast Food*, Montreal und Kinston: McGill-Queen's University Press, 1991: 112–114.

8 Wer mehr über Henry Ford lesen möchte, als dieses Buch bieten kann, sei

314

auf seine Autobiographie verwiesen: *My Life and Work*, Garden City, NY: Doubleday, Page & Co. 1992, sowie auf James T. Flink, *The Automobile Age*, Cambridge: MIT Press 1988.

9 Das Zitat stammt aus Bruce A. Lohof, »Hamburger Stand Industrialisation and the Fast Food Phenomenon« in Marshall Fishwick (Hrsg.), *Ronald Revisited: The World of Ronald McDonald*, Bowling Green: Bowling Green University Press, 1983: 30. Zu dem gleichen Thema siehe auch Reiter, *Making Fast Food*, 75.

10 Der Zusammenhang zwischen Auto und McDonaldisierung wird erörtert in Marshall Fishwick, »Cloning Clowns: Some Final Thoughts«, in Marshall Fishwick (Hrsg.), *Ronald Revisited*: 148–151. Weitere Hinweise über den Zusammenhang zwischen Auto und Tourismusindustrie finden sich bei Flink, *The Automobile Age*.

11 Über das Abteilungssystem bei »GM« finden sich weitere Informationen bei Flink, *The Automobile Age*, sowie bei Alfred P. Sloan, Jr., *My Years at General Motors*, Garden City, NY: Doubleday 1964.

12 Die Zahlen über Levittown stammen aus »Levitt's Progress«, *Fortune*, Oktober 1952, 155ff.

13 Die Worte von Alfred Levitt sind zitiert nach »The Most House for Money«, *Fortune*, Oktober 1952. Aus derselben Quelle stammt auch das »Zack-zack-zack« Zitat.

14 Den Werbeslogan zitiert Herbert Gans in *The Levittowners: Ways of Life and Politics in a New Suburban Community*, New York: Pantheon Books 1967: 13.

15 Aus Richard E. Gordon, Katherine K. Gordon und Max Gunther, *The Split Level Trap*, New York: Gilbert Geis Associates, 1960.

16 Über die individuellen Veränderungen in Levittown schrieb Georgia Dulles in »The Tract House as Landmark«, *The New York Times*, 17. Oktober 1991: C1, C8.

17 Das Zitat von Gans über Levittown in New Jersey stammt aus seinem Buch *The Levittowners*: 432.

18 Eine ausführliche Diskussion über die Einkaufspassagen ist von William Severini Kowinski: *The Malling of America: An Inside Look at the Great Consumer Paradise*, New York: William Morrow 1985.

19 Die Informationen über die größte Einkaufspassage der USA stammen von Kara Swisher, »A Mall for America?« *Washington Post-Business*, 30. Juni 1991: H1, H4.

20 Aus Kowinski, *The Malling of America*: 25.

21 Die hier gegebene Beschreibung über Ray Kroc und McDonald's gründet sich unter anderem auf Ray Kroc, *Grinding It Out*, Chicago: Contemporary Books, 1977; Stan Luxenberg, *Roadside Empires: How the Chains Fran-*

*chised America*, New York: Vikin 1985; und John F. Love, *McDonald's: Behind the Arches*, Toronto: Bantam Books 1986.

22 Die Informationen über die begrenzte Speisekarte und die Bezeichnung »Fast-food-Fabrik« stammen aus Love, *Behind the Arches*: 18 und 20.

23 Zitat aus Love, 1986. Entsprechend der »Hamburger«-Universität von McDonald's, die im nächsten Abschnitt erwähnt wird, gründete auch »Burger King« 1978 eine eigene »Burger-King-Universität«. Siehe Esther Reiter, *Making Fast Food*: 68.


## Kapitel 3

1 Herbert Simon beschreibt seine Sichtweise der Effizienz in dem Buch *Administrative Behavior*, 2nd ed., New York: Free Press, 1957.

2 Ray Krocs erster Eindruck vom Restaurant der Brüder McDonald ist wiedergegeben in *Grinding It Out*, Chicago: Comtemporary Books, 1977:8.

3 Die Quelle für dieses Zitat und das folgende über Hot Dogs ist Max Boas und Steve Chain, *Big Mac: The Unauthorized Story of McDonald's*, New York: E.P. Dutton, 1976:9–10.

4 Aus *Grinding It Out*: 96–97.

5 Aus Michael Lev, »Raising Fast Food's Speed Limit«, *Washington Post*, 7. August 1991: D1.

6 Weitere Informationen über Computerstimmen am Telefon finden sich bei James Barron, »Please Press 2 for Service; Press for an Actual Human«, *The New York Times*, 17. Februar 1989: A1, B2.

7 Aus Michael Schrage, »Calling the Technology of Voice Mail Into Question«, *Washington Post*, 19. Oktober 1990: F3.

8 Über das Verlangen der Post nach maschinengeschriebenen Adressen berichtete die »Morning Edition« des National Public Radio am 3. Oktober 1990.

9 Aus Henry Ford, *My Life and Work*, Garden City, NY: Doubleday, 1922: 72.

10 Man sollte anmerken, daß auch Supermärkte versucht haben, die Effizienz zu steigern, zum Beispiel durch Kassen für Kunden mit höchstens zehn Artikeln und solche, an denen keine Schecks angenommen werden.

11 Mehr Informationen über die Mikrowelle und die zugehörigen Gerichte finden sich in »The Microwave Cooks Up a New Way of Life«, *Wall Street Journal*, 19. September 1989; und in »Microwavable Foods – Industry's Response to Consumer Demands for Convienience«, *Food Technology* 41, 1987: 52–63.

12  Aus »Microwavable Foods«.

13  Aus Eben Shapiro, »A Page from Fast Food's Menu«, *The New York Times*, 14. Oktober 1991: D1, D3.

14  Stan Luxenberg, *Roadside Empires: How the Chains Franchised America*, New York: Viking, 1985.

15  Ich danke Dora Giemza für einige Informationen über »Nutri/System«. Zum Teil stammt das Material über Diätzentren auch aus »Big People, Big Business: The Overweight Numbers Rising, Try Nutri/System«, *Washington Post Health*, 10. Oktober 1989:8.

16  Für den Hinweis auf einige Zusammenhänge zwischen McDonaldisierung und Fitneßclubs danke ich Steve Lankenau.

17  Aus William Severini Kowinski, *The Malling of America: An Inside Look at the Great Consumer Paradise*, New York: William Morrow 1985: 61.

18  Die Information über »Scanphone« stammt aus Kara Swisher, »Companies Unveil ›Scanphone‹ Shopping Service«, *Washington Post*, 16. April 1992: B1, B15.

19  Das Zitat stammt aus Mark Potts, »Blockbuster Struggles With Merger Script«, *Washington Post – Washington Business*, 9. Dezember 1991: 24; weitere Informationen aus Eben Shapiro, »Market Place: A Mixed Outlook for Blockbuster«, *The New York Times*, 21. Februar 1992: D6.

20  Die Informationen über die Abfallbeseitigung bei Disney stammen aus Michael Harrington, »To the Disney Station«, *Harper's*, Januar 1979: 35–39.

21  Aus Lynn Darling, »On the Inside at Parks a la Disney«, *Washington Post*, 28. August 1978: A10.

22  Die Informationen in dem gesamten Abschnitt über Medizin stammen zum größten Teil aus George Ritzer und David Walczak, »The Changing Nature of American Medicine«, *Journal of American Culture* 9, 1987: 43–51.

23  Die Zitate über Denton Cooley stammen aus Julia Wallace, »Dr. Denton Cooley – Star of ›The Heart Surgery Factory‹«, *Washington Post*, 19. Juli 1980: A6.

24  Aus »Moving Right Along«, *Time*, 1985: 44.

25  Ein Teil der Informationen über maßgeschneidertes Publizieren stammt aus Michael Miller, »Professors Customize Textbooks, Blurring Roles of Publisher, Seller and Copy Shop«, *Wall Street Journal*, 16. August 1990: B1, B4.

26  Aus Daniel Boorstin, *The Image. Guide to Pseudo-Events in America*, New York: Harper Colophon, 1961: 135.

27  Aus Ian Mitroff und Warren Bennis, *The Unreality Industry: The Deliberate Manufacturing of Falsehood and What it is Doing to Our Lives*, New York: Birch Lane Press 1989:12.

28  Auf die Verbreitung religiöser Fernsehsendungen wird hingewiesen bei

Jeffrey Hadden und Charles E. Swann, *Primetime Preachers: The Rising Power of Teleevangelism*, Reading, MA: Addison-Wesley, 1981.

29 Beide Zitate über Fernsehen und Vatikan aus John Tagliabue, »Indulgences by TV«, *The New York Times*, 19. Dezember 1985, 1:8.

30 Siehe Henry Ford, *My Life and Work*.

31 Zitiert nach Frederick W. Taylor, *The Principles of Scientific Management*, New York: Harper and Row, 1947: 6–7 und 117.

## Kapitel 4

1 Qualität wird nicht nur mit Quantität gleichgesetzt, sondern auch mit anderen Elementen der McDonaldisierung wie »Standardisierung und Vorhersagbarkeit«, siehe Esther Reiter, *Making Fast Food*, Montreal und Kingston: McGill-Queen's University Press: 107.

2 Über das »Big Start«-Frühstück von Campbell schreibt Eben Shapiro in »A Page from Fast Food's Menu«, *The New York Times*, 14. Oktober 1991: D1, D3.

3 Die Sorge um Qualität drückt Barbara W. Tuchman aus in »The Decline of Quality«, *New York Times Magazine*, 2. November 1980: 38.

4 Aus Marion Clark, »Arches of Triumph«, *Washington Post-Book World*, 5. Juni 1977.

5 Als Station zum »Nachtanken« wird McDonald's bezeichnet bei A.A. Berger, »Berger vs. Burger: A Personal Encounter«, in Marshall Fishwick (Hrsg.), *Ronald Revisited: The World of Ronald McDonald*, Bowling Green: Bowling Green University Press, 1983: 126.

6 Aus Max Boas und Steven Chain, *Big Mac: The Unauthorized Story of McDonald's*, New York: Dutton, 1976: 121. Das nächste Zitat (»Dieser Sch...verein...«) steht in demselben Buch auf S. 11.

7 Zahlen aus Reiter, *Making Fast Food*: 84.

8 Ibid., S. 85.

9 Aus Stuart Flexner, *I Hear America Talking*, New York: Simon and Schuster, 1976: 142.

10 Weitere Informationen über »Schönheitsfarmen« bei N.R. Kleinfeld, »The Ever-Fatter Business for Thinness«, *The New York Times*, 7. September 1986: 3:1ff. Die weiteren Zitate über »Nutri/System« stammen aus offiziellen Verlautbarungen der Firma.

11 Zitiert nach Frank Mankiewicz und Joel Swerdlow, *Remote Control: Television and the Manipulation of American Life*, New York: Time Books, 1978: 219.

12 Aus Erik Larson, »Watching Americans Watch TV«, *The Atlantic Monthly*, März 1992: 66. Weitere Informationen über Nielsens bei Peter J. Boyer, »TV Turning to People Meters To Find Who Watches What«, *The New York Times*, 1. Juni 1987: 1:A1, C16.

13 Über die stromlinienförmigere Gestaltung des Parteitages der Demokraten im Jahr 1992 berichtete Michael Oreskes, »Democratic Chief Considers Cutting Convention for TV«, *The New York Times*, 12. Juli 1990: B4.

14 Aus Allen Guttmann, *From Ritual to Record: The Nature of Modern Sports*, New York: Cambridge University Press, 1978: 47.

15 Ibid., S. 51.

16 Aus Peter Pritchard, *The Making of McPaper: The Inside Story of USA Today*, Kansas City: Andrews, McMeel and Parker, 1987: 8.

17 Ibid., S. 113.

18 Ibid., S. 196. Daß man die Zeitung beim Essen in einem Fast-food-Restaurant lesen kann, erinnert an eine Zeile in dem Film *The Big Chill*, in der Michael (gespielt von Jeff Goldblum) für eine Zeitschrift wie People schreibt: »Wo ich arbeite, gibt es nur eine journalistische Regel: Man darf nur so lang schreiben, wie ein Durchschnittsbürger durchschnittlich auf dem Klo sitzt.«

19 Aus Susan Gervasi, »The Credentials Epidemic«, *Washington Post*, 30. August 1990: D5.

20 Zitiert nach Kenneth J. Cooper, »Stanford President Sets Initiative on Teaching«, *Washington Post*, 3. März 1991: A12.

21 Über die Wirkung des Fernsehens auf politische Reden schrieb Kathleen Jamieson in *Eloquence in an Electronic Age: The Transformation of Political Speechmaking*, New York: Oxford University Press, 1988. Siehe auch Martin Kalb, »TV, Election Spoiler«, *The New York Times*, 28. November 1988: A25.

22 Aus Jamieson, *Eloquence in an Electronic Age*: 11.

23 Zitiert nach Dan Colburn, »Unionizing Doctors: Physicians Begin Banding Together to Fight for Autonomy and Control Over Medical Care«, *Washington Post-Health*, 19. Juni 1985: 7.

24 Aus Frederick W. Taylor, *The Principles of Scientific Management*, New York: Harper and Row, 1947: 42.

25 Ibid., S. 138.

26 Eine umfangreichere Beschreibung der Auswirkungen von Computern findet sich bei Shoshana Zuboff, *In the Age of the Smart Machine: The Future of Work and Power*, New York: Basic Books, 1988.

## Kapitel 5

1 Aus Margaret J. King, »McDonald's and the New American Landscape«, *USA TODAY*, Januar 1980: 46.

2 Über die Rituale beim Fast Food schreibt Conrad Kottak in »Rituals at McDonald's«, in Marshall Fishwick (Hrsg.), *Rinald Revisited: The World of Ronald McDonald*, Bowling Green: Bowling Green University Press, 1983: 52–58.

3 Noch eine weitere Bemerkung zu »Roy Rogers«: Die Kette wurde von »Hardee's« übernommen, aber da der Umsatz in Filialen mit dem »Hardee's«-Firmennamen zurückgingen, nannten sich manche von ihnen wieder »Roy Rogers«. Siehe Paul Farhi, »Roy Rogers to the Rescue of Hardee's«, *Washington Post*, 21. Februar 1992: F1, F3.

4 Diese Aussage wird erstmals zitiert bei Henry Mitchell, »Wonder Bread, Any Way You Slice It«, *Washington Post*, 22. März 1991: F2.

5 Die Managerschule von McDonald's beschreiben Sarah Sanderson King und Michael J. King in »Hamburger University«, in Marshall Fishwick (Hrsg.), *Ronald Revisited*: 94–105.

6 Aus William Serrin, »Let Them Eat Junk«, *Saturday Review*, 2. Februar 1980: 18.

7 Eine frühe Kritik an Reisen, wie sie von Thomas Cook und American Express angeboten werden, in der ähnliche Argumente vorgetragen werden wie hier, stammt von Daniel J. Boorstin, *The Image: A Guide to Pseudo-Events in America*, New York: Harper Colophon, 1961.

8 Ibid., S. 98.

9 Aus Beth Thames, »In the Mists of Memory, Sun Always Shines on Family Camping«, *The New York Times*, 9. Juli 1986: C7.

10 Aus Dirk Johnson, »Vacationing at Campgrounds is Now Hardly Roughing It«, *The New York Times*, 28. August 1986: B1.

11 Der Spitzname für die KOA-Plätze stammt aus »Country-Club Campgrounds«, *Newsweek*, 24. September 1984: 90.

12 Aus Dirk Johnson, »Vacationing at Campgrounds«.

13 Dieses Zitat und die nächsten über »Busch Gardens« stammen aus Lynn Darling, »On the Inside at Parks a la Disney«, *Washington Post*, 28. August 1978: A10.

14 Aus Andrew Beyer, »Lukas Has the Franchise on Almighty McDollar«, *Washington Post*, 8. April 1990: F1, F8.

15 Die Aussage des Managers über *USA TODAY* zitiert Peter Pritchard in *The Making of McPaper: The Inside Story of USA Today*, Kansas City: Andrews, McMeel and Parker, 1987: 102.

16 Aus William Severini Kowinski, *The Malling of America: An Inside Look at*

*the Great Consumer Paradise*, New York: William Morrow and Co., 1985:
27.

17 Aus Stanley Joel Reiser, *Medicine and the Reign of Technology*, Cambridge:
Cambridge University Press, 1978: ix.

18 Text von Malvina Reynolds, Abdruck mit Genehmigung von Schroder
Music Co., ASCAP, Copyright 1962.


## Kapitel 6

1 Über Technologie am Arbeitsplatz schreibt Richard Edwards in *Contested
Terrain: The Transformation of the Workplace in the Twentieth Century*, New
York: Basic Books, 1979.

2 Aus William Serrin, »Let Them Eat Junk«, *Saturday Review*, 2. Februar
1980: 23.

3 Weitere Informationen über Aquakultur finden sich bei Martha Duffy,
»The Fish Tank on the Farm«, *Time*, 3. Dezember 1990: 107–111.

4 Aus Peter Singer, *Animal Liberation: A New Ethic for Our Treatment of Animals*, New York: Avon Books, 1975: 96–97; dieses Buch beschäftigt sich
ausführlich mit der Massentierhaltung.

5 Ibid., S. 105–106.

6 Ibid., S. 123.

7 Die Informationen über Taco Bell stammen von Michael Lev,
»Raising Fast Food's Speed Limit«, *Washington Post*, 7. August 1991: D1,
D4.

8 Aus Ray Kroc, *Grinding It Out: The Making of McDonald's*, Chicago:
Contemporary Books, Inc., 1977: 131–132.

9 Aus William R. Greer, »Robot Chef's New Dish: Hamburgers«, *The New
York Times*, 27. Mai 1987: C3.

10 Aus Michael Lev, »Taco Bell Finds Price of Success (59c)«, *The New York
Times*, 17. Dezember 1990, D9.

11 Aus Calvin Sims, »Robots to Make Fast Food Chains Still Faster«, *The New
York Times*, 24. August 1988:5.

12 Aus Eben Shapiro, »Ready, Set, Scan that Melon«, *The New York Times*,
14. Juni 1990: D1, D8.

13 Noch eine weitere Bemerkung zur stärkeren Kontrolle der Supermärkte
über die Kunden: Als in meinem örtlichen Supermarkt die Scannerkassen
installiert wurden, bot die Geschäftsleitung den Kunden Filzstifte an, damit
sie sie Preise auf die Artikel schreiben konnten. Dies ist ein weiteres Beispiel
für den Trend, den Kunden mit Arbeiten zu belasten, die früher von ande-

ren erledigt wurden, in diesem Fall von den Angestellten, die bis spät abends die Waren auszeichneten. Außerdem verschwanden die Filzstifte bald wieder, weil kaum ein Kunde den Wunsch hatte, mehrere Minuten am Tag als Ladenbursche zu arbeiten.

14  Siehe »Disenchanted Evenings«, Time, 3. September 1990: 53.

15  Siehe Esther Reiter, Making Fast Food, Montreal und Kingston: McGill-Queens University Press: 86

16  Siehe Stan Luxenberg, Roadside Empires: How the Chains Franchised America, New York: Viking 1985.

17  Die Beschreibung der selbstkochenden Suppe stammt aus »Super Soup Cooks Itself«, Scholastic News, 4. Januar 1991: 3.

18  Die »Zombies der Ladenpassagen« beschreibt William Severini Kowinski in The Malling of America: An Inside Look at the Great Consumer Paradise, New York: William Morrow, 1985: 359.

19  Aus Gary Langer, »Computers Reach Out, Respond to Human Voice«, Washington Post, 11. Februar 1990: H3.

20  Ausführlicher wird das Thema der Computerbriefe behandelt bei Jill Smolowe, »Read This!!!!!!!«, Time, 26. November 1990: 62ff.

21  Aus Michael Schrage, »›Personalized‹ Publishing: Confusing Information with Intimacy«, Washington Post, 23. November 1990: B13.

22  Näheres über Computerdiagnosen findet sich bei William Stockton, »Computers that Think«, New York Times Magazine, 14. Dezember 1980: 48.

23  Der Vergleich des Kindergartens mit einem Ausbildungslager stammt aus Harold Gracey, »Learning the Student Role: Kindergarten as Academic Boot Camp«, in Dennis Wrong und Harold Gracey (Hrsg.), Reading in Introductory Sociology, New York: Macmillan, 1967.

24  Aus Charles E. Silberman, Crisis in the Classroom: The Remaking of American Education, New York: Random House, 1970: 22.

25  Ibid., S. 125.

26  Ibid., S. 137.

27  Die Informationen über »Sylvan Learning Center« stammen aus »The McDonald's of Teaching«, Newsweek, 7. Januar 1985: 61.

28  Die einführenden Informationen über Fernsehgottesdienste stammen aus Jeffrey Hadden und Charles E. Swann, Prime Time Preachers: The Rising Power of Televangelism, Reading, MA: Addison-Wesley, 1981.

29  Aus E.J. Dionne, Jr., »The Vatican is Putting Video to Work«, The New York Times, 11. August 1985: 2:27.

30  Die Informationen über das automatische Einchecken stammen aus »Automated Check-in«, Washington Post, 18. Dezember 1988: E8.

31  Aus Frederick W. Taylor, The Principles of Scientific Management, New York: Harper and Row, 1947: 59.

32 Aus Henry Ford, *My Life and Work*, Garden City, New York: Doubleday, 1922: 103.

33 Das Thema der künstlichen Intelligenz, das hier nur kurz angesprochen wird, ist ausführlich beschrieben in Raymond Kurzweil, *The Age of Intelligent Machines*, Cambridge: MIT Press, 1990.

## Kapitel 7

1 Andere negative Effekte, beispielsweise Sexismus und Rassismus, lassen sich auf diese Weise nicht erklären. Siehe Esther Reiter, *Making Fast Food*, Montreal und Kingston: McGill-Queen's University Press, 1991: 45.

2 Aus Paul Farhi, »McDonald's Customers: Made-to-Order Audience«, *Washington Post*, 19. November 1991: B1, B5. Dort finden sich auch weitere Informationen über das »McDonald's-Fernsehen«.

3 Weitere Informationen über Ineffizienz in Japan finden sich bei Michael Schrage, »The Pursuit of Efficiency Can Be an Illusion«, *Washington Post*, 20. März 1992: F3.

4 Aus Richard Cohen, »Take a Message – Please!« *Washington Post Magazine*, 5. August 1990:5.

5 Aus Peter Carlson, »Who Put the Sunshine in the Sunshine Scent?« *Washington Post Magazine*, 16. Dezember 1990: 21.

6 Aus Bob Garfield, »How I Spent (and Spent and Spent) My Disney Vacation«, *Washington Post-Outlook*, 7. Juli 1991: B5.

7 Aus »Fast Food Speeds Up the Pace«, *Time*, 26. August 1985: 60.

8 Das Material über die Spielplätze von McDonald's stammt aus Stephen Levine, »McDonald's Makes a Plan to Diversify«, *Washington Post*, 30. August 1991: G1, G4.

9 Über die Verbindung von »Toys R Us« und McDonald's berichtete »Allying Toys and Fast Foods«, *The New York Times*, 8. Oktober 1991: D5.

10 Die gleiche Art salzig-süßer Pommes frites bietet auch »Burger King« an; siehe Reiter, *Making Fast Food*: 65.

11 McDonald's als Theater beschreibt Allen Shelton in seinem demnächst erscheinenden Artikel »Writing McDonald's, Eating the Past: McDonald's as a Postmodern Space«.

12 Aus Peter Carlson, »Who Put the Sunshine in the Sunshine Scent?« *Washington Post Magazine*, 16. Dezember 1990: 20.

13 Aus Michael Ryan, »Fast Food vs. Supermarkets«, *Parade*, 13. November 1988: 6.

14 Siehe Neil Postman, *Wir amüsieren uns zu Tode*, Fischer Taschenbuch Nr. 4285.

15 Aus William Severini Kowinski, *The Malling of America*, New York: William Morrow, 1985: 371.

16 Ein ausführlicher Bericht über die »Mall of America« und die Quelle des Zitats ist Kara Swisher, »A Mall for America?« *Washington PostBusiness*, 30. Juni 1991: H1, H4.

17 Siehe Ian Mitroff und Warren Bennis, *The Unreality Industry: The Deliberate Manufacturing of Falsehood and What It Is Doing to Our Lives*, New York: A Birch Lane Book, 1989: 12.

18 Den Begriff der »Pseudoereignisse« beschreibt Daniel Boorstin in dem Buch *The Image: A Guide to Pseudo-Events in America*, New York: Harper Colophon, 1961.

19 Siehe Mitroff und Bennis, *The Unreality Industry*.

20 Weitere Informationen über »Milli Vanilli« finden sich bei Joel Achenbach, »The Age of Unreality«, *Washington Post*, 22. November 1990: C1, C14.

21 Ausführlicher sind die Gesundheitsgefahren der McDonaldisierung beschrieben bei Maryellen Spencer, »Can Mama Mac Get Them to Eat Spinach?« in Marshall Fishwick (Hrsg.), *Ronald Revisited: The World of Ronald McDonald*, Bowling Green: Bowling Green University Press, 1983: 85–93.

22 Aus Regina Schrambling, »The Course of Culinary Convenience«, *The New York Times*, 10. September 1991: A19.

23 Über den »McGulag« schreibt Tim Luke in »Postcommunism in the USSR: The McGulag Archipelago«, *Telos* 84, 1990: 33–42.

24 Die Information über den Papierbedarf von McDonald's stammt aus Max Boas und Steve Chain, *Big Mac: The Unauthorized Story of McDonald's*, New York: NAL 1976.

25 Aus Reiter, *Making Fast Food*: 150, 167.

26 Eine Ausnahme von dieser allgemeinen Regel sind die Rentner, die McDonald's als Treffpunkt nutzen und dort meist frühstücken oder Kaffee trinken.

27 Aus Reiter, *Making Fast Food*: 95.

28 Aus Nicholas von Hoffman, »The Fast-Disappearing Family Meal«, *Washington Post*, 1978: C4.

29 Die allgemeine Betrachtung über Mikrowellengeräte gründet sich auf Margaret Visser, »A Meditation on the Microwave«, *Psychology Today*, Dezember 1989: 38ff.

30 Quelle für dieses und das nächste Zitat ist »The Microwave Cooks Up a New Way of Life«, *Wall Street Journal*, 19. September 1989:B1.

31 Siehe Visser, »A Meditation«, S. 40.

324

32 Ibid., S. 42.

33 Ibid., S. 42.

34 Aus Garfield, »How I Spent My Disney Vacation«.

35 Aus Ellen Goodman, »Fast-Forwarding Through Fall«, *Washington Post*, 5. Oktober 1991: A19.

36 Aus Leonard Sloane, »Buying by Catalogue Is Easy: Timely Delivery May Not Be«, *The New York Times*, 25. April 1992: 50.

37 Alle Zitate über Automatisierung bei Flugzeugen stammen aus Carl H. Lavin, »Automated planes Rising Concerns«, *The New York Times*, 12. August 1989: 1,6.

38 Über den »Pinto-Fall« schrieb Mark Dowie: »Pinto Madness«, *Mother Jones*, September/Oktober 1977: 24ff.

39 Aus Henry Ford, *My Life and Work*, Garden City, New York: Doubleday Page & Co., 1922: 105, 106.

40 Aus Studs Terkel, *Working*, New York: Pantheon, 1974: 159.

41 Aus Barbara Garson, *All the Livelong Day*, Harmondsworth, England: Penguin, 1977: 88.

42 Aus Terkel, *Working*: 175.

## Kapitel 8

1 Über Computer in Fast-food-Restaurants schreibt Esther Reite, *Making Fast Food*, Montreal und Kingston: McGill-Queen's University Press, 1991: 165.

2 Siehe David Bell, *The Coming of Post-Industrial Society: A Venture in Social Forecasting*, New York: Basic Books, 1973.

3 Aus Simon Clarke, »The Crisis of Fordism or the Crisis of Social Democracy?« *Telos*, 83, 1990: 71–98.

4 Das allgemeine Thema des Zusammenhangs zwischen gesellschaftlicher Stellung und Auswahl von Waren wird behandelt bei Pierre Bourdieu, *Distinction: A Social Critique of the Judgment of Taste*, Cambridge: Harvard University Press, 1984.

5 Mehr über den Postmodernismus findet sich bei Jean-François Lyotard, *The Postmodern Condition: A Report on Knowledge*, Minneapolis: The University of Minnesota Press, 1984.

6 Aus Allen Sheltons demnächst erscheinendem Artikel »Writing McDonald's, Eating the Past: McDonald's as a Postmodern Space«.

7 Aus Alex Callinicos, *Against Postmodernism: A Marxist Critique*, New York: St Martin's Press, 1990: 4.

8 Aus David Harvey, *The Condition of Postmodernity: An Enquiry into the Origins of Cultural Change*, Oxford, Basil Blackwell, 1989.

9 Ibid., S. 284.

10 Ibid., S. 293.


## Kapitel 9

1 Siehe Vic Sussman, »The Machine We Love to Hate«, *Washington Post Magazine*, 14. Juni 1987: 33.

2 Aus Isabel Wilkerson, »Midwest Village; Slowed-Paced, Fights Plan for Fast-food-Outlet«, *The New York Times*, 19. Juli 1987.

3 Aus Mary Davis Suro, »Romans Protest McDonald's«, *The New York Times*, 5. Mai 1986.

4 Über die McDonalds-Filiale in Freeport berichtet der Artikel »Eating Out is in and the chains add variety to lure new diners«, *Time*, 26. August 1985: 60–61.

5 Über die 12000. McDonald's-Filiale berichtete Anthony Ramirez, »In the Orchid Rooms ... Big Macs«, *The New York Times*, 30. Oktober 1990: D1, D5.

6 Aus Anthony Ramirez, »When Fast Food Goes on a Diet«, *Washington Post*, 19. März 1991: D1, D7.

7 Die Reaktion von McDonald's auf Sokoloffs Anzeige ist zitiert bei Marian Burros, »Fast Food Chains Try to Slim Down«, *The New York Times*, 11. April 1990: C1, C10.

8 Die übrigen Informationen in diesem Absatz gründen sich auf den Artikel von Leon Jaroff, »A Crusader from the Heartland«, *Time*, 25. März 1991: 56, 58.

9 Siehe Ramirez, »When Fast Food goes on a Diet«; aus demselben Artikel stammen auch die Informationen über »Macheezmo Mouse« im nächsten Absatz.

10 Über die neuen Verpackungen von McDonald's berichten zwei Artikel von John Holusha: »McDonald's Expected to Drop plastic Burger Box«, *Washington Post*, 1. November 1990: A1, D19, und »Packaging and Public Image: McDonald's Fills a Big Order«, *The New York Times*, 2. November 1990: A1, D5.

11 Zitiert nach Warren Brown, »Hardee's to Introduce Recycled Plastic in Area«, *Washington Post*, 22. März 1991: B1, B3.

12 Aus Phil West, »Cafe's Decor, Not-So-Fast Food Evoke McMemories«, *Washington Times*, 30. August 1990: C1.

13 Aus Laura Shapiro, »Ready for McCatfish«, *Newsweek*, 15. Oktober 1990.

14 Über die »gehobene« McDonald's-Filiale berichtete Ron Alexander, »Big Mac With Chopin, Please«, *The New York Times*, 12. August 1990: 42.

15 Die Informationen über Neuentwicklungen bei McDonald's und »Taco Bell« stammen aus mehreren Quellen: Richard Martin, »Bakersfield McD Units Test Credit Card System for Business Customers«, *Nation's Restaurant News*, 18. November 1985: 3; Paul Baran und Paul M. Sweezy, *Monopoly Capital: An Essay on the American Economic and Social Order*, New York: Monthly Review Press, 1966; Michael Lev, »Taco Bell Finds Price of Success (59c)«, *The New York Times*, 17. Dezember 1990: D1, D9; und Michael Lev, »California McDonald's to Cut Menu Prices«, *The New York Times*, 21. Dezember 1990: D3.

16 Siehe Eric Schmitt, »Burger King on Wheels«, *The New York Times*, 23. November 1985: 35, 37.

17 Alle Zitate über »Chock Full o' Nuts« stammen aus Eric Maykuth, »Chock Full o' Nuts Restaurants Are Dying Quietly«, *Washington Post*, 16. September 1990: H16.

18 Siehe Esther Reiter, *Making Fast Food*, Montreal und Kingston: McGill-Queens University Press, 1991: 70ff.

19 Siehe James Brooke, »Two McDonald's in Darien Do Their Hiring in Bronx«, *The New York Times*, 13. Juli 1985: 1:24.

20 Über die Beschäftigung älterer Arbeitnehmer berichten mehrere Artikel: Michael Winerip, »Finding a Sense of McMission in McNuggets«, The New York Times, 23. August 1988: 2:1; »McDonalds Seeks Retirees to Fill Void«, *The New York Times*, 20. Dezember 1987: 1:54; und Jennifer Kingson, »Golden Years Spent Under Golden Arches«, *The New York Times*, 6. März 1988: 4:62.

21 Aus Glenn Collins, »Wanted: Child-Care Workers, Age 55 and Up«, *The New York Times*, 15. Dezember 1987: 1:1.

22 Es gibt mit Sicherheit viele weitere Läden wie Marvelous Market. Siehe Marian Burros, »Putting the Pleasure Back Into Grocery Shopping«, *The New York Times*, 21. Februar 1987: 1:54.

23 Aus »Eating out is in, and the chains add variety to lure new diners«, *Time*, 26. August 1985: 60.

24 Ein ausführlicher Bericht über »Ben & Jerry's« findet sich bei Elizabeth Kolbert, »An ›Inspirational‹ Ice Cream Factory«, *The New York Times*.

25 Die Einzelheiten stammen zum größten Teil aus Suzanne Alexander, »Oh, Wow, Man: Let's, Like, Hear from the Auditors«, *The Wall Street Journal*, 28. Juni 1991: A1, A6.

26 Aus Ben & Jerry, Jahresbericht 1990, S. 7.

27 Aus Maxine Lipner, »Ben & Jerry's: Sweet Ethics Evince Social Awareness«, *COMPASS readings*, Juli 1991: 26–27.

28 Aus Carol Clurman, »More than Just a Paycheck«, *USA WEEKEND*, 19.–21. Januar 1990:4.

29 Aus Lipner, »Sweet Ethics«.

30 Aus Eric J. Wiffering, »Trouble in Camelot«, *Business Ethics* 5, 1991: 16, 19.

31 Aus Clurman, »Paycheck«.

32 June R. Herold, »B&Bs Offer Travelers Break from McBed, McBreakfast«, *Business Firts-Columbus*, 5, 15: 1: 1.

33 Siehe Betsy Wade, B & B Book Boom«, *Chicago Tribune*, 28. Juli 1991: C16ff.

34 Aus Paul Avery, »Mixed Success for Bed-Breakfast Idea«, *The New York Times*, 28. Juli 1991: 12NJ, 8.

35 Aus Eric N. Berg, »The New Bed and Breakfast«, *The New York Times*, 15. Oktober 1989: 5, 21ff.

36 Die Informationen über Lebensmittel-Kooperativen stammen aus Andrew Malcolm, »Bagging Old Rules to Keep a Food Co-Op Viable«, *The New York Times*, 8. November 1991: B7.

37 Aus Thomas J. Peters und Robert H. Waterman, *In Search for Excellence: Lessons from America's Best-Run Companies*, New York: Harper and Row, 1982: 210. Dieses Buch beschreibt die Kreativabteilungen noch ausführlicher.

38 Eine ähnliche Liste mit Empfehlungen für die »Kämpfer« gegen »Technologie« findet sich auch bei Neil Postman, *Technology*, New York: Knopf, 1982: 183ff.

39 Aus Georgia Dullea, »The Tract House as Landmark«, *The New York Times*, 17. Oktober 1991: C8.

40 Die Informationen über die menschlichere Gestaltung des Essens bei McDonald's stammen aus dem in Kürze erscheinenden Artikel von Allen Shelton, »Writing McDonald's, Eating the Past: McDonald's as a Postmodern Space«. Das Zitat steht dort auf S. 47.

41 Siehe Regina Schrambling, »The Curse of Culinary Convenience«, *The New York Times*, 10. September 1991: A19.

42 Siehe Warren Leary, »Researchers Halt Ripening of Tomato«, *The New York Times*, 19. Oktober 1991: 7.

43 Die Informationen über Erdbeeren stammen aus John Tierney, »A Patented Berry Has Sellers Licking Their Lips«, *The New York Times*, 14. Oktober 1991: A8.

44 Aus Roger Cohen, »Faux Pas by McDonald's in Europe«, *The New York Times*, 18. Februar 1992: D1.

45 Siehe Sharon Waxman, »Paris's Sex Change Operation«, *Washington Post*, 2. März 1992: B1.

46 Aus Dylan Thomas, »Do Not Go Gentle into That Good Night«, 1952.

# Literaturverzeichnis

Ich möchte hier nicht die in den Anmerkungen aufgeführten Zitate wiederholen, sondern einige wichtige Fachbücher nennen, die als Grundlage für dieses Buch dienten. Diese Werke lassen sich in mehrere Gruppen einteilen. Erstens sind da die Arbeiten von Max Weber, insbesondere diejenigen, die sich mit Rationalisierung beschäftigen. Die zweite Gruppe besteht aus Arbeiten verschiedener Wissenschaftler, die Webers Ideen abgewandelt und erweitert haben. Und schließlich wird eine Reihe von Werken genannt, die sich mit einzelnen Bereichen unserer McDonaldisierten Gesellschaft befassen.

## Arbeiten von Max Weber

Max-Weber-Gesamtausgabe, herausgegeben von Horst Baier, M. Rainer Lepsius, Wolfgang J. Mommsen, Wolfgang Schluchter, Johannes Winckelmann. Verlag J.C.B. Mohr (Paul Siebeck), Tübingen.

*Darin besonders:*
Band 14: *Die rationalen und sozialen Grundlagen der Musik.*
Band 18: *Die protestantische Ethik und der Geist des Kapitalismus.*
Band 19: *Die Wirtschaftsethik der Weltreligionen: Konfuzianismus und Taoismus.*
Band 20: *Die Wirtschaftsethik der Weltreligionen: Hinduismus und Buddhismus.*

*Außerdem:*
*Wirtschaft und Gesellschaft,* Tübingen: J. C. B. Mohr, [5]1980.
*Wirtschaftsgeschichte,* Berlin: Duncker & Humblot, [5]1991.

## Arbeiten, die sich auf Max Weber gründen

Roger Brubaker, *The Limits of Rationality: An Essay on the Social and Moral Thought of Max Weber.* London: Allen and Unwin, 1984.

Randall Collins, »Weber's Last Theory of Capitalism: A Systematization«. *American Sociological Review,* 45, 1980: 925 – 42.

–, *Weberian Sociological Theory.* Cambridge: Cambridge University Press, 1985

Arnold Eisen, »The Meanings and Confusions of Weberian ›Rationality‹«. *British Journal of Sociology* 29, 1978: 57 – 70.

Harvey Greismann, »Disenchantment of the World«. *British Journal of Sociology* 27, 1976: 497 – 506.

– and George Ritzer, »Max Weber, Critical Theory and the Administered World«. *Qualitative Sociology* 4, 1981: 34-55.

Jürgen Habermas, *Theorie des kommunikativen Handelns,* 2 Bde., Frankfurt am Main: Suhrkamp, 1988.

Stephen Kalberg, »Max Weber's Types of Rationality: Cornerstones for the Analysis of Rationalization Processes in History«. *American Journal of Sociology,* 85, 1980: 1145 – 79.

–, »The Rationalization of Action in Max Weber's Sociology of Religion«. *Sociological Theory* 8, 1990: 58 – 84.

Donald Levine, »Rationality and Freedom: Weber and Beyond«. *Sociological Inquiry* 51, 1981: 5 – 25.

Arthur Mitzman, *The Iron Cage: An Historical Interpretation of Max Weber.* New York: Grosset and Dunlap, 1969.

Wolfgang Mommsen, *The Age of Bureaucracy.* New York: Harper and Row, 1974.

George Ritzer, »Professionalization, Bureaucratization and Rationalization: The Views of Max Weber«. *Social Forces* 53, 1975: 627 – 34.

– and David Walczak, »Rationalization and the Deprofessionalization of Physicians«. *Social Forces* 67, 1988: 1 – 22.

– and Terri LeMoyne, »Hyperrationality«. In George Ritzer, *Metatheorizing in Sociology.* Lexington, MA: Lexington Books, 1991: 93 – 115.

Guenther Roth und Reinhard Bendix, eds. *Scholarship and Partisanship: Essays on Max Weber.* Berkeley: University of California Press, 1971.

Lawrence Scaff, *Fleeing the Iron Cage: Culture, Politics, and Modernity in the Thought of Max Weber.* Berkeley: University of California Press, 1989.

Wolfgang Schluchter, *Die Entwicklung des okzidentalen Rationalismus. Eine*

*Analyse von Max Webers Gesellschaftsgeschichte.* Tübingen: J.C.B.Mohr, 1979.

Alan Sica, *Weber, Irrationality and the Social Order.* Berkeley: University of California Press, 1988.

Ronald Takaki, *Iron Cages: Race and Culture in 19th-Century America.* New York: Oxford University Press, 1990.

## Arbeiten über verschiedene Aspekte der McDonaldisierten Gesellschaft

Daniel Bell, *The Coming of Post-Industrial Society: A Venture in Social Forecasting.* New York: Basic Books, 1973.

Max Boas und Steve Chain, *Big Mac: The Unauthorized Story of McDonald's.* New York: E. P. Dutton. 1976.

Daniel Boorstin, *The Image: Guide to Pseudo-Events in America.* New York: Harper Colophon, 1961.

Pierre Bourdieu, *Distinction: A Social Critique of the Judgement of Taste.* Cambridge, MA: Harvard University Press, 1984.

Simon Clarke, »The Crisis of Fordism or the Crisis of Social Democracy?« *Telos,* 83, 1990: 71 – 98.

Richard Edwards, *Contested Terrain: The Transformation of the Workplace in the Twentieth Century.* New York: Basic Books, 1979.

Marshall Fishwick (Hrsg.), *Ronald Revisited: The World of Ronald Mc Donald.* Bowling Green: Bowling Green University Press, 1983.

James T. Flink, *The Automobile Age.* Cambridge: MIT Press, 1988.

Henry Ford, *My Life and Work.* Garden City, New York: Doubleday, Page, and Co., 1922.

Herbert Gans, *The Levittowners: Ways of Life and Politics in a New Suburban Community.* New York: Pantheon Books, 1967.

Barbara Garson, *All the Livelong Day.* Harmondsworth, England: Penguin, 1977.

Richard E. Gordon, Katherine K. Gordon und Max Gunther, *The Split Level Trap.* New York: Gilbert Geis Associates, 1960.

Harnold Gracey, »Learning the Student Role: Kindergarten as Academic Boot Camp«. In Dennis Wrong and Harold Gracey, Hg. *Reading in Introductory Sociology.* New York: MacMillan, 1967.

Allen Guttmann, *From Ritual to Record: The Nature of Modern Sports*. New York: Cambridge University Press, 1978.

Jeffrey Hadden und Charles E. Swann, *Primetime Preachers: The Rising Power of Televangelism*. Reading, MA: Addision-Wesley, 1981.

David Harvey, *The Condition of Postmodernity: An Enquiry into the Origins of Cultural Change*. Oxford: Basil Blackwell, 1989.

Kathleen Jamieson, *Eloquence in an Electronic Age: The Transformation of Political Speechmarking*. New York: Oxford University Press, 1988.

William Severini Kowinski, *The Malling of America: An Inside Look at the Great Consumer Paradise*. New York: William Morrow, 1985.

Ray Kroc, *Grinding It Out*. New York: Berkeley Medallion Books, 1977.

Raymond Kurzweil, *The Age of Intelligent Machines*. Cambridge, MA: MIT Press, 1990.

John F. Love, *McDonald's: Behind the Arches*. Toronto: Bantam Books, 1986.

Stan Luxenberg, *Roadside Empires: How the Chains Franchised America*. New York: Viking, 1985.

Jean-François Lyotard, *The Postmodern Condition: A Report on Knowledge*. Minneapolis, MN: The University of Minnesota Press, 1984.

Frank Mankiewicz und Joel Swerdlow, *Remote Control: Television and the Manipulation of American Life*. New York: Time Books, 1978.

Ian Mitroff und Warren Bennis, *The Unreality Industry: The Deliberate Manufacturing of Falsehood and What it is Doing to Our Lives*. New York: Birch Lane Press, 1989.

Thomas J. Peters and Robert H. Waterman, *In Search of Excellence: Lessons from Americas's Best-Run Companies*. New York: Harper & Row, 1982.

Neil Postman, *Wir amüsieren uns zu Tode. Urteilsbildung im Zeitalter der Unterhaltungsindustrie*. Frankfurt am Main: S. Fischer, 1985.

–, *Das Technopol. Die Macht der Technologien und die Entmündigung der Gesellschaft*. Frankfurt am Main: S. Fischer, 1992.

Peter Prichard, *The Making of McPaper: The Inside Story of USA Today*. Kansas City, MO: Andrews, McMeel and Parker, 1987.

Stanley Joel Reiser, *Medicine and the Reign of Technology*. Cambridge: Cambridge University Press, 1978.

Esther Reiter, *Making Fast Food*. Montreal and Kingston: McGill-Queen's University Press, 1991.

George Ritzer, »The McDonaldization of Society.« *Journal of American Culture* 6, 1983: 100–107.

– und David Walczak, »The Changing Nature of American Medicine«. *Journal of American Culture* 9, 1987: 43–51.

Allen Shelton, »Writing McDonald's, Eating the Past: McDonald's as a Postmodern Space. In Vorbereitung.

Charles E. Silberman, *Crisis in the Classroom: The Remaking of American Education*. New York: Random House, 1970.

Peter Singer, *Animal Liberation: A New Ethics for Our Treatment of Animals*. New York: Avon Books, 1975.

Alfred P. Sloan, *My Years at General Motors*. Garden City, New York: Doubleday, 1964.

Frederik W. Taylor, *The Principles of Scientific Management*. New York: Harper and Row, 1947.

Shoshana Zuboff, *In the Age of the Smark Machine: The Future of Work and Power*. New York: Basic Books, 1988.

»Es ist klar, daß die Ingenieure und nicht die Poeten
die heimlichen Gesetzgeber unserer Zeit sind…
Aber ohne das Gegengewicht einer starken Opposition ist
die Tyrannei der Technik unausweichlich.«

# Neil Postman

### Das Technopol
Die Macht der Technologien und die
Entmündigung der Gesellschaft
Aus dem Amerikanischen von Reinhard Kaiser
221 Seiten. Broschur. S. Fischer Verlag

### Das Verschwinden der Kindheit
Aus dem Amerikanischen von Reinhard Kaiser
191 Seiten. Broschur. S. Fischer Verlag
und als Band 3855

### Die Verweigerung der Hörigkeit
Lauter Einsprüche
Aus dem Amerikanischen von Reinhard Kaiser
200 Seiten. Broschur. S. Fischer Verlag

### Wir amüsieren uns zu Tode
Urteilsbildung im Zeitalter der Unterhaltungsindustrie
Aus dem Amerikanischen von Reinhard Kaiser
Band 4285

# S. Fischer